华夏基金投资者教育丛书之二

做一个理性的投资者

·中国基金投资指南·

华夏基金管理有限公司 ◎ 编著

THE RATIONAL INVESTOR:
A GUIDE TO CHINA FUNDS

**献给1300万
华夏基金持有人的真诚之作!**

北京大学出版社
PEKING UNIVERSITY PRESS

图书在版编目(CIP)数据

做一个理性的投资者:中国基金投资指南/华夏基金管理有限公司编著. —北京:北京大学出版社,2010.6

ISBN 978-7-301-10821-5

Ⅰ.做… Ⅱ.华… Ⅲ.基金—投资—中国—指南 Ⅳ.F832.48-62

中国版本图书馆 CIP 数据核字(2010)第 066883 号

书　　　名:做一个理性的投资者——中国基金投资指南

著作责任者:华夏基金管理有限公司　编著

责 任 编 辑:于海岩

标 准 书 号:ISBN 978-7-301-10821-5/F·2504

出 版 发 行:北京大学出版社

地　　　址:北京市海淀区中关村成府路205号　100871

网　　　址:http://www.pup.cn

电　　　话:邮购部 62752015　　发行部 62750672
　　　　　　编辑部 82893506　　出版部 62754962

电 子 邮 箱:tbcbooks@vip.163.com

印　刷　者:北京嘉业印刷厂

经　销　者:新华书店

　　　　　　787 毫米×1092 毫米　16 开本　15.75 印张　250 千字
　　　　　　2010 年 11 月第 1 版第 5 次印刷

定　　　价:29.80 元

未经许可,不得以任何方式复制或抄袭本书之部分或全部内容。
版权所有,侵权必究
举报电话:010-62752024;电子邮箱:fd@pup.pku.edu.cn

前言

今年是华夏基金公司成立12周年。12年来，华夏基金秉持"为信任奉献回报"的企业宗旨，受人之托，为人理财，不断提高专业投资水平，为投资者累计分红超过520亿元。对投资者来说，基金公司的投资水平和基金净值的增长是赢得回报的一个方面。更为重要的是，投资者自身要树立正确的投资理念，做出正确的投资决策，这也正是基金公司投资者教育工作的重点和难点。华夏基金自成立以来，高度重视并坚持落实各项投资者教育工作，各类投资者教育活动数量多、规模大、影响范围广，其中仅出版投资者教育书籍就有8本之多。

《做一个理性的投资者——中国基金投资指南》是华夏基金在2007年3月出版的"华夏基金投资丛书之一"——《基金投资百问百答》的续篇。

2007年到2009年，是中国股市变化最剧烈的三年，市场在经历了2007年的大牛市和顶峰之后，过度狂热的投资所积聚的风险终于爆发。2008年，对所有的投资者都是难忘的一年，投资者亲身见证了"百年不遇"的金融危机，全球资本市场大幅下挫，中国股市也未能幸免，下挫幅度超过60%。而进入2009年，在各国政府联手推出经济刺激政策的推动下，全球市场表现大大超出了预期，中国股市以单边上扬、股指近乎翻番的牛市给全年画上了句号。

这三年也是中国基金业发展最快速的三年，基金投资者和基金产品数量剧增，基金管理规模迅速扩大。以华夏基金为例，从2007年初到2009年底，开户总数从200多万增长到1 300万，旗下公募基金数量从15只增加到25只，管理资产规模从近800亿元增长到3 000亿元。同时，基金业不断创新，保本基金、QDII基金、分级基金、不同风格的ETF基金以及跨境指数基金等，形成了完善的公募基金产品线。

这些变化对我们编撰基金投资书籍来说,是个巨大的挑战。挑战来自多个方面,如因市场下跌而蒙受损失的投资者所产生的困惑和质疑,不断成熟的投资者对最新的、更深入的基金知识的渴求,众多背景迥异的投资者对投资书籍的不同需求等。如何编撰出一部能够适合绝大多数投资者阅读的基金投资书籍,用最新的基金数据来阐述经典的投资理念,是本书编撰过程中的核心问题。

为此,我们进行了深入的投资者调查,时间长达三个月,收集了广大投资者的各类问题近800个,汇集了投资者的投资经历和感受,其中有喜悦也有苦恼,有赞扬也有批评。投资者表达出的共同愿望是,做一个成功的投资者,在尽可能降低风险的同时获得稳定的回报。

成功的基金投资者,一定要做到了解自身的投资需求和风险承受能力,掌握基本的基金投资知识和技巧,坚持正确的投资理念,严格遵守投资纪律。很多投资者都深有体会,概念和理论说起来容易,做起来难,在变化莫测的市场中,难免做出情绪化的投资行为。投资情绪化是成功的最大敌人,它表现为盲目追逐短期热点基金,错配高风险基金品种,频繁地申购、赎回,不能将定投坚持到底等。

理性,是战胜情绪化的法宝。做一个成功的投资者,就是做一个理性的投资者。如何做理性的投资者,成为本书的命题之本和创作主旨。经过长达一年的研讨,本书把近800个问题归纳成16类问题,形成了独具特色的写作风格——以投资者常见的问题为标题、以投资者亲身经历为实例、以大量的投资案例为依据,深入浅出、有针对性地答疑解惑。书中运用了大量的图表和数据,以便读者能够加深对内容的理解。这些图表和数据适合具备一定基金投资知识、对基金投资感兴趣的读者研读,而希望获得简洁答案的读者,可以在最初的阅读中略过较为复杂的图表,在准备深入阅读时再详加分析。

我们希望,《做一个理性的投资者》一书能对您的基金理财生活有所帮助,成为指导您财富增长的伙伴。

本书在编撰过程中,得到了合作伙伴《钱经》杂志的大力支持,在此表示感谢。我们诚挚地欢迎广大投资者对本书提出意见、建议,也欢迎将您的投资经历和感受与我们分享。

华夏基金管理有限公司

2010年4月

目录

序　篇 / 1
投资是必要的吗？如果是，那么我们必须投资的理由是什么？

- ◎ 多数人一生都将面临巨大的财务缺口　3
- ◎ 通货膨胀让你的钱越来越少　5
- ◎ 唯有投资能追得上越来越高的支出　7
- ◎ 分享中国经济增长，为什么不？　9
- ◎ 投资三要素　10

第1章 / 13
我该投资什么？如果投资基金，它又能为我带来什么？

- ◎ 为什么投资金融市场更简单？　14
- ◎ 我们面前的金融市场　16
- ◎ 回首30年，"翻炒"的历史　17
- ◎ 三性衡量投资品种　19
- ◎ 寻找三性适宜的投资品　20
- ◎ 为什么要相信专家理财？　22
- ◎ 基金投资的五大优势　24

第2章 / 26
为什么我的投资总是理不清头绪？

- ◎ 投资基金，到底为了什么？　27

- ◎ 盘点自己的梦想 29
- ◎ 科学规划自己的投资 31

第3章 / 34

为什么我有时觉得自己能承受很高的风险,有时又觉得自己"弱不禁风"?

- ◎ 为什么我们的风险承受能力总在改变? 35
- ◎ 勿做超过自己风险承受能力的投资,也别浪费它 37
- ◎ 什么决定风险承受能力? 38
- ◎ 请"对号入座" 45

第4章 / 46

基金究竟能不能分散风险?你了解不同类型基金的风险收益特征吗?

- ◎ 基金究竟分散了什么风险? 48
- ◎ 各类型基金风险收益特征分析 51

第5章 / 65

你从哪一年开始投资基金?你是否具备了择时的能力?

- ◎ 有效择时很美好 66
- ◎ 你具备择时的能力吗? 68
- ◎ "市场"的心情无法预测 68
- ◎ 切忌在资本有限时过度买卖 68
- ◎ 美国长期资本管理公司的"择时"教训 69
- ◎ 择时不当的投资者行为分析 70
- ◎ 基金不适合进行频繁操作 73
- ◎ 请留在市场中 76

第6章 / 79

都说投资海外市场能有效分散风险,为什么我购买的QDII基金亏损了?投资QDII应关注什么?

- ◎ 生不逢时? 81
- ◎ 高仓位惹的祸? 82
- ◎ 水土不服? 82
- ◎ 投资者应该投资国内还是国外? 83
- ◎ 更多回报的可能性 83
- ◎ 全球投资有效分散风险 84
- ◎ 关注一些细节 87

第7章 / 90

你了解指数基金吗?投资指数基金赢在哪里?

- ◎ 了解指数基金,从了解指数开始 91
- ◎ 深入了解指数基金 94
- ◎ 如何选择指数基金? 98
- ◎ ETF,可交易的指数基金 103

第8章 / 109

同种类型的基金有上百只,我又该如何选择?

- ◎ 充满噪音的世界 110
- ◎ 哪些信息对投资者选择基金具有价值? 113
- ◎ 如何甩开"市场噪音"? 124

第9章 / 127

你的基金让你满意吗?历史业绩好的基金可以持续领先吗?

- ◎ 不要让股票型基金与债券型基金赛跑 128
- ◎ 典型示范偏差心理 131
- ◎ 懊悔与骄傲的心理误区 132
- ◎ 历史业绩好的基金可以持续领先吗? 133

第10章 / 137

下跌时我赎回基金却亏了不少,上涨时我赎回基金它继续涨,我到底应该在什么情况下赎回基金?

- ◎ 什么情况下赎回基金? 138
- ◎ 如何赎回基金? 144

第11章 / 147

面对亏损我很难受,真不知道是否该将基金赎回,我该怎么办?

- ◎ 他们是这样面对亏损的 148
- ◎ 心理偏差对亏损的影响 151
- ◎ 在投资开始前准备好投资计划 152
- ◎ 投资基金亏损了,这是我的错 153
- ◎ 忘记本金 153
- ◎ 亏损以后应该怎么做? 156
- ◎ 基金亏损时的计策 157

第12章 / 159

为了分散风险,我持有十几只基金,但为什么感觉不到风险被分散了?

- ◎ 你是否意识到构建基金组合的重要性? 160
- ◎ 基金组合投资是如何将风险分散的? 161
- ◎ 什么样的基金组合才适合你? 163
- ◎ 怎样构建适合自己的基金组合? 166

第13章 / 174

我长期投资基金组合,但觉得它离我的投资目标越来越远,我该怎么办?

- ◎ 为什么要调整基金组合? 175
- ◎ 理清基金组合的调整思路 184
- ◎ 调整基金组合时不可忽视的问题 187

第 14 章 / 191

长期投资基金真的有用吗？长期到底有多长？是市场变化还是情绪变化影响了投资者的决策？

◎ 长期投资能够为投资者带来什么？ 192

◎ 长期到底有多长？ 195

◎ 长期投资在追求什么？ 198

◎ 发生变化的不是理念，而是投资者自己的情绪 204

第 15 章 / 209

基金定投有什么用？为什么我无法将基金定投坚持下去？

◎ 基金定投，巧妙的投资方式 210

◎ 如何更好地体现基金定投的价值？ 219

◎ 投资者为何无法坚持基金定投？ 224

总　结 / 229

理清基金投资的整体思路

投资者问题索引 / 235

附　章 / 241

序篇

投资是必要的吗？
如果是，那么我们必须投资的理由是什么？

【案例 0-1】

逆水行舟，不进则退

富伦贝（化名）是 20 世纪 90 年代初的大学生，毕业后被分配到某三线城市的国企工作。用他自己的话说："当时大学生很金贵，工资水平在全国来看都是很高的。所以那时更多的印象都是在花钱，而从未想过要理财。"

按照富伦贝对自己资产的描述：毕业十几年，"看得见"的资产只有两套房子。除此之外，他还有一部分美元理财产品——目前亏损 1 000 多元，以及一些股票资产——同样亏损了 50% 左右。

富伦贝曾在 BBS 中这样记录着自己的理财经历：

我刚刚参加工作时，定期存款 8 年的利率是 14%，所以很多同事都存 8 年的定期，因为这样到第 8 年储蓄资产就能翻 1 倍。而对当时的我来说，有钱的感觉真好。每次到北京出差或旅游，不是住建国饭店就是住贵宾楼,买东西最喜欢去赛特……

但是,不知不觉就到了该成家的年纪,我才发现长此以往行不通。当时的一个想法就是买房——单位盖的房子,70平方米。那时买房花了2万元,钱是父母赞助的。我当时想赶紧把钱还上,就把房子出租了,1个月的租金是600元,1年就是7200元。再加上工资和奖金,1年多的时间也就能还上了。再后来,单位的房子变成了商品房,我又交了2万元,其中有8000元是住房基金,这样房产证就完全归我了。

在这段时间里,虽然我意识到该攒钱了,但花钱的欲望一点儿也没减少。当时和父母住在一起,我工资的一部分由父母帮我存了起来,利率也不是很高;而出租房子的租金是我自己打理的,几年下来不但把买房的钱补了回来,还富余了一些。我就把这些钱换成了美元——当时美元的存款利率比人民币高不少。后来美元利息调低,我就换成汇聚宝,利息比人民币存款高一点。

这段时间给我的感觉是仿佛全世界都在买房,而在我的家乡,一套不错的房子也才20万元左右。所以,我从父母那里拿了他们帮我存的10万元付了首付,买了一套19万元、133平方米的房子,后来用美元在银行质押贷款了5万元,又跟朋友借了4万元,付清了全部贷款。现在,我身上一共背着9万多元的外债,我打算每年还2万元,所以大概需要5年才能还清。此外装修、买家具和家电这些花销,大概还需要十几万元。

我以前的工资很高,可一直没涨,1个月还是1500元左右,房子出租1个月1000元,这样我1个月的收入是2500元,1年连奖金才35000元。我只好自己想办法挣钱,我教了3个学生,每人每月500元,这样每个月能多挣1500元。我现在就是想看看1年能不能有5万元的收入,因为只有这样才能在5年内还清外债……

富伦贝的故事不用细读,它就发生在我们的身边,甚至连我们自己也经历着同样的生活。即便是剔除了那些与财务相关的字眼,依然能够大致概括出中国工薪阶层的典型特征:消费复萌、生活涨价、工资平平、信赖存款、多套房产……

多数人一生都将面临巨大的财务缺口

在中国人的传统意识中,总是认为收入能够满足支出的需求,不但如此,勤俭节约者还能攒下一笔不小的财富。但是,随着生活水平与消费水平的不断提高,谁不想追求更好的生活?与此同时,也就意味着自己需要更高额度的支出。在这样的前提下,加之人生中无法躲避的养老花销缺口,更多人开始思考一个问题:在我们漫长而充满不确定性的一生中,是否真的能够做到收支相抵?

在案例0-1中,富伦贝参加工作是在1992年,此时正值通货膨胀周期,1992—1995年经济增长率分别为14.2%、13.5%、12.6%和10.5%;CPI(消费者物价指数)上涨率分别是6.4%、14.7%、24.1%、17.1%。对于一个刚工作、收入高但是生活压力小的人来说,控制消费需求显然是他要上的理财第一课。人人都知道,在物价上升期,购买快速消耗品(旅游除外)是多么不划算。

富伦贝的问题在于,他依靠直觉去生活而没有考虑过自己的未来。我们的人生比想象的要长,需要的经济支持也比想象中更加复杂——富伦贝跟你我一样,并不是什么都没做,而是没认真准备。对他来说,花销最多的时期远没有到来。

在人的一生中,大致包含4个主要的财务时期,分别是:

Ⅰ.青年时期——收入和支出会同时起步。

Ⅱ.建立家庭——花销会逐步增加,对生活的要求会更上一层楼。

Ⅲ.人到中年——达到事业和收入的顶峰。对很多中国人来说,这个阶段是财务上未雨绸缪的黄金时期,为了子女、养老努力储蓄。

Ⅳ.退休生活——依靠微薄的社会养老体系,很难达到我们理想中的养老生活。在这个阶段,大多数人会面临一个巨大的财务缺口。

漫漫人生路上,有些大额支出是难以避免的,如结婚生子、购置房产、子女抚养与教育、养老、医疗等,这些支出发生的时点会随着时间的推移一个一个地来到我们面前,如图0-1所示。那么,如果我们能够给自己充足的时间来进行规划,就能够在它们到来时从容不迫。但问题在于,大多数人往往都会像富伦贝一样没有做好充分的准备。

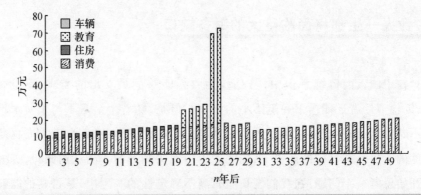

图0-1 支出构成图——多少钱能支付你的人生?

* 数据来源:《钱经》杂志
* 本图仅为示意,不构成投资建议

从某种程度上说,人们赚钱无非有两种方式:其一是依靠体力劳动与脑力劳动来赚钱;其二是凭借钱来生钱。而大多数人都不约而同地选择了前者。

如果仅仅是依靠体力劳动或脑力劳动来赚钱,那么很可能会面临一种情况:在收入呈现快速、大幅下降趋势时,支出却不会因为年龄的增长而快速减少,如图0-2所示。

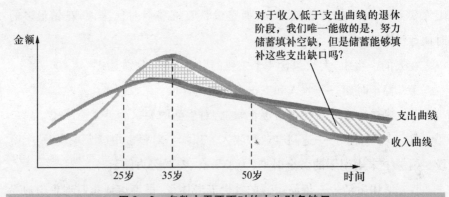

图0-2 多数人需要面对的人生财务缺口

* 数据来源:《钱经》杂志
* 本图仅为示意,不构成投资建议

那么,我们还可以选择另外一种方式——用钱生钱。用"钱"来赚钱和用"体力"或"脑力"来赚钱的本质差别,在于人会累、会变老,而钱不会。所以,在人的一生中,以钱生钱而绘制的财富曲线,不会因为年纪的增长而日渐萎缩,它会不知疲倦地为我们创造更多的财富。

通货膨胀让你的钱越来越少

在应付一生中庞大支出的同时,一个"隐形大盗"正在抢劫我们的口袋。

- 20世纪70年代的美国,通货膨胀率的峰值接近15%,最优惠的利率达到21.5%,美元汇率崩溃;
- 1994年的中国,CPI指数上涨24.1%,一年期存款利率为11%,国债期货炒到爆仓,接下来连续几年经济"软着陆";
- 2007年5月,北京新发地等批发市场,白条猪的平均批发价格达到15.70元/公斤,比上一年同期的7.5元/公斤上涨了109%。整个5月,该市场的猪肉价格已经密集出现了14次上涨;
- 2009年,美联储印钞速度史无前例,中国的货币信贷规模达历史峰值,石油等大宗商品价格暴涨……

生活在这个年代的人们对"涨价"已经见怪不怪了,货币的时间价值是构成财富管理理论体系的重要部分,但货币价值变动的时间曲线可不像人生财富曲线那样有规律可循,不可控的因素会令这条曲线上蹿下跳。

【案例0-2】

通货膨胀时,什么靠得住?

李少峰(化名)现居北京,他家里至今还有4台电视机,都是1994年买的,那一年物价上涨超过20%。"只要别存钱,买点啥都行"——在这种大众思潮的引导下,李少峰囤积了不少"值钱"的大件,当然也包括这4台电视机。"没想到电视机价格跌得比钞票还快,早知道当初多买点国债就好了,那时国债利率达到14%了。"李少峰想起来就后悔。

在教科书里,通货膨胀(inflation)的基本概念是:在纸币流通条件下,因货币供给大于货币实际需求,即现实购买力大于产出供给,导致货币贬值,而引起的一段时间内物价持续而普遍地上涨的现象。

简单讲,通货膨胀就是东西越来越贵,钱越来越不值钱了。钱不值钱的速度便是通货膨胀率。可以说,通货膨胀是一轮财富再分配的残酷竞争。

在案例0-2中,我们看到通货膨胀下的无奈——钱贬值得快,不如投资国债。翻开过去20年的数据,我们可以看到在工资上涨的同时,物价也在不断上涨。而在1992年到2001年之间,CPI的上涨速度远远超过工资上涨。在过去32年里,中国人的工资水平以平均每年8.65%的速度增长,而通货膨胀也丝毫不逊色——平均每年5%的增长,如图0-3所示。

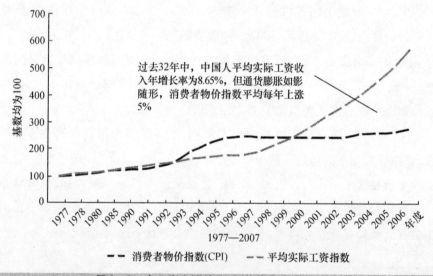

图0-3 在工资上涨的同时,物价也在不断上涨

* 数据来源:国家统计局

* 说明:消费者物价指数和全国平均实际工资指数均以1977年为基期,初始指数为100

可以来算一笔账:在1978年,职工的年均工资为615元,月均工资为51.25元。那么,用51.25元乘以2004年的城市居民消费定基指数495.2,再除以作为基数的1978年的100,再考虑2005年城市消费者物价指数上涨的1.6%。

经过上述计算,1978年的月工资51.25元就被换算成了2005年的257.87元。而51.25元在1978年能够让人们过上"中等偏上"的生活,257.87元在2005年大概只够一个家庭一个月的水电费支出。

如果借用《北京市物价志》、《上海价格志》、《广州市志·物价志》来进一步地直接测算：2005年食品类价格大约平均是1978年的10倍，除了家用电器类价格上升幅度较小外，其他商品的价格大都在1978年的10倍以上，其中医疗、教育、住宅更是涨幅惊人，达到数十倍乃至上百倍！

当然，上述情况并非是中国所特有的。在投资大师约翰·博格（John C. Bogle）的 *Bogle on Mutual Fund* 一书中，展示了美国从第一次世界大战开始计算的通货膨胀情况。

从1926年到1992年间，美国消费者物价指数的平均值为3.1%，也就是说，1美元的价值在10年内会降为0.73美元，20年后会降为0.53美元，30年后会降为0.39美元。或者，按照另外一种更直观的换算方法，如果一部汽车的价格是随着通货膨胀指数变动，在10年内，它的价格会由1万美元涨至1.36万美元。

唯有投资能追得上越来越高的支出

"5%"？！更多人对通货膨胀的感受远远不止是中国统计局公布的CPI数据，并且更多投资者都不可避免地在思考一个问题：为什么周围所有的物价都在涨，唯独工资却"按兵不动"？

究其原因，CPI常常被戏称为"肉蛋菜奶"指数，它能反映一个家庭的基本生活物价，而涉及一定的生活质量，往往需要医疗、教育、房产这三类消费价格，它们的费用增长之快令人咋舌。仅医疗一项，根据卫生部2005年的统计，在过去8年中，我国门诊就医费用平均每年增长13%，住院费用增长11%，远远超过满足基本生活的物品价格上涨水平。

从1998年开始启动的住房制度改革，开启了房地产交易的新局面，从此，房改10年，房价上涨了若干倍，如图0-4所示。新一轮的造城运动让房价"大跃进"增长，对背负着房贷的人来说，这项"提前预支"的缺口需要若干年来清偿。

如何更有效地解决你的问题？也许唯有投资能让你的钱加速跑。同样是投资1万元，从1990年开始，大多数中国人会选择存银行，如果是活期储蓄，19年后这笔钱会变成1.31万元。当然，我们还要饱受每年5%的通货膨胀率，换句话说，通货膨胀会小口"吃掉"你的活期存款。而如果是投资在

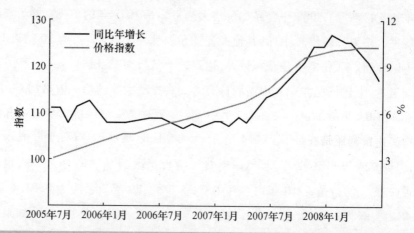

图 0-4 2005—2008 年房地产价格指数增长图

* 资料来源:国家发展与改革委员会,Factiva

A股(以上证综指试算),19年的复合增长速度是20.24%——可能看上去还不如某一年股市的猛涨,但它一直加速跑了19圈,在2009年,你会得到33.18万元,如表0-1所示。

表 0-1 同样1万元,投资效果截然不同

投入1万元	1990年	2009年	增长速度
活期存款	1万元	1.31万元	1.41%
A股	1万元	33.18万元	20.24%
你要追上的支出项			
教育费用增长大学平均学费/年	198元	7 500元	22.3%
医疗费用增长门诊平均医疗费/人	10.9元	146元	15.67%
房产价格增长	835(1995年中房上海住宅指数)	2 536(2009年11月中房上海住宅指数)	8.26%
通货膨胀			5%

* 1999年12月底开始计算至2009年12月。在历年的活期存款利率中,最高为1996年5月1日开始实行的2.97%,最低为2008年11月27日开始实行的0.36%

* 根据卫生部统计,2008年门诊病人人均医药费用为146.5元。教育费用按照每年的大学学费计算

* 以上证综指作为计算对象,从1990年12月19日这一基日的100点开始,截至2009年12月底上涨到3 308点,忽略其中上上下下的波动,这整整19年的复合年收益率仍能让我们惊诧不已——20.24%。以上房地产数据来源为:《中房上海指数 2009 年 11 月报告》,其中初始期从1995年2月开始,指数为835

分享中国经济增长,为什么不?

如图0-5所示,中国市场给了每个人更多的机会——无论是自己开展一项实业投资还是在证券市场上分享企业增长的成果,后者对于普通人来说,更简单也更有效率。

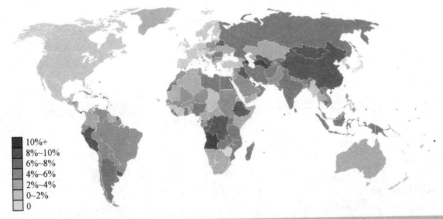

图0-5 展开一张世界地图,可见中国是增长最快的地区之一

* GDP增长速度越快,颜色越深。换句话说,深色的确蕴涵着更多的经济机会
* 数据来源:美国CIA世界概况年鉴(2008)

根据国际货币基金组织(IMF)的统计,能清晰地看到中国国内生产总值(GDP)的增长何其迅猛,如图0-6所示。从2002年的9.1%开始,数年一直保持着世界领先的加速度,根据国家统计局国民经济综合统计司副司长王文波的介绍,中国2008年的GDP比1952年增长了77倍,达到30万亿元。再看看以美国为首的发达国家和地区,虽然在GDP总值上保持领先,但成长速度大打折扣,最近几年的美国经济增长率在3个百分点上下徘徊,欧洲地区则更低。

具有成长性的企业和个人,每时每刻都在为GDP增长做出贡献,在这样活跃的经济活动氛围之中,投资者无疑拥有更多的投资机会。以证券市场为例,我们能在上海证券交易市场、深圳证券交易市场上找到代表中国发展的优质企业。截至2009年第3季度,1 659家上市公司2009年前3个季度实现营业总收入83 860亿元,营业利润10 332亿元,前者占据2008年GDP

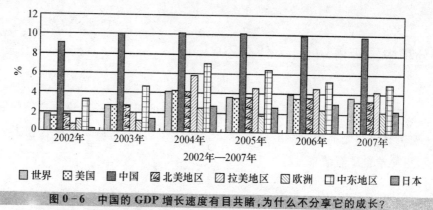

图 0-6 中国的 GDP 增长速度有目共睹,为什么不分享它的成长?

* 资料来源:usda ERS、国际货币基金组织数据库、《中国统计年鉴2008》

的27.9%,不到1 700家的优质企业创造的价值将近占据了国民生产总值的1/3。暂且不谈应该投资何种标的,一个必须引起关注的问题是,投资要从现在开始!

投资三要素

那么,投资者又该如何迈出投资的第一步呢?不妨从了解投资的三个要素入手。

1. 拥有骁勇善战的本钱——没有本钱的投资如同无根之水

如果不储蓄,人们很难活下来;如果只储蓄不投资,人们很难活得更好。但是,投资的第一步是拥有本钱,让它在自己的指挥之下,解决一个又一个财务问题。

或许,北欧森林里的红松鼠会带给人们启示。红松鼠每年9月都会超常忙碌,而不再像夏日时那样悠闲自在。2个月内,每个松鼠要在巢周围几百平方米的范围内储藏起3 000多个橡子、松果和山毛榉坚果。而冬天来到时,辛苦的劳动就会得到回报。光秃秃的树上能找到的食物少之又少,但是松鼠仍然过得很宽裕。它们每天都有条不紊地从一个储藏点转到另一个储藏点,最终能找到80%藏起来的食物,足够它们等到春天来临。

寿命一般只有3年的红松鼠可能很难想象人类漫长的一生,但可以肯定的是,我们需要储蓄得更多、更久。

2. 时间是你的助手——尽早开始投资

没有什么事物能像充裕的时间一样,可以帮助自己实现最为重要的目标。成功理财的两个关键是:早点开始,长期规划。这个道理大多数年轻人都知道,但不一定做得到。

因为它要求投资者必须进行选择——存起来,或者花掉它。其实存钱与花钱都无可厚非,但关键在于如何平衡。可以确定的是,如果偏重于当前消费,那么用于实现梦想的"本钱"就会变少。

【案例0-3】

何时开始存钱?

假设某人计划每年向投资账户中存入4 000元,并且有如下4种选择:

选择一,从20岁开始投资,10年后停止存入;

选择二,从30岁开始投资,10年后停止存入;

选择三,从40岁开始投资,持续到65岁;

选择四,从20岁开始投资,持续到65岁。

那么,假设该账户每年的收益率都为7%,到他65岁时,又会呈现出什么样的情况呢?如表0-2所示。

表0-2 采用不同方式的投资差异

方式	65岁时的资金总额(元)
从20岁开始投资,10年后停止存入	600 000
从30岁开始投资,10年后停止存入	300 000
从40岁开始投资,持续到65岁	250 000
从20岁开始投资,持续到65岁	1 150 000

* 计算结果仅供参考,不构成投资建议

在案例0-3中,为什么要设定为投资至65岁?因为这是大多数中国投资者退休的年龄。此外,1990—2009年上证指数19年的复合增长率达到了

20.24%,而7%则要相对保守得多。

3. 积土成山,积水成渊——年复一年的力量无比强大

对资产不足以撬动高价值投资品的投资者来说,最有效的致富办法就是通过不断积累,实现财富的保值、增值。

假设某位投资者还有25年才退休,从现在开始投资:第1年投资1 500元,接下来的25年中每年增加10%的投资金额。如第2年比第1年增加150元,投资总额变为1 650元,以此类推。

那么,如果这位投资者能够坚持此项投资计划25年,以平均每年7%的回报率计算,最终能够积累多少财富呢?

答案是30万元!而这笔巨款的开始仅仅是1 500元!每年增加10%听起来好像很少,但是这种增长是渐进的,所以投资者应该不会遗忘这笔钱——特别是知道自己最后可以积攒多少钱之后。

小 结

每个人都有梦想的生活。跌落到现实中的梦想背后有不同的财务缺口,填满它们,唯有投资一途。就如同阿·安·普罗克特(Ann Adelaide Proctor)说的那样:"梦想一旦被付诸行动,就会变得神圣!"

第 1 章

我该投资什么？
如果投资基金，它又能为我带来什么？

【案例1-1】

从股民到基民

蔡阿姨的来信向我们展示了一个老股民到基民的转变：

1995年，我在一个朋友的影响下购买了两只股票——金杯汽车和上海石化，开始了我的炒股之路。后来就记不清买了些什么股票，反正换了很多，换过来、换过去，买了套、套了买，解套了又卖……就这样折腾了十几年，没亏钱也没赚什么钱，就是感觉太累。

2006年，我偶尔看报纸上说，基金是专业投资团队帮你理财，后来听到央视经济频道有个口号："你不理财，财不理你。"我就开始买基金，反正听别人说哪个好，我就买点儿。股票也没搁下，听朋友说什么好就买一些，不过慢慢地基金买得更多一些。

2007年，股票涨基金也涨，但是到2008年金融危机时，上证指数从6000多点跌到1000多点，我又深套了。在2009年快过去时，股票进进出出也没起色,就扔着不管了,基金也比最高的时候跌了一些。有一天,我突发奇想,把做股票和做基金的账大概算了一下,股票涨得好的时候的确赚了不少,不过碰到市场差也赔进去了,留在手上的已经损失得七七八八。

基金是从2006年初开始买,虽然也在不同的基金里倒腾,但总额还比较清楚,加起来比刚开始买时的投入涨了2倍多。想起一个电视广告上说,一个种了很多年橘子的老农民听了手机里的专业指导,种出来的橘子比自己以前种的都要甜。专业的就是不一样,我以后投资就靠基金专家了。

(注:本文按照蔡阿姨来信原文整编,有删减,文中所述基金投资跨度为2006年初至2009年末)

初入股市,再投基金,蔡阿姨的投资经历可能比其他中国投资者更简单,从20世纪80年代开始,中国投资者在改革开放的大潮之下加深了对"财富"的理解,下海、开始实业投资、倒腾国库券、股疯、期货、基金……在社会蓬勃发展的大环境下,一个投资选择或许就改变了一个人一生的财富曲线。与青睐储蓄的家庭相比,当年那些毅然下海经商的人可能已经早早地享受了财务自由,当然也不乏一败涂地的例子:坐了一趟从几千万元到输光的过山车,还要补充投机的亏空,比单纯战胜通货膨胀难上数倍。

30年一去不复返,我们面对着日渐成熟的市场、更加成熟的法律监管环境和同样成熟中的市场参与者,现在开设自己的实业还是遍地黄金吗?现在投资股票还能累积第一桶金吗?未必。

投资十分必要,但投资什么更为重要!

为什么投资金融市场更简单?

投资什么更好?在这个层面上,我们能看到西方经济学和传统的中国经济学的有趣分歧:在西方经济学理论里,投资这一概念主要用来表述人们在证券市场(securities market)上买卖有价证券(negotiable securities)、证券期货(securities futures)或证券期权(securities options)的行为或其所运

基金持有人应关注哪些信息?

基金投资 Q&A

基金持有人可根据权威评级机构的排名,了解所持有基金在同类基金中的表现,对自己持有基金的公开披露信息也应该关注,特别是在考虑调整基金投资结构(如继续买入、转换、赎回)时,更要仔细分析这些信息。涉及基金投资的公开披露信息包括基金季报、半年报、年报等定期披露信息,投资者可以据此了解并分析基金的投资运作情况。

用的资金;而在中国传统的投资经济学理论中,投资大多是指进行固定资产的新建、扩建这一类所谓"基本建设"——后者专指企业家和政府的实业投资。

无论是在金融市场上获得收益还是开展一项自己的生意,"投资"二字蕴涵的是让财富更有效率增长的可能性,多数中国人其实具有投资的嗅觉,比如蔡阿姨1995年开始股票投资,再比如不少人都会考虑的房产投资、加盟一个品牌进行创业,抑或投资基金。如此等等都是本能的投资行为——为钱找到一个更快的管道以应对通货膨胀和生活水平的提高。

为什么说金融市场投资对普通人来说更容易呢?一个简单的例子是,如果一位投资者非常看好未来10年中国红酒产业的发展前景,那么他能够通过两种方式来抓住这个机遇:其一是实业投资,即投资开办红酒酒庄或代理销售国外知名品牌的红酒;其二便是金融投资,即通过深入的调查分析,购买一只国内知名红酒上市公司的股票。显然,后者的门槛更低一些。此外,不只是股票市场,其他金融产品同样能让投资者低门槛地进入,比如国债、银行理财产品等。

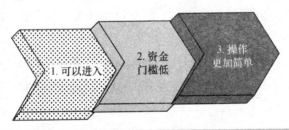

图1-1 金融投资更适合普通人

在投资大师彼得·林奇眼中,投资股票比其他事情简单得多,他把伯灵顿购物中心称为自己的投资灵感福地①。据他自己讲述,在购物中心里逛街心情舒畅,非常适合研究股票。购物中心就是众多上市公司激烈竞争的战场,不管是业余投资者还是专业投资者,每天到这里调查都能发现那些上市公司的业务状况如何变化:哪些公司业务蒸蒸日上,哪些公司日渐滑坡,哪些公司在进行业务转型。

作为一种投资策略,到购物中心多逛逛,远远胜于相信证券公司的投资

---

① 根据彼得·林奇《战胜华尔街》(*Beating the Street*)一书内容整编。〔美〕彼得·林奇、罗瑟查尔德著,刘建位等译,机械工业出版社,2007年8月出版。

建议,也远远胜于自己翻遍财经报道寻找最新消息。但是,如果彼得·林奇自己投资一家购物中心,也许就不会如此舒心了。

我们面前的金融市场

教科书上关于金融市场的广义诠释是,实现货币借贷和资金融通、办理各种票据和有价证券交易活动的市场。

举个简单的例子,假设我们来到了水果批发市场,想买一箱红富士苹果,一个水果商贩叫价每斤5.8元,但我们只想花5.4元,因此继续向前走。这时又遇到另一家水果摊,店家让利大酬宾,于是这笔交易以5.3元成交。在偌大的市场中,每个参与者对红富士苹果都有不同的认知,卖方可能开出不同的价格,买家也会有不同的心理预期,在嘈杂的讨价还价中,系统会自动撮合价格最近的双方成交,并形成我们看到的某时刻的市场价格。

与此类似的,在金融市场中,上述"红富士苹果"可能变成了一家上市公司的股票,也可能是认沽权证、黄金期货合同、十年期记账式国债。同样的,红富士苹果批发市场中有不同身份的交易者,有路过市场买一箱苹果回家的普通人,也有专门过来进货的水果门店、进行大宗交易的批发商。如同金融市场参与者最基本的划分——散户和机构投资者。前者经常被一些市场拒之门外,如银行间债券交易市场等,唯有通过机构投资者发行的理财产品才能间接投资。

黄金市场是个典型例子,只要是脚踏着这颗蓝色星球的人类都会希望拥有黄金——看上去,心理需求比投资需求更大,全球范围内的交易市场远比我们想象的复杂。在这个体系中,供应方和需求方反而落在其次的地位,核心的市场在机构与机构之间进行,个人投资者只是通过某个国家(或地区)的交易所进行买卖。

那么,我们自己的股票、债券、权证在哪里交易呢?展开这张中国地图,我们能找到主要的7家金融交易所。

为什么市场行情上涨但基金净值不一定上涨?

基金投资 Q&A

决定基金业绩的主要因素有资本的配置、基础市场走势的表现、基金经理的选股和择时能力、交易成本的控制等。其中,基础市场行情走势只是决定基金净值涨跌的一个比较重要的方面。

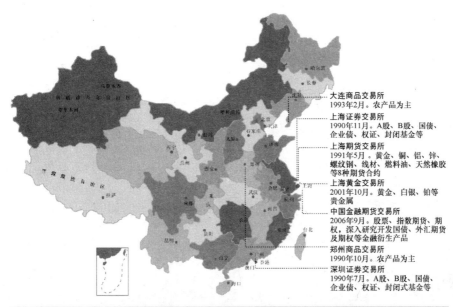

图1-2 中国主要的7家金融交易所

* 资料来源：上海证券交易所官方网站（www.sse.com.cn）；深圳证券交易所官方网站（www.szse.cn）；上海期货交易所官方网站（www.shfe.com.cn）；中国金融期货交易所官方网站（www.cffex.com.cn）；郑州商品交易所官方网站（www.czce.com.cn）；大连商品交易所官方网站（www.dce.com.cn）；上海黄金交易所官方网站（www.sge.sh）

回首30年，"翻炒"的历史

在过去30年中，我们亲历了各种金融产品从无到有的过程，各样金融市场的蓬勃发展，每一种金融产品的面市都曾经因为诸多不成熟的因素掀起投机热潮，翻开日历，我们能随时拾起一片疯狂而热烈的历史。

1988年4月21日，上海国库券市场开放流动，公布1985年国库券得益率为15%。正是这条消息让杨怀定（后来的杨百万[①]）走上了炒国库券的道路。

在当时还没有先进网络的情况下，全国各地国库券的差价高达十几个

---

① 杨百万，原名杨怀定，出生于1950年，原上海铁合金厂职工，中国证券市场的最早参与者、实践者和见证者之一。

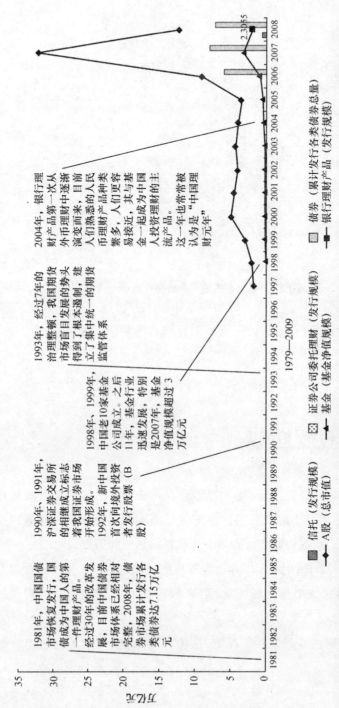

图1-3 中国人投资演进图 1979—2009

百分点。杨百万正是在那个时期赚到了自己的第一桶金。类似的例子在1989年更是俯拾皆是，号称从8 000元起家赚到4个亿（截至2006年）的林园也是如此。1989年，林园全家人共同筹集了8 000元，进入股市。此后，林园分别买入了30股的深圳发展银行的股票（账簿中简称"发行"），他以88.45元买入，之后反复操作，短短几个月赢利12万元——这是最初的资本。一年之后由郑州粮食批发市场开始的中国期货市场雏形也吸引了那个年代脑筋灵活的投资人，当时流传的"钱多、人傻、速来"的暗号在炒作高手中极具号召力。

中国人第一次发现，靠工资、靠储蓄赚钱的速度远远比不上在金融市场的一个交易，对金钱的热望为中国金融市场赋予了一种不稳定的心理基调，于是，在每一项投资品种面前，我们都习惯加上一个"炒"字，炒股、炒期货、炒基金、炒外汇……

炒，即不停翻动，在每个市场快进快出，已经作为对金融市场的原始记忆被保留——显然，与国外上百年的金融市场相比，我们远远做不到成熟投资者的淡定，随着市场的日渐成熟，投机的空隙日渐消弭，如果还是以"炒"为金融市场的生存之道，未免显得不合时宜。

在"中国人投资演进图"中，我们能看到过去30年的财富生活随着金融产品的日渐增多而越来越丰富，我们的投资也在国债、基金、股票等产品的实战经验中逐渐磨炼。当然，投资远远不止图中展示的类别，还有房产、股权投资、券商集合理财产品、私募基金、艺术品等，只要能分享到其上涨带来的收益，就应该算得上一项成功的投资。但收益只是衡量投资品的要素之一，我们不妨从以下三个方面来评价。

三性衡量投资品种

在投资时我们要考虑投资资产的收益性、安全性和流动性三个方面，投资的这三个要素都非常重要，不可忽视，而且投资的三要素之间是相互制约、相互影响的。

每一项投资都有三个特性，我们可以从这里入手比较。

---

① 带★号的问题特别供华夏持有人参考。

如何订制华夏基金电子对账单？★①

基金投资 Q&A

华夏基金持有人可以通过登录华夏基金网站提交在线申请（www.chinaamc.com）、联系华夏基金网站在线客服、拨打华夏基金客服电话（400-818-6666）和发送电子邮件（service@chinaamc.com）等方式，订制华夏基金电子对账单。

特性一：收益性。收益性往往是投资者最关心的问题。人们在做一项投资或购买某投资产品时,首先关心的是这项投资的收益性如何,而且常常追求收益的最大化。实际上,这是有问题的,因为在追求收益最大化的同时,必然会导致资产安全性的降低。

特性二：安全性。在实际的投资中,投资者对投资的安全性常常走极端。有些人常常过分地强调投资的安全性,不愿意承担任何投资的风险。结果是绝大部分资金都做了银行储蓄。另一个极端是,有些投资者完全无视风险,在投资中对资金的安全性几乎不做考虑,结果很可能是血本无归。

特性三：流动性。流动性是投资者常常忽视的一个本不该忽视的投资要素。比如,一个投资者买了一套住房,并且在一年内该住房的市价涨了8%。你能够说其投资的收益率是8%吗？当然可以这么说。但对这个投资者来说,只有当该房产出售后真正获得了8%的收益,该投资的收益才真正兑现了,实际情况常常是因为房产的低流动性导致其无法兑现或者为了兑现收益不得不降低价格出售,这样其实际收益就要大打折扣。

需要特别说明的是,投资资产的收益性、安全性、流动性都应当将投资资产作为一个整体来考虑。在表 1–1 中,我们可以暗自盘算一下哪种投资三性的搭配更适合自己。

> 通过华夏基金客服电话自助方式能够查询哪些信息？★
>
> **基金投资 Q&A**
>
> 华夏基金持有人可通过华夏基金客服电话（400-818-6666）查询基金代码、基金交易费率、最新基金净值、最新基金规模、基金账号、账户持有基金份额和最新估值、历史交易情况、账户持有基金的分红情况等信息。

寻找三性适宜的投资品

在表 1–1 中可以发现一个有趣的特征——安全性常常和收益性负相关。也就是说收益性高的投资产品,往往安全性相对低一些。而安全性则常常和投资产品的流动性正相关,即流动性高的产品的风险容易获得有效控制。相反,流动性低的投资产品,其风险性会比看起来要大得多,其实,也就是多了一项所谓的流动性风险。

在将三种特性的星级简单汇总后,超过 10 颗星的投资恰好与人们常见的选择不谋而合：活期存款、定期存款、国债、房地产、股票、基金,我们看中存款的流动性（但不能忍受它在通货膨胀下的负收益）、国债的安全性和股票的收益性,作为性价比最高的基金则是因为综合得分而成为最主流的投资产品——在承受一定风险的情况下,我们能获得不错的收益性和流动性。

表 1-1 常见金融产品的"三性"对比

投资品种	收益性	安全性①	流动性	加总星级
活期存款	☆	★★★★★	★★★★★	10.5
定期存款	★	★★★★★	★★★★★	11
国债	★★	★★★★	★★★	9
可转债	★★☆	★★★☆	★★★☆	9.5
银行理财产品	★★☆	★★★☆	★★★☆	9
信托产品	★★★	★★★★	★★☆	9
房地产	★★★★	★★★★	★★	10
基金	★★★☆	★★★	★★★★	10.5
黄金商品	★★★	★★★	★★★	9
股票	★★★★	★★	★★★★	10
外汇	★★★★	★	★★★☆	8.5
期货	★★★★☆	★	★★★☆	9
收藏品	★★★★★	★	★★	8

* 来源:《钱经》杂志

* 说明:最高为★★★★★,☆为半颗星。此表中三性的评分按照上述投资品种的平均收益率与波动率,综合若干位投资专家的感性认识粗略估算。以"银行理财产品"一项为例,其涵盖了若干种投资于不同市场不同类型的理财产品,取其类型最多的结构性存款产品与权益类产品收益率作为星级评级依据;"黄金商品"一项以"实物黄金"交易为主,不涉及黄金期权等;"信托产品"为计算"阳光私募信托"一类

而其他产品难以成为主流投资产品则各有原因。以信托为例,一般来说,信托是募集众人资金投资于某一特定项目,部分信托会预估收益率,由于信托行业存在 200 份(每个信托计划只能募集不超过 200 份合同)的限制,加之信托项目动辄上亿元的资金总额,因此分摊到每位投资者身上的投资额度也是相对较大的,这也是信托产品拥有较高门槛的原因之一。也正是因为这样,业内对投资信托产品也有着不成文的规矩——至少投资 50 万元以上。

再以期货为例,因为市场上充斥着套期保值者和套利者两种角色,因此其波动剧烈,1995—1998 年我国期货市场几乎所有品种都发生过风险,在复

华夏基金持有人能够在华夏基金获得哪些短信和电子邮件服务? ★

基金投资 Q&A

(1)交易确认短信:在持有人办理的基金交易确认后,发送通知短信。
(2)短信对账单:每月初以短信形式向持有人发送上一月的基金对账单。
(3)电子对账单:每月初以电子邮件形式向持有人发送上一月的基金对账单。

---

① 所谓投资的安全性也就是其实际收益偏离其预期收益的程度的度量。所谓预期收益率其实就是该投资的长期平均收益率,因而,如果投资的期限可以足够长,那么该投资的实际收益将会逐步收敛到其预期的收益水平,也就是说其风险将会逐步降低。

旦大学金融研究院教授刘庆富的统计中,1997—2004年期铜日均VaR[①]超过2%的天数最高为203天(2004年)。相比之下,股票市场的风险就显得没有那么惊心动魄。

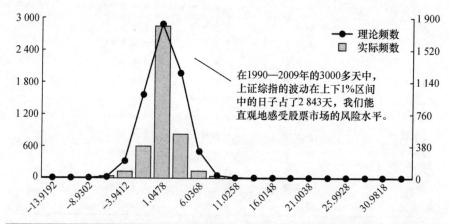

图1-4 股票市场的日均波动分布(1990—2009)

* 数据来源:巨灵资讯,上证综指1990—2009年(截至2009年11月27日)

在综合考虑投资三性后,我们可以把目光更多地放在收益颇丰而风险相对适中的产品上,如股票、基金、银行理财产品等。

为什么要相信专家理财?

如果我们把目前面对的所有金融投资摆在一起,可以发现其中有本质的区别。我们可以直接投资的是股票、债券、期货、黄金,而中间有专家替代我们投资的是基金、信托、银行理财产品及各种委托理财产品。

有很多市场我们无法进入,或者门槛太高,比如一个信托项目,动辄上亿元。有很多市场我们并不专业,必须委托专业人士代劳,如果有彼得·林奇这样的天才投资家帮忙,那我们为什么还要自己动手呢?有人笑言,十个人炒股,七个人赔钱,两个人持平,一个人赚钱。如案例1-1中的蔡阿姨,她持有的基金与股票都是出自同一个市场,但收益却大相径庭。在很多时候,

如何添加或修改华夏基金账户中的手机号码和电子邮件地址? ★

基金投资Q&A

华夏基金持有人可以通过登录华夏基金网站(www.chinaamc.com)、联系华夏基金在线客服、发送电子邮件(service@chinaamc.com)和拨打华夏基金客服电话(400-818-6666)等方式,添加或修改华夏基金账户中的手机号码和电子邮件地址。

---

① VaR(value at risk,风险估价)是一种利用现代数理技术测度金融风险的方法。指在一定的置信水平和未来特定的持有期内,某一金融资产或资产组合的最大损失。

个人投资者进入市场徒手博弈的后果往往会惨不忍睹。

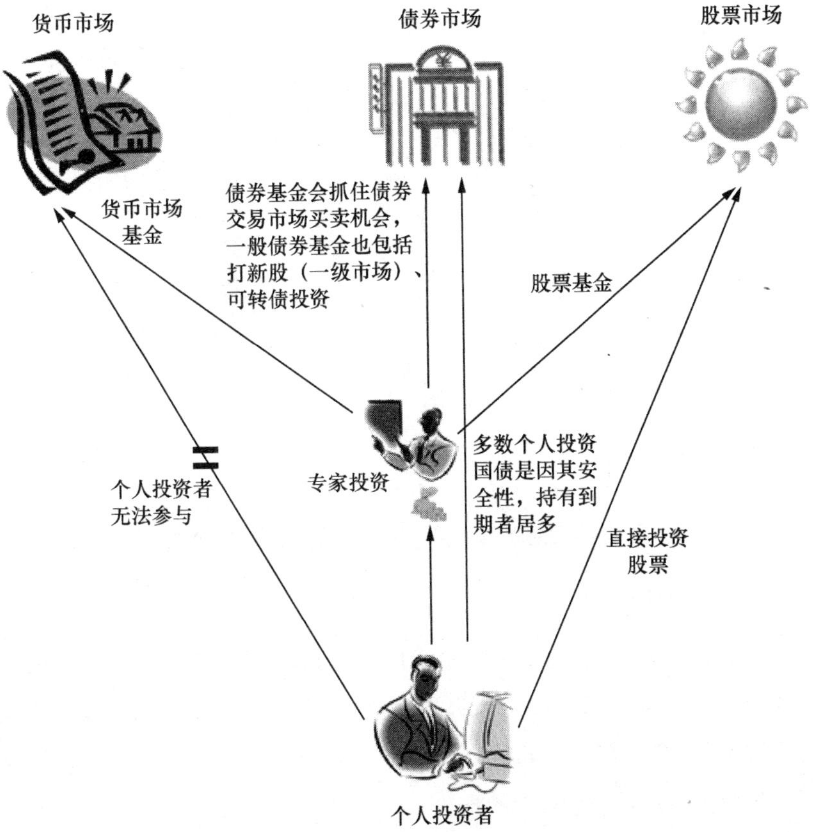

货币市场

债券市场

股票市场

货币市场基金

债券基金会抓住债券交易市场买卖机会,一般债券基金也包括打新股(一级市场)、可转债投资

股票基金

个人投资者无法参与

专家投资

多数个人投资国债是因其安全性,持有到期者居多

直接投资股票

个人投资者

图1-5 专家理财 vs.个人"直接"投资产品剖析

投资中,最关键的是保住本金。在风险控制上,个人投资者经常会对下跌的市场猝不及防、手足无措。

2007年10月16日,上证指数达到6 124点高点,两年后的这一天,上证指数报收2 977点,较6 124点下跌约51%。

在2008年股市下挫的过程中,股民损兵折将。再看看风险较高的股票型基金和混合型基金,两年下来,虽然平均净值增长率为负(大约下跌10%),但仍大幅超越上证指数40%左右;债券型基金和货币市场基金风险较低,两年下来均取得了正收益,分别是13.86%和7.26%,在股市下跌的同期,为投资者实现了保值、增值。

当然,上面统计的是平均值,个别股票方向基金表现远好于一般水平,例如华夏大盘精选混合基金和华夏复兴股票基金在这两年也取得正收益,

华夏基金短信对账单含有哪些内容? ★

基金投资 Q&A

华夏基金短信对账单包含上一月度持有人各关联基金账户中持有的基金份额、市值和账户基金总市值。

分别是26.24%和6.53%。

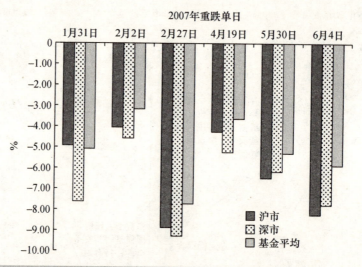

图1-6　2007年若干次市场大跌中基金的表现

* 数据来源：天相资讯

基金公司无疑将"专家理财"的特性发挥得淋漓尽致。基金公司的专业性主要体现在基金公司的投资研究团队上，在市场上涨过程中，通过积极挑选行业和股票，实现优秀的市场业绩；在市场下跌过程中，控制好仓位，做好防御型投资，尽量减少投资者的损失。

但是很难有人能够做到仓位控制自如、行业轮动把握准确、股票挑选百发百中，能够在整体上做到符合市场趋势变化就是不小的成功，也是基金公司专业性的最好体现。基金公司的确在基金投资上具有较高的专业性，实现了为百姓理好财的目标，而投资者可以考虑选择像华夏基金这样的优秀公司，并树立长期投资的观念，实现基金投资的长期保值、增值。

基金投资的五大优势

对普通人而言，控制股票市场中的风险并博取收益显得太过困难，如果借助专家的力量就能站在巨人的肩膀上。而相对于其他类型的专家理财产品，基金有更多的优势值得一书。

申购华夏基金旗下基金后，如何查看自己的基金账户？ ★

基金投资 Q&A

申购华夏基金的旗下基金后，基金持有人可以拨打华夏基金客户服务电话询问账户情况，或登录华夏基金网站用开户证件或基金账号查询基金账户。

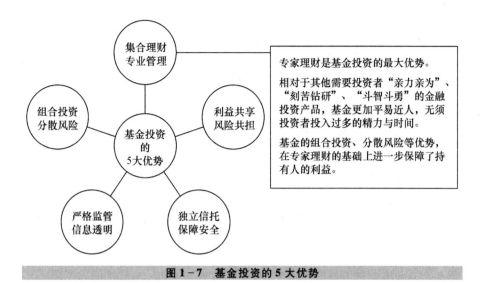

图1-7 基金投资的5大优势

小 结

面对复杂多变的金融投资市场,更适合普通投资者的应对之法,或许应该是找个"专家"来帮助自己。从这个角度看,投资基金确实是明智的选择。

耶鲁大学的卢文赫斯特(K. Geert Rouwenhorst)在名为《共同基金起源》的一份报告中提到,共同基金开创了一个民主化投资的时代——这一点甚至比 iPod(苹果公司推出的一种大容量 MP3 播放器)更具有划时代的意义。

共同基金允许普通人以一个非常简单的方式参与到市场中去,依靠多样化投资来分散风险获取收益。1772—1773 年金融危机之后,荷兰海运商人 Adriaan van Ketwich 在募集第一只信托产品 Eendragt Maakt Magt 时,肯定没有想到两个世纪后的基金产业能达到 18.97 万亿美元的规模,世界各地的投资人能享受到低廉而优质的投资服务。但他似乎预见到了部分的未来,将这只信托产品的荷兰名字翻译过来,叫做 Unity Creates Strength(联合就是力量)。

第 2 章

为什么我的投资总是理不清头绪?

【案例 2-1】

是什么影响你开始第一次投资?

回想起 2004 年 4 月狂热市场中自己的情绪轮回,至今仍让苏苏(化名)欷歔不已。在此之前,年近四十的苏苏是一个保守的定期储蓄者。看上去,她对待金钱的态度实在与她时尚杂志主编的身份相差甚远。或许连当时的苏苏自己都不会相信有一天她会奔向金融市场的怀抱,而这一切,还要从那一次与旧友王英(化名)的偶遇讲起。

"你看,现在的股市多猛!"虽然多年未见,王英依然毫不生疏地"神侃"了起来,"2003 年 11 月市场触底反弹之后,大盘从 1300 点一个劲儿地向上蹿。巧了!我们现在正好代销基金,你真应该买一些,肯定会赚钱的!"在王英的热情煽动下,苏苏最终购买了 1 万元的某股票型基金。

"还别说,王英说得真准!"在市场近乎疯狂的上涨中,苏苏不禁佩服王英的"远见卓识"。虽然还不知道基金是什么,但是当 1 万元个把月就变成 1.15 万元后,苏苏尝到了基金的甜头。此后,苏苏又拿出了 8 万元申购基金,短短 20 多天,基金净值就从 1.1520 元摇身一变成了

1.2190元,粗略一算,前前后后竟然赚了5 000多元。

"资本市场,你太伟大了!"苏苏不禁感叹。照这个速度,保守估计一年也有60%的收益,还等什么?!赶快把那些睡在红皮存折里的钱叫醒吧!怀着这样的心情,苏苏将全部定期存款都取了出来,并且全部投在了基金上。

但就在这时,不可思议的事情发生了——苏苏眼看着基金净值从1.2214元一路下跌。2004年5月,苏苏已经把原来赚的钱全赔了回去。在王英的鼓励下,苏苏一直提心吊胆地坚持到了2005年4月——基金净值终于跌破1元。再也承受不住的苏苏一怒之下将基金全部赎了回来……

投资基金,到底为了什么?

投资大师查理·芒格(Charles Thomas Munger)曾说过这样一句话:"大多数人都不知道自己在投资什么,拼命挤进一个个火热的项目。但在我看来,这些项目并非他们想象的那样能赚钱。"若如芒格所言,难道在这个市场中的大多数投资者,都是盲目地进行着自己的投资吗?

在案例2-1中,苏苏与很多投资者有着相似之处。在2004年至2005年这段时间里,不少投资者都经历了由定期储蓄到投资基金,再到定期储蓄的轮回。对苏苏来说,当时投资基金的唯一目的就是赚钱。的确,不赚钱为什么要投资?并且不只是要赚钱,还要赚更多的钱!对财富的贪婪让苏苏将全部资金都投向了市场,但此时,市场却不知不觉转了风向。随后,伴随市场不断下跌而产生的是苏苏持续的恐惧,直到她再也无法承受这样的煎熬时,最终选择了解脱。

但是,假如苏苏能再等两年,这只基金的累计净值就会攀升到2.9070元;再过两年,苏苏的资产就能增长3倍!不过,这一切都只能是"假如",因为在2005年4月的那个雨夜,苏苏已经做出了自己的选择。

她选择回归定期储蓄的怀抱,以求依靠5年定期储蓄5.13%的利率让自己安心。苏苏的故事并非风云变幻,但却更加真实。而在现实中,在"为

投资者应关注基金招募说明书的哪些内容?

基金投资 Q&A

基金招募说明书是投资者了解基金最重要的文件之一,其内容主要有:基金产品的特性,基金发行、上市与交易安排,基金认购、申购和赎回安排,基金投资,风险提示,信息披露以及基金份额持有人服务等内容,开放式基金在基金合同生效后每隔6个月还会披露更新的招募说明书。投资者阅读时可重点关注基金投资目标、投资比例、投资策略、风险和费用、基金管理人和过往业绩等内容。

赚钱而投资"的投资者背后,则上演着数不清的相似故事。

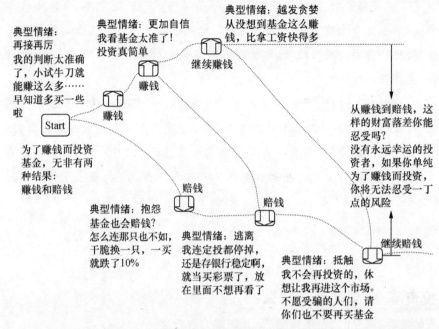

图2-1 投资者面对亏损与赢利时的情绪

图2-1形象地揭示了投资者在投资过程中,盈亏与情绪及投资行为之间相互影响的关系。大部分投资者都会在赚钱的情况下产生更多的欲望,进而采取更加"疯狂"的投资行为;而同样也会在赔钱的情况下抱怨连连,最终选择逃离市场甚至由此萌生对投资的抵触情绪。

就像案例2-1中的苏苏一样,如果将一项5年收益300%的投资与另一项5年收益25.15%的投资摆在她面前,她一定会毫不犹豫地选择前者。但是,她是否能够承受高收益投资方式可能会带来的剧烈波动呢?如果无法承受,那么她最终依然会回归定期储蓄的方式。

事实上,在投资者进行投资决策的过程中,"人性"是极为重要的因素。然而,从"人"本身的角度出发来研究决策过程,是直到18世纪才出现的事情。当时的经济学家亚当·斯密(Adam Smith)在《道德情操论》一书中表明,人类内在的道德和情感需求很可能超过逻辑的约束。他从科学的角度论述了在人类投资决策的过程中,一直存在非理性的盲目投资。

然而,从投资者的实际情况来看,不可能做到对波动无动于衷。一位资深理财师曾这样说:"很多投资者追涨杀跌,在赔钱时抱怨,基本上都是因为

什么是基金的净资产价值?

基金投资 Q&A

基金所拥有的资产在每个营业日根据市场收盘价所计算出的总资产价值,扣除基金当日之各类成本及费用后,所得到的就是该基金当日之净资产价值。

在投资前没有经过周详的准备,甚至很多投资者在购买了某只基金后,还分不清这只基金的类型是什么,盲目投资的情况比较严重。而实际上,盲目的投资更像是在赌博,是在赌谁的感觉准,赌谁的运气好,赌谁能押中宝……从某种意义上说,这样的投资行为或许已经称不上是投资了。"

这位理财师一语点中了众多投资者的脉门。那么,面对人性的弱点,投资者又该如何让投资过程变得更加理性呢?实际上,凭借科学的规划,就能够让投资者在进行投资决策时站得更高,看得更远。那么,进行投资规划的前提是什么呢?

盘点自己的梦想

在人生不同的阶段,每个人都有着不同的梦想和需要——这是制定投资目标的一个基础。而实现投资目标的过程,总是离不开周详的计划与金钱的需要;事先的"财务安排"更是迈向目标的关键。简单来说,人生目标可以分为长、中及短期目标,如表2-1所示。

表2-1 目标的划分

	短期目标	中期目标	长期目标
年期	3年以下	3~10年	10年以上
特性	提升生活质量 个人增值	扩大目标范围 焦点由个人转至家庭	以家庭为中心 长远人生策略
示例	偿还债务 完成学习课程 旅游 购买奢侈品	物业首期 结婚 育儿 创业	置业 子女升学 移民 退休

* 本表格仅供参考,不构成投资建议

既然人生目标可按其年限拥有不同的特性,那么在财务上的准备,也应该分开处理。此外,投资目标也是衡量一项投资最终是否"成功"的标准之一。那么,个人财务目标设定之后,如何才能在最短时间内达成这个目标呢?在不考虑其他复杂的因素下,一般理财目标的达成与下列几个变量有关,如表2-2所示。

什么是基金的每份额净值?

基金投资 Q&A

基金当日之净资产价值除以基金当日所发行在外的份额总数,就是每份额净值。

表 2-2 科学规划投资

DESTINATION 你希望达到的目标	清晰描述你希望达到的财务目标,并用数值衡量它。比如,价值 180 万元的房子
MONEY 个人所投入的金额	所投入的金额,可分为一次投入或多次投入
% 投资工具的回报率	投资工具可分为储蓄、基金、股票、期货、债券及黄金等。投资回报率越高,风险也相对越高
TIME 投入的时间	金钱是有时间价值的,投入时间越长,所获得的报酬也相对越多

因此,最基本的设定方式为:先确定个人所能投入的金额,再选择投资工具。此外,投资工具的回报率要超过通货膨胀,最后随着时间的累积,就可达到所设定的财务目标。

> **基金份额净值和基金累计净值有什么区别?**
>
> **基金投资 Q&A**
>
> 基金份额净值,是指在某一时点,基金的每一份基金份额实际代表的价值;而基金份额累计净值则包含了以前的分红金额。

【案例 2-2】

懵懂的投资目标

与苏苏同时入市的投资者韩铁丝(化名),年纪不大,资金不多,投资时间不短,收益不少,同样"误入基途",但却慢慢生出感悟。基金帮他实现了人生第一笔购房首付——并不是第一桶金,只是让他更快地达到自己的目标。他慢慢开始规划自己的不同账户,就像写着不同目标的收纳箱:

5%——父母健康准备(10 年以上,长期);

65%——还清房贷(5 年,中期);

20%——旅游结婚(2 年,短期);

10%——投资练手(超短期)。

经济学家弗朗哥·莫迪利亚尼(Franco Modigliani)的"生命周期假设"指出,人在少年及老年期,由于没有工作能力,所以支出必然大于收入,而他们的支出是由家人、政府或个人储蓄所支持。至于壮年期,工作能力正旺,并懂得为将来(老年期)做出打算,因此收入和储蓄亦相应增加。而投资的效果无非是让"储蓄"的过程更加高效。

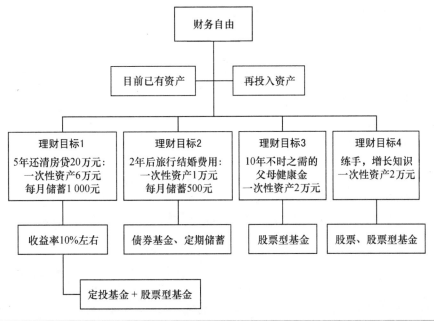

图2-2 韩铁丝的投资收纳箱

韩铁丝是为数不多的理顺了自己财务目标的基金投资者,他对科学规划的理论相当模糊,但无意中DIY了自己的投资目标、年限、风险估计。工薪阶层的他赚钱还是那么多,但基金投资能帮助他更快地实现目标,最重要的是,无论是否投资基金,在收纳箱之中的任何一件投资产品的波动都不会动摇他前进的方向。

科学规划自己的投资

那么,投资者该如何制定自己的理财规划呢?实际上,这个看似复杂的问题,只需要4个步骤就可完成,分别是:制定量化的理财目标;制定合理的目标实现周期;预估实现收益目标所需要的收益率;选择适合的投资品种。

量化的投资目标要明确。投资者应根据自己的收入、支出及可投资资金的水平,选择符合预期收益率需求的投资工具,同时还要结合目标的实现时间,才能制定出合理且可实现的投资目标。

例如,一位基金投资者10年以后需要100万元供女儿上大学,这就是他眼下非常明确的理财目标,于是他把这个需求作为制定自己理财规划的基

为什么基金交易要按照"未知价法"?

基金投资 Q&A

开放式基金买卖之所以采取"未知价法",主要是为了避免投资者根据当日的证券市场情况决定是否买卖,而对其他投资者的利益造成不利影响。如果当日基金份额净值已知,那么很容易出现集中的申购和赎回现象,从而增加基金运作的难度,不利于基金的稳定操作和基金份额净值的稳定,进而对基金长期投资者的利益造成不利影响。我国除货币市场基金外的开放式基金,在买卖中均采用"未知价法"。

什么是基金的"前端收费"和"后端收费"?

基金投资 Q&A

购买开放式基金的收费方式分为前端收费和后端收费两种。前端收费是在购买时收取买入的费用,后端收费是等到赎回时一次性收取买入和卖出的费用。一般情况下,前端收费适合于短期投资者;后端收费适合于投资期限高于2年的投资者。

础,进而选择适合自己的理财方式。之后,将全部目标与对应的实现周期进行配比,就可以得出一张详细的"量化需求记录表",如表2-3所示。

表2-3 量化需求记录表

项目	需要多少资金	预计准备多久	衡量因素
短期			
紧急备用金			现金为防备不时之需,可以先准备每月生活费的6倍
旅行			豪华之旅还是自助旅行,地点不同,费用也大不同
电器用品			选择自己合用的即可,不需要一味追求流行
装潢			准备近期翻新老房子还是装修新房,装潢费用的确是短期的大额支出
保险费用			可用每年年终奖金或薪水支付,是不是超过每年总收入的10%
房租/房贷等固定月支出			每个月的固定开销,因此可预先包含在每月的生活费中
中期			
结婚准备金			预计在哪里办酒席、度蜜月地点不同都会直接影响到预算
子女教育金			子女教育是目前大多数中国人最重要的财务目标,给小孩存够钱了吗
购房			第一套房、第二套房……房子直接影响到生活质量,也是人生的一大目标
购车			虽然是消费品,但买车的需求越来越明显
创业准备金			如果有创业打算,你需要预算资金。可能创业后收益率要大大高过基金投资,但先得存够这笔数目
长期			
退休金			需要10~20年的积累

* 本表格仅供参考,不构成投资建议

此外投资者还应注意,不同生命周期的投资人会有不同的"量化需求记录表",并且需要在表上填写适合的投资工具。不同的投资工具平均回报率不同、风险也不同,因此要对所使用的投资工具先有正确的心理建设,才不会因各种"市场噪音"而任意变更投资组合,导致非系统风险的投资损失,如交易收费、买卖差价等。

对大多数没有专业金融知识的人来说,基金无疑是主流的投资品,货币市场基金、债券型基金、混合型基金和股票型基金都能在不同期限里满足不同目标对资金的安全性、流动性和收益性的要求。并且,基金本身就是分散投资,能够在一定程度上回避风险。事实上,从中国基金业发展的十余年历史来看,基金确实是能够帮助投资者实现长期、稳定的财富增长的优质投资品种,如图2-3所示。那么,投资者又怎可因短期的波动而放弃这份大礼呢?

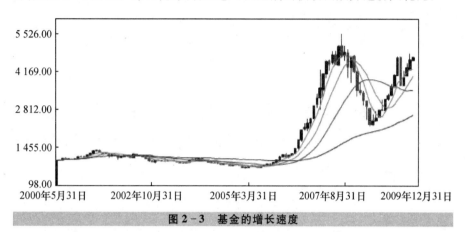

图2-3 基金的增长速度

* 数据来源:Yahoo! 财经

一般可以在什么时间、什么地点申购(赎回)开放式基金?

基金投资 Q&A

投资者应当在基金的开放日申购(赎回)开放式基金。基金开放日一般为上海证券交易所、深圳证券交易所的交易日。在非开放日或开放日15:00以后提出的申购申请顺延至下一个开放日受理。基金的销售机构一般包括银行、证券公司、基金公司直销中心等,基金的交易方式一般包括柜台交易、网上交易、电话交易等,一些特殊类型的基金如ETF基金、LOF基金、封闭式基金等还可进行场内交易。投资者应根据基金的相关公告,选择适合自己的销售机构和交易方式。

小 结

1559年,一个名叫康拉德·格斯纳(Conrad Gesner)的人把郁金香球茎从君士坦丁堡带到了荷兰,由于郁金香的美丽和稀少,这些郁金香立刻受到了消费者的追捧和青睐。

早期的消费者出于喜爱的目的而购买,而随着投机者的介入,郁金香的交易量大幅度上涨,一株郁金香的价格甚至与几吨粮食、一件主要的家具、几头公牛或者一些饲养的猪等同。人们蜂拥进阿姆斯特丹股票交易所购买郁金香球茎合同,不久之后,郁金香泡沫破灭,这场大规模的疯狂与美国1929年和2000年股票泡沫一样被记载进了投资者非理性史册。

盲目、贪婪乃至恐惧,这些词汇始终伴随着非理性投资的始末,这也是人性影响下的投资市场难以磨灭的痛楚。从某种意义上看,那些能够在投资决策过程中保持冷静,并运用科学、合理的投资规划来约束自己投资行为的投资者,最终往往会品尝到丰收的果实。

第 3 章

为什么我有时觉得自己能承受很高的风险，有时又觉得自己"弱不禁风"？

"无论你怎么做,资本都有风险。"这是博格眼中投资的核心规则。只有风险变成实际损失的时候,我们才愿意反思自己的风险承受力——在其他大多数的时候,我们将其视为一个"纸面测试",一些阻碍迅速赢利的繁文缛节。事实上,考察自己的风险承受力是投资前的必要功课。

回顾基金行业 200 多年的发展历史,对风险承受能力的反思永远伴随着惊心动魄的下跌。在 1929 年 10 月 24 日之前,美国新兴投资人感受最多的是财富急速增长的快感——1921—1929 年间,美国投资公司的数量从不到 40 家增长到 700 家；随着史上最猛烈的大崩盘（1929 年大崩盘）的到来,道·琼斯工业指数（简称道指）从 381 点跌到 36 点,其中的 500 家上市公司已经随着道指的下跌而倒闭,星期四的纽约交易所里 1 个小时之内有 11 位股民自杀——或许人们远远没有自己想象的能承受风险。

整个美国基金行业在投资人惊恐的表情下开始走上正轨,《证券法》(1933)、《投资公司法》(1940)、行业协会应运而生,它们强调了证券投资的风险所在,并谢绝那些承受不了这些风险的人进入。

风险承受能力有两层意思：首先,在一项投资中,你能承受多大的波动？在起起落落的账面变化中,你能否忍受且不违背投资的初衷？其次,一旦风险变成实际的亏损,是否会极大地影响你的情绪和家庭生活水平?

1929年那个星期四自杀的11位股民,就是在风险大大超过承受力后选择了自杀一途。风险承受力的两层解释决定了它至少跟投资目标、家庭财务状况和主观性格有关。但我们往往因为市场变动而扩大或缩小自己的风险承受力,造成投资压力过大或投资效率过低。如何认清自己的风险承受力?本章将带着大家一同"认识自己"。

在上证综指于2007年10月16日攀上6 000点高峰后,股市急转直下,最低在2008年10月探底至1 665点,单边下跌的377天里,损失惨重的股民、基民都在反思。

经过2008年的你,怀疑过自己的风险承受力吗?(其中2008年可以被这些年份替代:2001年、2004年等。)

本书收集到这样五种典型的答案:

Ⅰ.(逃避)刻骨铭心,我就是受不了风险的人,我再投资就打自己。

Ⅱ.(高估承受力)心理测试说我能承受风险,看来都不是真的。或者,我那个时候觉得自己很能承受风险,但现在又觉得完全不能。

Ⅲ.(得意)2008年我撤了,哈哈!

Ⅳ.(漠不关心)2008年发生什么事了?

Ⅴ.(正视风险)2008年给我们上了一节很好的风险课,风险,真不是闹着玩的!至于我自己,需要设定一个止损位置。

为什么我们的风险承受能力总在改变?

这是因为"赌场的钱"效应与蛇咬效应。

无论答案Ⅰ、Ⅱ还是Ⅴ,都有个共同的特征,即投资者选择了他们不能承受的投资品。在追逐赢利的时候,我们"非常能承受风险";遭遇亏损时,就变成"风险厌恶者",为什么我们总是因为市场的不同,调高或者调低自己的风险承受能力?

让我们一起看一个关于抛硬币的游戏:如果抛出正面你就能获得100元,如果抛出反面你就得给出100元,你愿意赌一下吗?如果你之前已经赢了100元,那么现在你还愿意赌吗?在知道你之前已经赢了钱的情况下,你

在不同销售机构开户会有多个华夏基金账号吗? ★

基金投资 Q&A

基金账户实行实名制,除法律、法规和规章另有规定外,一个投资者使用同一证件只能开立一个开放式基金账户。因此在一般情况下,如果投资者在多个销售机构开立华夏基金账户时,使用的证件类型、号码、姓名等信息完全一致,系统最终匹配的基金账号也是一致的。

的回答是否发生了变化呢?如果你之前已经给出了100元又会怎么样?对你来说,两种不同的情况是否让这个游戏有什么不同呢?

人们对风险的认知似乎是变化的,即使在客观条件没有任何改变的情况下。两位学者理查德·塞勒(Richard Thaler)和埃里克·约翰逊(Eric Johnson)找了95名经济学的本科生,让他们用现金玩了一系列的游戏。他们发现,在赢得收益之后,人们愿意承担更大的风险;相反,在遭受损失之后,人们会不太愿意再去冒险。

在人们获得收益或利润之后,他们愿意承担更大的风险。赌博者将这种感觉称为"用赌场的钱赌博"。在赢了一大笔钱后,业余赌博者不会将新赚来的钱完全视为自己的钱。一边是自己的钱,一边是对手的钱,你更愿意用谁的钱去冒险?

在经历了经济亏损后,人们会变得更不愿意冒险。在投资心理学中,这种感觉叫做"蛇咬效应"。蛇通常不会攻击人,但偶然发生后,人们会变得加倍小心。同样的,当有些人非常不幸损失了金钱后,他们常常感到晦气还会跟着来,所以设法规避风险。

图3-1 在过度消极和过度激进两端寻找自己的位置

在投资之前,金融机构一般会让投资者进行风险偏好测试,以确保投资产品的风险在可承受范围之内。不少人觉得这是例行公事,不足为意。但事实是在我们的投资环节中,了解自己与了解投资产品要做到最充分的对接。

第3章

勿做超过自己风险承受能力的投资,也别浪费它

【案例3-1】

投资银发族

"现在老年人的投资热情非常高。"这是某证券公司工作人员的感慨。不知从何时开始,在证券营业部里,老年人唱起了主角。红红绿绿的大屏幕下,一片片银发显得格外惹眼。

刚刚退休的老年人,有着丰富的工作经历和雄厚的经济实力,他们的理财意识丝毫不亚于年轻人。这本是件好事,但把资金都用来投资波动较大的股票,就不太稳妥。须知道,人至老年正是大量用钱之际,比如养老、看病等,一旦股票下跌,在短期内不能止跌或重新上涨,那么老年人将处在非常尴尬的境地。赔掉自己的养老金、看病钱的事例在当今社会也屡见不鲜。

我们都知道"投资有风险、入市须谨慎"的道理,谨慎、适合的选择对于我们规避投资风险,更有效地达到保值、增值等投资需求,就显得非常重要。然而在现实的社会中,很多投资者其实并不知道如何选择基金。很多时候,投资者选择的基金品种其实是不合适的,更有甚者执拗地认为"收益越高,越值得投资",然而当市场风险来临之际,因为选择产品的不适合,使他们很难去承受这些风险。须知道,最好的未必是最适合的。作为基金投资者,我们应该选择适合自己的基金。

什么决定风险承受能力？

【案例3-2】

2008年这堂风险课

如果以2007年作为新老基民的"分水岭"，那么1979年出生的老龚属于前者，2006年的大牛市让资金不多的他收获了一台电脑。随着市场的涨跌，他对基金的了解更加深入，"越了解会越谨慎，就像开车一样"，老龚的冷静让他能以旁观者的眼光观察周围完全不同类型的朋友、亲戚是如何面对风险的。以下是他本人关于股市从2007年一路上涨，到6 100点一泻千里之后的一些记录：

2007年初，市场已上涨了许多，亲友们让我替他们投资的资金还不断涌来，其中也包括保守的大姨和小姨，她们从来没有碰过基金、股票，但听闻能让钱翻番，也拿出一笔积蓄让我买基金。大姨的女儿千千表妹要结婚了，大姨希望能陪嫁一辆车，本来车款准备了16万，能买辆本田Civic，大姨盘算着反正还有一年多的时间，如果钱能翻番，那就直接上了个档次，能买辆奥迪A4。相比之下，小姨就"盲目"得多，随便拿出一笔闲钱来，说让我"练练手，反正也没啥用"。

2007年3月16日，我帮几位亲友，包括大姨、小姨，都申购了1只基金，牌子老、实力强是我选择这只基金的理由。1个月后，这只基金不负众望，上涨了17.78%，同时，二姨的儿子小虎相当大胆，他用向亲友借的买房付首期的钱炒股，看着股票市场里的小虎动辄几个涨停，亲友们还是嫌基金涨得不够。等到5月，有些亲戚终于忍不住抽回资金自己投入股市，只身肉搏的结果是，他们的收益远远超过一向自认为追求稳健的基金，以至于他们都在笑我"一根筋"。只有大姨、小姨还把钱留在基金里。

我竭力劝说亲友们要注意风险，但任何的劝说在此时都苍白无力。对此，我只有沉默。我不相信作为专家理财的基金会对不断上涨几近失控的股市无动于衷。我80岁的奶奶经常用她的大蒲扇敲我的脑袋，

基金投资 Q&A

在华夏基金网上交易开户后，当天能进行交易吗？开户后要多长时间才能够知道基金账号？★

在华夏基金网上交易开户的当天即可提交交易申请。通过网上交易成功提交开户申请的第2个工作日后，投资者可以使用开户证件登录网上交易，在"我的基金账号"栏目中可以查询到基金账号。

告诫我"出来混,迟早是要还的"的道理。

到了10月,股市从6100点开始一泻千里,直至2008年下半年的1600点。大姨的奥迪A4慢慢缩水成了马自达6,到了2008年9月,比当初入市时还亏损了1万多元,大姨欲哭无泪,无奈地离开了市场并发誓再也不投资。小姨一直未动,到了2009年也有意外之喜。而那些炒股的亲友损失大半,小虎无奈地背上了一身债,只想利用手头剩下的一点钱翻本。

用数据将老龚冷眼旁观的故事稍微整理,我们能得到表3-1,在不同的时点上,三个亲友做出了不同的决策并展露出不同的心理。

表3-1 什么决定风险承受力?三位典型投资者的故事

		大姨	小姨	小虎表弟
这次投资的目标		女儿的嫁妆:一辆车,16万元	资产增值,8万元	借来的房产首付迅速增值,25万元
资金时限		1.5年	无时限	2年内
性格		保守	保守	激进
各个时点的情绪与行为	A股 某基金			
2007年3月16日	2930 1.119	申购基金	申购基金	投资股市
2007年10月16日	6100 2.292	兴奋,嫁妆车从Civic变成奥迪A4	高兴,投资还挺有意思	不仅可以还亲友的钱,还可以直接付首期,投资好简单
2008年9月2日	2434 1.108	恐惧,已经亏损了本金,坚决赎回	淡定,股市涨跌挺正常的	有信心,股市涨跌很正常,会涨上去的
2008年10月28日	1665 0.856	庆幸,幸好及时出来	害怕,会不会继续亏损	恐惧,已经赔了6成,必须要翻本
2009年12月31日	3277 2.076	后悔,为什么没坚持下来	高兴,懂不动也能赚钱	不甘心,一定要翻本,欲罢不能
不同的投资结果		-0.98%,亏损1.57万元	85.52%,赚了6.84万元	-26%,账面亏损6.5万元

老龚的大姨和小姨都是性格保守的工薪族,但为什么会在相同的市场、相同的基金波动下做出了不同的选择呢?我们能清晰看到投资目标的影响,前者为了女儿的嫁妆而投资,于是每一次涨跌都有物化的表征——从最初的本田Civic到最高峰时的奥迪A4,再回落到马自达6,大姨由于投资时

间和目标所限,匆匆离开市场,倘若她也是用闲置资金投资,心境定然完全不同。截至 2009 年最后一天,小姨的投资在 3 年的时间增长了 85.52%。

风险承受力的第一要素便是投资目标,短期、中期、长期的目标能对投资者心态起到截然不同的影响。

再看看表弟小虎,他的性格本身很激进,这是非常积极的投资偏好,但他落入"亏损→翻本→亏损"的窘境欲罢不能,这是否意味着股票投资也超过了他的风险承受力?可能从投资偏好上讲,他的确适合在股市中徜徉,但这笔投资的资金来源和他的财务状况并不允许冒险行为——这是一笔 2 年内用来买房的首付款,而且其中大部分是向亲友借的。

案例 3-2 能帮助读者推演出构成风险承受力的三大要素:投资目标、客观状况(包括财务状况、生命周期等要素)、风险偏好。

1. 此次投资的目标是什么?

投资目标会在一定程度上影响投资的性质。如案例 3-2 中,小姨投资股票型基金看似不符合她保守的性格,但这是一笔长期闲置的钱,那么其中的波动也可以忍受。试想,如果这笔钱要在半年后买车,也断然不能放在波动巨大的投资上,从这个目标向下,她不能承受半点风险。

读者可以跟随着本书的节奏分成三个部分测试自己不同投资计划可以选择的基金产品。

您的第一项得分是 ☐

> **在不同银行可以申购同一个基金公司的基金吗?**
>
> **基金投资 Q&A**
>
> 可以。在一个基金公司,一个身份证只会有一个基金账号,所以不论投资者在几个银行开户,所用的都是一个基金账户。基金公司网站上可以查到投资者在所有直销和代销机构申购的该基金公司的所有基金。

不同目标决定不同的投资类型,您的投资目标是什么	短期目标	中期目标	长期目标
	偿还债务	物业首期	置业
	完成学习课程	结婚	子女升学
	旅游	育儿	移民
	购买奢侈品	创业	退休
得分	0 分	1 分	10 分
	未来 5 年内,您打算从这项投资计划中提取多少资金?		您大约会持有这项投资计划多少年,才需要动用其中大部分资金?
选项一	少于 30%	20 分	5 年内	0 分
选项二	31%~50%	16 分	5~10 年	0 分
选项三	51%~70%	8 分	11~19 年	18 分
选项四	多于 70%	0 分	20 年以上	30 分

说明:以上表中有三个问题,分别是投资目标、提取金额比例和投资时限,以老龚为例,他的答案分别用黑圈圈出,总共得分为 18 分。

2. 不同的人有不同的风险偏好

风险偏好指的是投资者对于风险的态度,不同的人对风险的感知是不一样的,以此产生的决策也是大大的不同。性别、年龄、投资经验、职业等决定了不同投资者的决策行为。一般来说,年轻人更偏好高风险、高收益的投资;中年投资人则追求低风险。随着年龄的增长,投资者会越发保守,越看重长期增值,而年轻者更青睐于短期操作。此外,男性较为慎重,女性较为激进;资产规模大的、做实业出身的投资者尤其重视风险控制,而自由职业者基本上不进行长期投资,以短期操作为主;相对来说,企业职工和机关工作人员进行长期投资的比例较大……

在一项对一家大型交易经纪公司的研究中,两位财务学家布拉德·巴伯(Brad Barber)和特伦斯·奥丁(Terrance Odean)调查了1991—1997年38 000个散户的交易情况,他们分别对单身男性、单身女性、已婚男性和已婚女性四类账户的交易状况进行了调查。衡量交易水平的基本单位叫做"周转率",周转率是投资组合中股票的百分比在一年时间内所发生的变化。例如,50%的周转率指的是在那一年内投资者售出投资组合中一半的股票,并买入相同数量的股票。

研究显示,单身男性的交易量是最大的。正如图3-2所示,单身男性的交易比例相当于85%的周转率,而已婚男性的比率为73%。单身女性和已婚女性的投资组合年周转率分别是51%和53%。

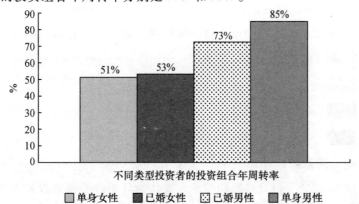

图3-2 不同类型的投资者拥有不同的投资性格

* 数据来源:约翰·诺夫辛格(John R. Nofsinger)著 *The Psychology of Investing*

一般我们从行为角度来探索不同的风险偏好,风险偏好包括认赔动作、赔钱心理状态、投资经验、投资首要考虑要素等。通过以下测试能评估自己的风险偏好,您的得分是 ☐

(1) 以下哪一项最能形容您的现状呢?
① 除定期存款及担保利息投资券GICs之外,我并无投资经验。…… 2
② 我对投资有基本认识,但并不懂得如何应用于投资策略上。 …… 4
③ 我在投资基金及证券上有少量投资。……………………………… 6
④ 我的长线投资集中于投资基金方面。…………………………… 8
⑤ 我十分留意市场动态,并亲自管理自己的投资组合。………… 10

(2) 以下哪一项最能形容您的投资观呢?
① 我宁愿放弃较高的长线回报潜力,
　　也不愿投资在短线受太大波动。……………………………… 3
② 我可接受适度的投资波动以争取较高的长线回报潜力。……… 9
③ 我只关注长线增长,并不介意短期的波动。…………………… 15

(3) 您能否接受高风险的投资以争取更高的回报潜力?
① 可以接受。……………………………………………………… 30
② ■ ………………………………………………………………… 24
③ ■ ………………………………………………………………… 18
④ ■ ………………………………………………………………… 12
⑤ 绝对不可以接受。……………………………………………… 6

(4) "我并不在乎我的投资价值每日的浮动。"您同意这说法吗?
① 非常同意。……………………………………………………… 10
② ■ ………………………………………………………………… 8
③ ■ ………………………………………………………………… 6
④ ■ ………………………………………………………………… 4
⑤ 绝不同意。……………………………………………………… 2

(5) "投资的亏损只是短期现象。我认为只要继续持有投资项目,必能收复失地。"您同意这说法吗?
① 非常同意。……………………………………………………… 20
② ■ ………………………………………………………………… 16

③ ■ ……………………………………………………… 12
④ ■ ……………………………………………………… 8
⑤ 绝不同意。………………………………………………… 4

（6）若市价忽然下跌，您是否仍会继续持有该投资项目？
① 肯定会。………………………………………………… 10
② 极有可能会。…………………………………………… 8
③ 不肯定。………………………………………………… 6
④ 极有可能不会。………………………………………… 4
⑤ 绝对不会。……………………………………………… 2

（7）以下各项反映不同的投资取向。哪一项最能代表您目前的情况？
① 我希望做比较稳健的投资，得到固定利息及股息回报，
  而且投资的亏损风险较低。…………………………… 4
② 我希望投资组合既有固定利息及股利收入，又可增长，
  两者平衡。……………………………………………… 10
③ 我希望从投资组合获得某些利息收入，但以增长为主。……… 16
④ 我投资只求长线增长。………………………………… 20

（8）在您现有的投资当中，股票的投资或以股票方向为主的基金投资比例占多少？
① 没有。…………………………………………………… 0
② 1%～25%。……………………………………………… 2
③ 26%～50%。……………………………………………… 4
④ 51%～75%。……………………………………………… 8
⑤ 多于75%。……………………………………………… 10

（9）投资的原因是否为了减少个人所得税？
① 绝对不是。……………………………………………… 20
② ■ ……………………………………………………… 16
③ ■ ……………………………………………………… 12
④ ■ ……………………………………………………… 8
⑤ 这是我投资的主要原因。……………………………… 4

3. 客观状况是风险承受能力的基础

如果说风险承受能力是一个比较复杂的指标，那么，生命周期就是选择

基金时另一个比较简单明确的指标,一般而言,风险承受能力是随着生命阶段而递减的。除此之外,家庭负担、就业状况也是考量的要素之一。

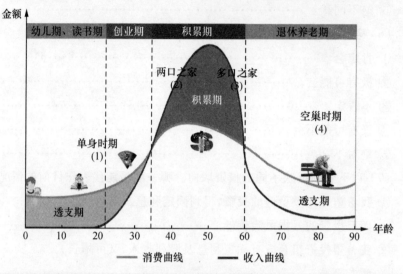

图3-3　不同生命周期的投资者风险承受力不同

◊ 青年人选基金:承担高风险,获取高收益

单身时期的年轻人,很多都是"月光族",但投资理财还是越早越好。年轻人承担风险的能力比较强,不要"浪费"了这种能力。

◊ 两口之家选基金:追求中高收益,承担中高风险

已经成家的年轻人,不但要考虑家庭财产保值、增值,还要考虑孩子的教育费用等一系列未来的支出,最好进行一些投资组合。

◊ 三口之家选基金:收益与风险均衡化

中年人收入一般比较稳定,但家庭责任较重,还要考虑为退休做准备。投资时应该坚持稳健原则,分散风险。

◊ 老年人选基金:以低风险为核心

对老年人而言,投资的稳健、安全、保值最重要。不宜过度配置股票型基金等风险较高的产品。

在客观状况这个象限，您的得分是 _____

现在的年龄（岁）		全家的家庭总收入（万元）		对收入是否有安全感		大约会在多少年后退休	
<35	20分	<3	2分	绝对	10分	已退休	0分
35~44	20分	3~6	4分	颇有	8分	5~7	0分
45~54	12分	6.1~9	6分	不肯定	6分	8~10	2分
55~64	4分	9.1~12	8分	不大有	0分	11~14	8分
>65	0分	>12	10分	极没有	0分	>15	10分

请"对号入座"

在您了解了自身的风险承受能力之后，请根据自身风险承受能力来选择与之相匹配的基金品种。

一般而言，能承受较高风险的积极型投资者，可采用较积极的投资组合，投资组合中可以选择较高的比例投资风险偏高的资产，如股票型基金；风险承受能力适中的稳健型投资者在投资组合中应以风险适中的混合型基金为主，如平衡型基金等；风险承受能力较低的保守型投资者在投资组合中应以风险较低、风格稳健的资产为主，如债券型基金和货币型基金等。

115 或以下	116 至 145	146 至 170	171 至 190	191 或以上
保守	温和	平衡	自信	进取
货币市场基金	债券基金	混合型基金	主动管理型股票基金	指数基金

小 结

我们无可避免跟自己保持陌生，我们不明白自己，我们搞不清楚自己，我们的永恒判词是：对于我们自己，我们不是"知者"。

——尼采《道德的系谱》(Zur Genealogie der Moral)

希腊德尔菲的阿波罗神庙三句箴言中最著名的一句，便是"认识你自己"(γνωθι σεαυτόν)。在本章内容中，我们的确能忆起投资中的自己，疯狂的、莽撞的、幸福的、自豪的……自己的种种，并不那么难认识。

已开户申购华夏基金后，希望通过其他机构申购，应该怎样办理？ ★

基金投资 Q&A

在这种情况下，投资者需要办理多渠道开户。办理多渠道开户时，如果投资者提交的姓名、基金账号、证件类型、证件号码与已有账户信息任何一项有所不同，会导致多渠道开户失败，办理多渠道开户时的申购（认购）申请也会被确认失败。因此，建议投资者在办理多渠道开户时，务必提供与已有账户完全一致的信息，以免由于开户失败影响投资计划。

第4章

基金究竟能不能分散风险？
你了解不同类型基金的风险收益特征吗？

【案例4-1】

基金投资能分散风险吗？

Katze(化名)是某咨询机构的业务主管，工作之余喜欢炒股，但并不专业。在2005年9月到2007年7月这段时间里，她先后持有7只股票，因为自己的投资能力与经验不足，她持有的股票往往波动性较大，很多时候都跌多涨少，导致其股票资产的1/3都打了水漂。

在这样的情况下，Katze非常希望寻找专业理财机构来帮助自己。2007年8月17日，Katze把手中的6万元资产分别投入两只基金：某中小盘成长基金和某精选混合基金。

为什么Katze会青睐基金投资呢？第一，投资基金属于专业机构帮助打理钱财，在投资能力和投资经验上要比个人投资者强得多；第二，基金公司"组合投资、分散风险"的投资理念让Katze非常中意，投资基金相对于持有几只个股要安全得多；第三，2006年、2007年上半年的基金表现非常出色，这也更加坚定了Katze投资基金的信心。

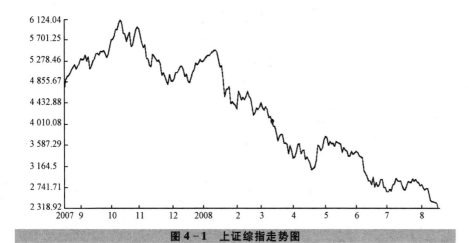

图 4-1 上证综指走势图

* 数据来源:网易财经
* 数据采集区间:2007 年 8 月 17 日—2008 年 8 月 15 日

  如图 4-1 所示,从 2007 年 8 月中旬到 10 月中旬的两个月内,股市单边上扬,Katze 所选的两只基金都有不错的收益。但从 10 月下旬开始,股市呈现震荡下行的格局,随即开始大幅下跌,截至 2008 年 8 月 15 日,股市下跌了 62%左右。

  令 Katze 意想不到的是,基金并没有想象的那样能够有效"分散风险",短短 1 年间,Katze 所持有的两只基金净值分别下跌 39%、47%之多。这一颓势直到 2009 年市场重新上扬才得以好转。

  这让原本以为在股市风险面前,基金能够少亏钱甚至不亏钱的 Katze 大失所望,同时也对基金标榜的"组合投资、分散风险"产生了怀疑:"难道基金真的不能分散风险吗?"

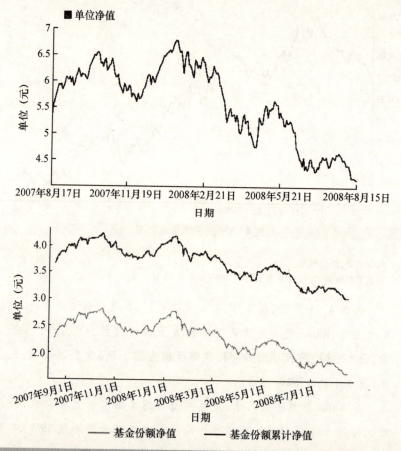

图 4-2 Katze 持有两只基金净值增长走势图

* 数据来源:依据该基金净值增长情况整理
* 数据采集区间:2007 年 8 月 17 日—2008 年 8 月 15 日

基金究竟分散了什么风险?

显然,Katze 对于基金"分散风险"的怀疑是片面的。基金能够有效分散的其实是非系统性风险,但却不能分散系统性风险。

简单来讲,基金的非系统性风险来源为非全局性,而是个别行为,即单只股票或者单只证券的风险。单只股票对应的上市公司,或者因为其决策人员与管理人员在经营管理过程中出现的失误,或者由于公司财务结构不合理、融资不当,从而导致投资者预期收益下降或者亏损的风险。

如果投资者只持有这只"问题"股票时,风险将无法避免。而基金因为组合投资的关系(组合投资内容在本书第12、13章有详细讲解),通常会同时投资几十种甚至上百种股票。所以在个别股票上的损失完全可以由其他股票来共同承担,从而有效分散风险。所以,如案例4-1所示,非系统性风险可以通过基金管理公司的有效操作进行防范和化解。

依照证监会颁布的《证券投资基金运作管理办法》第4章第31条规定:"一只基金持有一家上市公司的股票,其市值不能超过基金资产净值的10%;同一基金管理人管理的全部基金持有一家公司发行的证券,不能超过该证券的10%。"法律法规规范了基金资产的组合投资功能,不会过多投资单只股票,有效分散了单只股票的非系统性风险。

分散投资,抵制单只股票市值下跌

某基金公司的某股票型基金持有宏达股份(某上市公司)占基金净值的比例为3%,而宏达股份的股价却下跌了50%。所幸基金投资本身为组合投资,单只股票的损失可由该基金所持的其他股票共同承担,很好地分散了风险,使该基金的净值下跌仅为1.5%,不会严重影响到组合的整体收益。

基金持有人可以将自己持有的基金份额转赠给亲朋好友吗?

基金投资 Q&A

基金持有人向亲友转赠基金份额的行为,这种情况称为非交易过户。目前,基金的非交易过户只限于在死亡继承、公益性捐赠、破产支付等非交易原因情况下发生的基金单位所有权转移的行为。

基金的系统性风险来源是全局性的:当证券市场的政策发生重大变化,有重要的法规、举措出台,市场利率变动或者其他重大突发事件发生,就有可能导致股票市场行情整体发生变化。也就是说,当这种系统性风险来临,股票市场中基本所有股票都可能存在下跌的状况,那么股票型基金持有的绝大多数股票都会下跌,剩余个股无法分担所有的损失,所以基金净值必然是下跌的。所谓"覆巢之下,几无完卵",说的就是这个道理。

在案例4-1中,Katze当时遇到的风险正是系统性风险——2008年全球金融危机。在这场危机之下,全球股指均大幅下滑,追踪23个发达国家市场变动的摩根士丹利资本国际(MSCI)全球指数,累计下跌42%,亏损超过29万亿美元,相当于全球股市自2003年以来的所有累积获利。以投资股票市场为主的理财品种也都受到了不同程度的亏损。面对如此严重的系统性风险,股票型基金当然无法幸免于难。

从某股票型基金招募说明书中可以看出,股票型基金的股票投资组合范围很广,可以有效分散个别股票的非系统性风险;同时可以看出股票投资比例占据股票型基金资产总额的90%左右,那么当股票市场的系统性风险来临,股票型基金净值下跌势必无法避免。

某股票型基金招募说明书(摘抄)

5.1 报告期末基金资产组合情况

序号	项目	金额(元)	占基金总资产的比例(%)
1	权益投资	4 444 118 860.50	90.24
	其中:股票	4 444 118 860.50	90.24
2	固定收益投资	250 678 442.80	5.09
	其中:债券	250 678 442.80	5.09
	资产支持证券	—	—
3	金融衍生品投资	—	—
4	买入返售金融资产	—	—
	其中:买断式回购的买入返售金融资产	—	—
5	银行存款和结算备付金合计	198 837 576.29	4.04
6	其他资产	31 368 383.91	0.64
7	合计	4 925 003 263.50	100.00

5.2 报告期末按行业分类的股票投资组合

代码	行业类别	公允价值(元)	占基金资产净值比例(%)
A	农、林、牧、渔业	124 723 110.58	2.58
B	采掘业	313 558 244.27	6.48
C	制造业	1 566 145 447.09	32.38
C0	食品、饮料	478 980 647.57	9.90
C1	纺织、服装、皮毛	—	—
C2	木材、家具	—	—
C3	造纸、印刷	15 081 000.00	0.31
C4	石油、化学、塑胶、塑料	269 519 714.34	5.57
C5	电子	—	—
C6	金属、非金属	298 903 462.36	6.18
C7	机械、设备、仪表	298 142 809.28	6.16
C8	医药、生物制品	205 517 813.54	4.25
C9	其他制造业	—	—
D	电力、煤气及水的生产和供应业	—	—
E	建筑业	2 880 558.35	0.06
F	交通运输、仓储业	65 454 673.50	1.35

(续表)

代码	行业类别	公允价值（元）	占基金资产净值比例（％）
G	信息技术业	425 062 262.08	8.79
H	批发和零售贸易	227 856 199.16	4.71
I	金融、保险业	1 177 029 175.77	24.34
J	房地产业	312 158 587.66	6.45
K	社会服务业	88 685 994.00	1.83
L	传播与文化产业	26 358 185.75	0.55
M	综合类	114 206 422.29	2.36
	合计	4 444 118 860.50	91.90

各类型基金风险收益特征分析

作为一名成熟的投资者，要清楚哪些风险由基金帮助分散，而哪些风险需要自己去承担。下面来看看我们需要承担哪些风险，这些风险的程度又如何。

1. 股票型基金的风险究竟有多大

如图4-3、图4-4、图4-5所示，股票型基金不仅是基金品种中平均收益最高的基金，也是占据基金市场份额最大、数量最多的基金，因此成为关注度最高的基金品种。

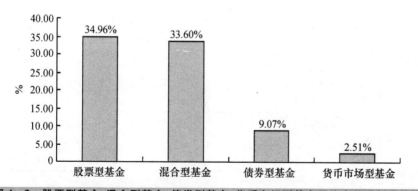

图4-3 股票型基金、混合型基金、债券型基金、货币市场型基金平均净值增长率比较

* 数据来源：天相投顾
* 股票型基金与混合型基金数据采集区间：2002年1月1日—2009年12月31日
* 债券型基金数据采集区间：2003年1月1日—2009年12月31日
* 货币市场型基金数据采集区间：2004年1月1日—2009年12月31日

申购基金按什么价格成交？

基金投资 Q&A

（1）开放式基金：买卖价格以基金份额净值为基础，并加上相应的交易费用，基金交易采用"按金额购买、按份额赎回"的方式进行。需注意的是，我国目前采用的是"未知价法"；

（2）封闭式基金：买卖价格由证券市场交易双方的撮合价决定，即买方愿意按这个价格买，卖方愿意按照这个价格卖。封闭式基金的买卖价格受市场供求关系的影响，常出现溢价或折价现象，并不必然反映单位基金份额的净资产值。

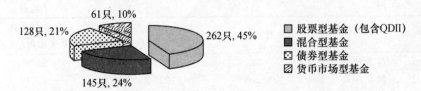

图 4-4 各类型基金数量比例

* 数据来源:WIND 资讯
* 截止日期:2009 年 12 月 31 日

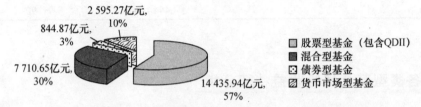

图 4-5 各类型基金资产净值规模所占比重

* 数据来源:中国银河证券基金研究中心
* 截止日期:2009 年 12 月 31 日

我们如果把股票型基金各个年份的净值增长率单独提出来看的话,如图 4-6 所示,在 2002 年至 2009 年的 8 年时间内,股票型基金出现损失的年份共有 3 年,年均净值增长率为 -22.63%;赢利年份共有 5 年,年均净值增长率为 69.51%。其中,区间最大收益为 131.69%(2007 年),区间最大亏损为 52.70%(2008 年)。

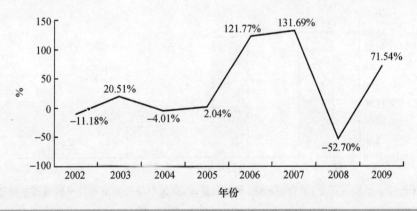

图 4-6 2002—2009 年股票型基金净值增长率变化

* 数据来源:天相投顾

如果按照投资者平均持有基金1.2年(数据来源:中国经济网)来计算,股票型基金投资者有可能获得131.69%的超额收益,但也有可能承担亏损52.70%的高风险。

2. 股票型基金,痛苦的煎熬?

股票型基金的净值波动性不仅非常大,让投资者的收益拥有较大的不确定性,同时也会给投资者带来痛苦的煎熬。案例4-2清晰地描述了这种现象。

【案例4-2】

煎熬中的王先生

王先生从2005年8月底购入某股票型基金,2009年3月初赎回该基金,持有期为847天,期间收益率为187.89%。

如表4-1所示,WIND资讯统计数据显示,某股票型基金的投资期间内,亏损低于5%的日子有308天,亏损超过5%的日子有108天,亏损超过10%的日子有53天,亏损超过15%的日子有236天。847投资天数内,有705天是亏损的,对于王先生来说,的确是一种痛苦的煎熬。

表4-1 基金投资"痛苦"的量化分析

投资期间	上证综指	某股票型基金
	2005年9月1日—2009年2月28日	2005年9月1日—2009年2月28日
期间累计净值增长率	78.92%	187.89%
"感受上涨"的天数与比例	153天 18%	142天 17%
"感受下跌"的天数与比例	694天 82%	705天 83%
在"感受下跌"的时间内		
其中:	上证综指	某股票型基金
"感受下跌"低于5%的天数	214天	308天
"感受下跌"超过5%的天数	128天	108天
"感受下跌"超过10%的天数	58天	53天
"感受下跌"超过15%的天数	294天	236天

* 数据来源:WIND资讯

* 在847天的投资期间,超过80%的天数是亏损的。很多投资者因为忍受不了这种亏损的煎熬而选择赎回了事,但同时也放弃了更好的超额收益

基金是怎样赢利的?

基金投资 Q&A

证券投资基金的获利方式主要有以下几种:

(1) 股利收入:投资上市公司股票时,配发的股票股利或现金股息。

(2) 利息收入:投资国债、企业债、金融债、银行存款等工具时,产生的利息收益。

(3) 资本利得:投资上市公司股票或债券时,由买卖差价所产生的利得。

(4) 其他收入:因运用基金资产带来的成本或费用的节约计入收益。

同样,如果选择投资上证综指,收益率会达到 78.92%,那么这 847 天的投资时间里感受到快乐(增长)的日子有多少呢?只有 153 天。感受到痛苦(亏损)的日子又有多少呢?竟然有 694 天。也就是说,投资者在 82% 的时间里要忍受亏损的痛苦煎熬。

很多投资者因为忍受不了这种煎熬,而选择结束痛苦(赎回了事)。痛苦的结束是件好事,但同时也放弃了更好的超额收益。

对于已经选择股票型基金或者即将选择股票型基金的投资者来讲,要做好两点准备:一是能否接受基金资产较大的波动性,二是能否忍受基金净值每天不断变化的煎熬、忍受住赎回的冲动。如果不能做到,选择其他风险收益水平较低的基金品种或者降低股票型基金的配置比例也许是比较好的选择。

3. 指数型基金,系统性风险的追随者?

按照投资理念不同,股票型基金可以分为主动型基金和指数型基金(被动型基金)。

其中,主动型基金通过积极管理、以寻求取得超越市场平均水平的业绩表现;指数型基金一般通过购买一部分或全部的某指数所包含的股票,来构建指数基金的投资组合,目的就是使这个投资组合的变动趋势与该指数相一致,以取得与指数大致相同的收益率。越优秀的指数基金往往与自身投资标的的追踪误差越小。

由此可以理解为标的市场涨跌多少,指数基金也会有相似的涨跌幅度,主动型基金会努力超越标的市场。更进一步来讲,当系统性风险来临,股票市场大幅度下降,指数基金也会大幅度下降,而主动型基金会努力降低损失。如表 4-2 所示,当 2008 年市场单边下跌的时候,上证综指下跌 72.83%,指数型基金下跌 61.90%,主动型基金下跌 52.70%,主动型基金止损略胜一筹。

表 4-2 指数型基金、股票型基金在牛、熊市场下的净值增长率比较

	上证综指	指数型基金	股票型基金(不含指数型基金)
(牛市)2007 年	96.66%	141.48%	131.69%
(熊市)2008 年	-72.83%	-61.90%	-52.70%
(牛市)2009 年	79.98%	90.97%	71.54%

* 数据来源:中国银河证券基金研究中心

华夏基金持有人如何查询自己的基金账号? ★

基金 投资 Q&A

在开户后的 T+2 个工作日,华夏基金持有人可以通过拨打华夏基金客服电话(400-818-6666)、登录华夏基金网站(www.chinaamc.com)、发送电子邮件至华夏基金(service@chinaamc.com)、发送短信(移动用户至 106575008122;联通用户至 10655168 26288)、联系华夏基金网站在线客服(www.chinaamc.com)、登录华夏基金网上交易平台、到投资者办理基金开户手续的销售机构等方式,查询基金账号。

原因有两方面,其一,主动型基金在主动止损,指数型基金在"追随下跌";其二,主动型基金的股票投资比例要比指数型基金小,那么相对股市的损失要小一些。

一般的,主动型基金的股票投资比例范围为60%~95%,其余为非股票资产;而指数型基金投资于股票组合的比例不低于基金资产净值的90%,其中投资于相关标的指数成分股及备选成分股的组合比例不低于非现金基金资产的80%。

指数型基金以指数为跟踪标的,追求跟踪误差的最小化,因此,在单边上涨的市场中,高度拟合指数、以获取长期平均收益为宗旨的指数型基金的收益率可预见性比较强,业绩能超越绝大多数主动型基金;而在震荡或者单边下跌行情中,较高的仓位和复制指数的特性让指数型基金整体难以战胜主动型管理基金。

在投资者对市场未来走势不看好、觉得风险过大时,对指数型基金的选择相对要谨慎一些。

4. 债券型基金就没有风险吗?

相对于股票投资,债券投资风险相对较低、收益相对稳定、波动性较小,由于以债券为主要投资标的,债券型基金同样具有此类特征。所以当股票市场的系统性风险来临时,投资者要么将手中股票型基金转换成债券型基金;要么直接赎回股票型基金、退出股票市场。债券型基金因此成为投资者的"避风港"。

然而因此就认定债券型基金没有投资风险,显然有失偏颇。作为基金投资品种,债券型基金同样存在风险。

在中国,债券型基金的风险主要体现为利率风险。如图4-7、图4-8所示,债券的价格与市场利率变动密切相关,且呈现反方向变动。当市场利率上升时,大部分债券的价格会下降,这样债券型基金可能会出现负的回报;当市场利率降低时,债券的价格通常会上升,这时候投资债券型基金将可能获得较好的回报。

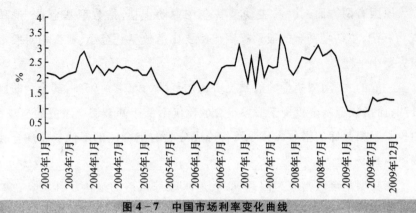

图 4-7 中国市场利率变化曲线

* 数据来源:天相投顾
* 数据区间:2003 年 1 月—2009 年 12 月

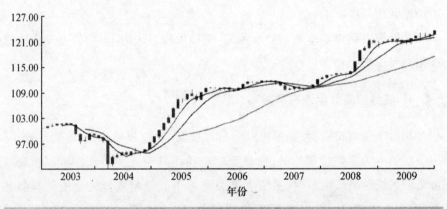

图 4-8 国债指数变化曲线

* 数据来源:中国债券信息网
* 数据区间:2003 年 2 月 24 日—2010 年 2 月 8 日

与海外债券市场普遍存在信用风险不同的是,中国债券市场中大部分债券由中央政府、地方政府、金融机构和国有大中型企业发行,这些机构信用度高,还债能力强,所以债券收益是比较安全、稳定的。因此中国的债券型基金的信用风险并不明显。

因为风险的存在,债券型基金的收益出现一定的波动性。如图 4-9 所示,在 2003—2009 年的 7 年时间内,债券型基金年平均净值增长率为 9.07%。出现损失的年份只有 1 年,年均净值增长率仅为 -0.90%;赢利年份共 6 年,年均净值增长率为 10.74%。其中,区间最大收益为 21.36%(2007 年),区间最大亏损为 0.90%(2004 年)。

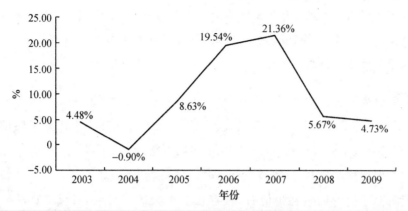

图 4-9 2003—2009 年债券型基金净值增长率变化

* 数据来源：天相投顾

需要特别关注的是，2006 年、2007 年债券型基金的净值增长率为 19.54%、21.36%，远高于 9.07%的年平均净值增长率。为什么债券型基金会有如此之高的净值增长率？

债券型基金分为纯债型基金和可投资权益类资产的增强型债券型基金。顾名思义，纯债型基金主要投资于收益类市场，不涉及股票等权益类投资；增强型债券型基金有不超过 20%的资金可投资于股票等权益类投资市场。

因为存在不超过 20%的股票投资比例，所以在 2006 年、2007 年的大牛市中，债券型基金获得 20%左右的较高收益也不足为奇。反过来，如果当股票下跌风险来临时，不超过 20%的股票投资比例是否会增加债券型基金净值下跌的风险，就非常值得投资者去认真关注了。

某增强型债券型基金招募说明书(摘抄)

第九部分　投资

二、投资范围

本基金主要投资于固定收益类金融工具，包括国内依法发行、上市的国债、央行票据、金融债、企业(公司)债、可转换债券、资产支持证券等。本基金 80%以上的基金资产投资于债券类金融工具(含可转债)；本基金还可投资于一级市场新股申购、持有可转债转股所得的股票、投资二级市场股票以及权证等中国证监会允许基金投资的其他金融工具，但上述非固定收益类金融工具的投资比例合计不超过基金资产的 20%。基金持有现金以及到期

华夏基金持有人该如何订制基金净值短信服务？★

基金投资 Q&A

华夏基金持有人可以通过登录华夏基金网站(www.chinaamc.com)、联系华夏基金网站在线客服、发送电子邮件(service@chinaamc.com)、拨打华夏基金客服电话(400-818-6666)、发送短信(移动用户至 106675008122；联通用户至 10655168826288)等方式，订制基金净值短信服务。

日在1年以内的政府债券不低于基金资产净值的5%。此外,如法律法规或中国证监会允许基金投资其他品种的,基金管理人在履行适当程序后,可以将其纳入本基金的投资范围。

同时需要关注的是可转债基金。可转债基金因为持有了比较多的可转债,虽然增强了收益能力,但也放大了风险。尤其是集中持有大量可转债的基金,其回报率受股市和可转债市场的影响可能远大于债市。

当股票价格飙升、远离转换价格时,可转债价格随之上升。当可转债价格远远高于债券的内在价值时,就存在着很大的下行风险;反之亦然。此外,目前国内的转债市场尚不成熟,品种数量不够丰富,而且流动性不足,这样会给可转债基金构造投资组合和未来资产的及时变现带来一定的困难。

什么是可转债?

可转债,是普通债券和可转换为股票的期权的混合物,可转债价格和基准股票价格的差额构成了内含期权的价值。持有可转债的投资者可以在转换期内将债券转换为股票,或者直接在市场上出售可转债变现,也可以选择持有债券到期、收取本金和利息。

顾名思义,可转债基金是指主要投资对象是可转换债券的证券投资基金。当发生以下情况时,可转债基金将可能把相关的可转债转换为基础股票:

在转股期内,当发生基金所持有可转债的实际转股价格明显低于基础股票市场交易价格时,即存在明显的市场套利机会时,可转债基金将通过转股实现获益;

当存在可转债在变现过程中可能出现较大的变现损失时,可转债基金将通过转股来保障基金资产的流动性;

当由于基础股票价格上涨且满足赎回触发条件时,可转债基金将通过转股来保障已有收益。

5. 混合型基金未必兼顾股债两市风险收益特征?

根据中国证监会对基金类别的分类标准,混合型基金按照一定资产配置比例同时投资股票市场和债券型基金,所以其风险收益特征也介乎股票型基金与债券型基金之间。

即使混合型基金具有灵活配置的特征,会根据市场情况进行调整,有时股票的比例较高,有时债券的比例较高,但其风险收益特征还是与其他基金有区别的。

然而我们把2002年至2009年股票型基金与混合型基金平均净值增长率曲线做个比较,如图4-10所示,可以看出股票型基金与混合型基金平均净值增长率曲线几乎一致,也就是说,混合型基金的风险收益特征和股票型基金相比,并没有明显的区别。

图4-10　2002—2009年股票型基金与混合型基金平均净值增长率比较

* 数据来源:天相投顾

究其原因,是因为一些混合型基金管理者投资更为激进,致使混合型基金发生"风格漂移",即基金在投资风格上与对应的招募说明书和契约相背离。混合型基金的风格漂移是一把双刃剑,在牛市中提高股票资产的配置比例,能为投资者带来更高的收益率;同样,如果处置不当,在熊市中错判趋势,提高了股票配置比例,就会导致风险放大,收益率下降,甚至亏损。

所以需要提醒投资者的是:一方面如果不能承受这种波动性的风格漂移,就应当考虑将该基金调整出自己的投资组合;另一方面,如果投资者希望投资更加激进,不妨选择更激进的基金类型,如股票型基金、指数型基金等,来提高自身收益的可能性。

6. 保本基金真能保本?

不少基民对保本基金的概念还不是很清楚,对其是否能够保本仍心存疑虑。

所谓保本基金,是指在基金产品的一个保本周期内(境内一般是3~5年),投资者可以拿回100%或以上的本金保证。不用怀疑,保本基金在其招募说明书中都明确规定了相关的担保条款,即在满足一定的持有期限后,为投资者提供本金或收益的保障。

某保本基金招募说明书(摘抄)

第九部分　保本

一、保本

指在保本期到期日,对于投资者认购或者申购的每一基金份额,如届时每一基金份额资产净值加上其持有期内累计分红款项低于认购或申购保本底线,由保证人向投资者支付每一基金份额资产净值加上其持有期内累计分红款项低于认购或申购保本底线的差额部分。

保本基金之所以承诺保本,其关键是保本策略——保本基金可以按照固定比例投资组合保险机制(CPPI)来实现保本目的。

CPPI是一种通过比较投资组合现时净值与投资组合价值底线,从而动态调整投资组合中风险资产与保本资产的比例,以兼顾保本与增值目标的保本策略。

CPPI投资三部曲

第一步:根据投资组合期末最低目标价值(基金的本金)和合理的折现率设定当前应持有的保本资产的价值,即投资组合的价值底线。

第二步:计算投资组合现时净值超过价值底线的数额。该值通常称为安全垫,是风险投资(如股票投资)可承受的最高损失限额。

第三步:按安全垫的一定倍数确定风险资产投资的比例,并将其余资产投资于保本资产(如债券投资),从而在确保实现保本目标的同时,实现投资组合的增值。

除了运用CPPI保本策略来达到保本目的之外,保本基金还会引入商业银行、保险公司或其他的专业担保机构对本金保证提供第三方的担保,如果

在华夏基金网上交易申购基金何时能查询到确认结果? ★

基　金　投　资　Q&A

一般普通开放式基金T日申购,T+2日可查询确认情况;申购华夏全球精选基金T+3日可查询确认结果;申购华夏中小板ETF基金T+5日可查询确认结果(以上均为交易日,华夏全球精选基金按其开放日办理业务)。交易日15:00以前提交的交易申请,按当日申请处理,当日为T日;交易日15:00以后或非交易日提交的交易申请,系统均视为下一个交易日提交的交易申请,下一交易日为T日。

到期的基金净值低于本金,担保方将保证投资者能够拿回足额的本金。

某保本基金招募说明书(摘抄)

第十部分　保证

一、为确保履行保本条款,保障基金份额持有人利益,本基金由某公司作为保证人。

二、保证人出具《某保本基金保函》。基金份额持有人购买基金份额的行为视为同意该保函的约定。保证的性质为不可撤销的确定承诺保证;保证的范围为基金份额持有人认购或申购并持有到期的每一基金份额资产净值加上持有期内累计分红款项低于认购或申购保本底线之间的差额。保证期限为基金保本期到期之日起六个月。

如图4-11所示,在2005—2007年、2006—2008年、2007—2009年的三个保本期内,保本基金都在锁定风险的基础上获得了超额收益。

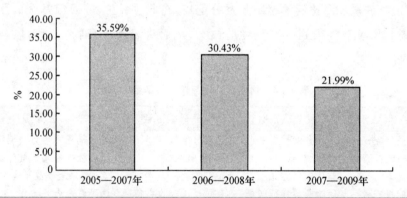

图4-11　3年期保本基金平均净值增长率比较

* 数据来源:天相投顾

但是,保本基金却不能永远保本。

第一,保本基金有一个保本期,保本基金的保本期通常为3～5年。投资者只有持有到期后才能获得本金保证或收益保证。如果投资者在到期前急需资金,提前赎回,则只能按照当时的基金净值来赎回手中所持有的基金份额,这样就要自己承担基金净值波动带来的风险,不能保证不赔钱。

通常,保本基金为避免投资者提前赎回资金,往往会对提前赎回基金的投资者收取较高的赎回费,这将会加大投资者退出投资的难度。

第二,投资者还须考虑投资的机会成本与通货膨胀损失。如果到期后不能取得比银行存款利率和通货膨胀率高的收益率,资本的意义大大降低。投资的时段决定投资机会的高低,投资期限愈长,投资的机会成本愈高。

7. 分级基金有两种不同的风险收益特征?

所谓分级基金,是指该基金通过基金收益分配的安排,将基金份额分成预期收益与风险不同的两个级别,即优先级基金份额和普通级基金份额。

分级基金的收益优先满足优先级基金的基准收益分配,超出优先基准分配的超额收益由优先级基金和普通级基金按照《基金合同》约定的比例共同参与分配。

那么在这样的收益分配安排下,优先级基金以较低比例的超额收益分配权换取优先获得基准收益部分的分配权,从而将呈现出较低收益和较低风险的综合特征;普通级基金则通过对优先级基金的基准收益优先分配权的让渡,获取较高比例的超额收益分配权,在此过程中,普通级基金的预期收益与风险都将得到一定程度的放大,从而将表现出高收益与高风险的特征。

华夏基金网上交易采取了哪些安全措施? ★

华夏基金网上交易——"华夏e网通"采用实名认证、款项闭环流动和数字证书等安全措施,保护华夏基金持有人的交易及资金安全。

表4-3 优先级基金与普通级基金的不同

区别	优先级基金	普通级基金	说明
收益分配权	优先分配权	普通分配权	先分优先级再分普通级
风险收益特征	稳定、持续型	积极、进取型	普通级收益高于优先级
收益率	与优质债券相似	超额收益	普通级收益率高于优先级
目标投资者	风险收益特征较低	有较高风险收益特征	两种资金合并运作
交易方式	不上市交易,每年可申购、赎回一次	交易所上市交易	不能交叉操作
可以为优先级份额提供多种收益分配及本金保护机制			

依据图4-12所示,以优先级基金与普通级基金超额收益分配比例为1:9的某分级基金为例,其收益分配如下:

假设优先级基金的基准收益率为6.06%,优先级基金与普通级基金各募集100份,基金份额面值为1元,则基金募集的总资产为200元。如果基金运作一年实现的可分配收益率为10%,即20元,将基金实现的收益全额进行分配,则基金的收益分配方法如图4-13所示,优先级基金获得分配的总收益包括6.06元的基准收益和1.39元的超额收益,合计为7.45元,对应的收益率为 7.45%;普通级基金获得分配的收益则为超额收益部分的 90%,即 12.55 元,对应的收益率为 12.55%。

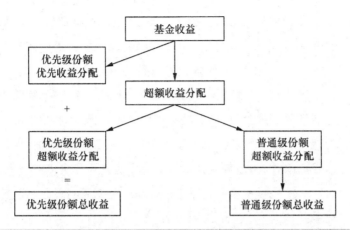

图 4-12 分级基金收益分配结构

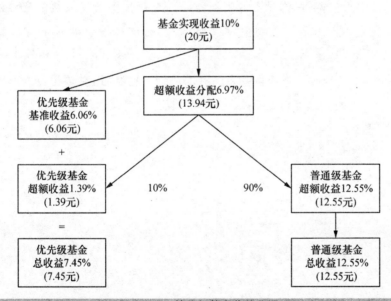

图 4-13 某分级基金收益分配

* 本图仅供参考,不构成投资建议

对不同基金品种的风险收益特征分析,将帮助投资者对自身所需要承担的风险有一个全面的了解,并逐步加强投资者对自身风险承受能力的重视,降低基金投资行为盲从、冒进的可能性。

小 结

美国保险信息学会的一项调查发现,经常在床上吸烟的人中,只有58%的人认为这是一项十分危险的活动,而那些不在床上吸烟的人当中,却有92%的人意识到其中的风险。

研究证明,那些自愿参加风险活动的人经常不能正确评价自己将承受的风险,他们虽然知道统计学和概率论,但却否认那些不愿意接受的事情。人们能够对风险进行正确的评估,但还是欣然接受风险,因为他们认为风险很少发生在自己身上。

这就是投资者行为学中的理论——对自身的过度自信和对风险的否认。

投资理财的资金,毕竟是自己辛苦赚来的钱,不能由着性子任意地挥霍。当投资行为不能建立在对投资市场风险的充分认知上,而以个人主观偏好为基准,那么这种投资就只能称为盲目投机。

全面了解不同基金品种的风险收益特征,并依据自身风险承受能力选择与之相匹配的基金投资,才是理财规划之要义。

第 5 章

你从哪一年开始投资基金？
你是否具备了择时的能力？

【案例 5-1】

"无心插柳"踩准买卖时点

李媛（化名）第一次接触股票型基金是在 2005 年 2 月。当时她存在银行的定期存款到期了，正好银行在代销×××股票型基金，她申购了 10 万元该基金。当时正值市场低谷，这只基金净值一直在 1 元左右波动，李媛并没有在意。

自 2005 年 8 月之后，该基金净值开始上涨。从 2006 年开始，随着股市屡创新高，李媛的基金也水涨船高，截至 2006 年 12 月中旬，李媛的投资收益已逾 97%。同事和朋友们都很羡慕李媛，夸赞她选时选得很好。

2007 年 2 月初，李媛的女儿申请的澳大利亚某大学春季学期开学，学费、生活费、往返机票费等杂七杂八的费用近 20 万元。李媛所投基金的良好收益加上平时的一些积蓄足够支付。虽然当时正值大牛市，李媛的基金还在持续上涨，但为了女儿的教育费用，她还是选择了赎回。

【案例 5-2】

倒霉的择机而入

与李媛的幸运"择时"不同,于亮(化名)在"择时"方面比较倒霉。在 2007 年的大牛市中,投资者于亮在多只股票的买进卖出中获得了近 37% 的收益,这是于亮投资股市以来最好的投资业绩,然而于亮周围那些选择投资股票型基金的人大都获得了超过 110% 的收益。

于是,于亮在 2007 年 11 月转投×××股票型基金。然而因为从 2007 年开始的全球金融危机造成了股票市场的普遍下跌,于亮的基金净值也在下跌。显然,于亮的投资时机并不好。2008 年 7 月,当该基金净值跌至 21% 时,于亮忍痛赎回。

2009 年上半年,随着中国经济的全面复苏,中国 A 股市场迎来单边上行的半年,A 股指数反弹近 7 成,不少股票型基金的持有人都获得了近 5 成的收益。于亮觉得投资的好时机又到了,于是在 2009 年 8 月中旬购入基金。不料下半年市场开始震荡,他持有的基金净值也随之波动,直到 2009 年底也没有任何增长。

于亮很郁闷,他想咨询一下基金投资的专家:究竟如何才能准确选择最好的投资时机呢?

有效择时很美好

在案例 5-1 中,我们看到李媛在偶然的机会下,选择在市场较低的位置上买入基金,短短近两年间,李媛的基金收益达到了 97%,翻了近一倍,保证了女儿海外留学费用。与李媛的幸运"择时"不同,案例 5-2 中的于亮在"择时"方面比较倒霉,屡次择时均失败,还亏了不少钱。

好的择时的确对于投资能起到事半功倍的作用。如表 5-1 所示,根据 Datastream 的数据显示,假设你在 1998 年 11 月 1 日投资 10 000 美元,投资标的为摩根士丹利综合亚洲指数。

表 5-1 错过最佳投资交易日的不同收益表现（美元）

市场	10年持续投资收益	错过10个最佳交易日后的收益	错过20个最佳交易日后的收益	错过30个最佳交易日后的收益	错过40个最佳交易日后的收益
亚洲（日本除外）	15 156.83	8 411.68	5 807.27	4 272.50	3 221.70

* 资料来源：Datastream；投资期由1998年11月1日—2008年10月31日（10年）；投资标的：摩根士丹利综合亚洲指数（美元）

截至2008年10月31日，10年的投资期内，如果你持续投资，你每年的回报为4.25%。但是如果你错过10个表现最佳的交易日，投资回报将由盈转亏，每年为-1.79%；若你错过40个表现最佳的交易日，投资亏损将每年达到10.7%。

可见，如果我们能够把握10~40个最好的交易日，其投资收益完全抵得上10年投资。

同样，以我国2005—2009年的上证综指市场变化为例，试算不同入市时点的收益率，如图5-1所示。

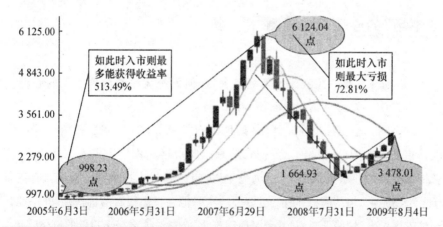

图 5-1 不同时点下入市的收益率变化

* 数据来源：天相投顾
* 起止日期：2005年6月3日—2009年8月4日

有效择时——2005年6月3日—2007年10月16日是市场上涨最强劲的时段，上证综指从低点位998.23点攀升至6 124.04点，从998.23点入市的投资者获得了513.49%的高收益率。

择时不当——2007年10月16日—2008年10月28日，上证综指从

基金申购和认购有什么区别？

基金投资Q&A

在新发基金募集期进行购买基金份额的行为称为认购；对已宣布成立并处于开放期的基金进行购买基金份额的行为称为申购。

6 124.04 点下跌至 1 664.93 点。在此高点位入市的投资者亏损幅度超过 70%。

有效择时——2008 年 10 月 28 日—2009 年 8 月 4 日,上证综指从 1 664.93 点又上涨至 3 478.01 点。在此点位入市的投资者收益率高达 108.97%。

你具备择时的能力吗?

所谓择时,意为选择投资的时机。一般为投资者在市场价格下跌至一个合理水平时投入资金;在市场价格最盛时撤出资金,也就是"在市场上涨前买进,在市场下跌前卖出",这样可以回避市场风险及取得最大可能性回报。所以,择时又称为"波段操作"。

正确的择时可以让投资事半功倍,而不当的择时不仅得不到较好的收益,甚至会使本金受损。这也就是为什么很多投资者热衷于择时的重要原因。能够有效择时固然是件好事,但是,我们是否真的具备了择时能力呢?

"市场"的心情无法预测

"市场其实是一位狂躁抑郁症患者,任何人都无法预测他明天的心情。"这是本杰明·格雷厄姆(Benjamin Graham)对于市场的认识。

本杰明·格雷厄姆在其著作《聪明的投资者》中这样阐述投资市场:"每天,'市场先生'都会报出一个价格,愿意以此价格从你手中买入一些股票,或者将他手中的股票卖给你。'市场先生'的情绪和报价从来都不稳定。有些日子,'市场先生'情绪高涨,眼前光明一片,这时他会报出很高的价格;另外一些日子,'市场先生'情绪低落,只看到眼前困难重重,这时他会报出很低的价格。"

在本杰明·格雷厄姆看来,既然"市场先生"的性格是古怪而不可预测的,那么企图依靠择时去获取市场收益显然是愚蠢的。

切忌在资本有限时过度买卖

威廉·江恩(William D. Gunn),华尔街著名的投资大师。他在年轻时非常热衷于择时，进行波段性投资。在1909年10月的25个交易日里，江恩在股票行情和投资文摘杂志社代表在场的情况下，对不同的股票总共进行了286次交易，结果264次获利，22次亏损，交易本金增值了1 000%。

在江恩的波浪理论中，他认为，如果不能解决三个问题，有效择时就无法成立。这三个问题是：

➡ 市场会在什么时候见顶或见底？
➡ 市场在未来某个时间的价位会是什么？
➡ 市场在未来某个时间的走势形态会是怎样？

我们可以预测市场未来的涨跌走势吗？我们可以确定市场未来涨跌的准确价位吗？我们能够不用妄自猜测而凭客观事实去证实吗？这显然很难。即使是江恩这样的择时高手，也承认"预测市场准确走向几乎不太可能"，他曾经依靠择时获取了5 000多万美元，但却在随后的择时失误中——归还了市场。

晚年的江恩，完全摒弃了短线投资，他在《华尔街四十五年》中这样写道："投资切忌在有限的资本上过度买卖。尽管我们可以猜测市场，但是永远不要根据猜测去做自己的操作。"

美国长期资本管理公司的"择时"教训

美国长期资本管理公司（LTCM）创立于1994年，总部设在美国，利用私人客户的巨额投资和金融机构的大量贷款，专门从事金融市场的炒作。

LTCM的掌门人约翰·麦瑞威瑟（John Meriwether）被誉为能"点石成金"的华尔街债券套利之父。他麾下有一批华尔街精英：两位诺贝尔经济学奖得主、前美联储副主席以及众多的明星交易员。从1994年到1997年，LTCM的业绩极其辉煌，资产净值从12.5亿美元迅速上升到1997年12月的48亿美元，4年总计回报率达284%。

LTCM编制了一套电脑数学自动投资模型，通过精密计算，发现不正常的市场价格差，再将资金杠杆放大，入市图利。但是，这种模式有一个致命的弱点——它是在历史统计数据基础上得出结论的，并不能总是精确地预测未来。

申购（认购）基金时，对申请金额有要求吗？

基金投资 Q&A

一般情况下，基金申购（认购）的最低申请金额为1 000元，各销售机构有不同规定，以销售机构规定为准。此外，当申购（认购）申请金额低于1 000元（或低于销售机构限定的最低申请金额）时，申购（认购）申请会被确认失败。

1998年全球金融市场动荡,LTCM在150多天内资产净值下降90%,出现43亿美元的巨额亏损,走到破产边缘。美联储不得不出面组织安排15家国际性金融机构注资37.25亿美元,购买该公司90%的股权,共同接管了LTCM。

择时不当的投资者行为分析

即使像格雷厄姆、江恩这样的投资大师都无法把握市场的走向;即使汇集了诺贝尔经济学奖得主、前美联储副主席等一大批华尔街投资精英的LTCM,也因为择时不当走到破产边缘,可见择时的确非常困难。

然而在现实生活中,许多投资者总是信心十足,总认为自己有能力抓住投资的"时点"。从投资者行为理论的角度来看,正是直觉判断时的过于自信才导致失败。投资者们过于相信自己的金融知识和判断,相信自己了解市场的走向,相信自己能够看准哪只股票会涨,哪只会跌。

由于过度自信和急于求成,使得在投资市场中普遍存在"择时"的冲动。为此,许多投资者希望通过加快操作频率,来以小搏大,达到收益最大化的目的。于是,在快进快出中渐渐助长了盲目追涨杀跌的习惯。

盲目、失当的择时不仅无法保证"在市场较低点买入,在较高点卖掉",还会使投资者陷入在上涨时追入加仓,又在下跌中狠心斩仓的恶性循环,造成收益的亏损。

> 对同一只基金而言,能否将已选择的前端收费模式转换为后端收费模式?
>
> 基金投资 Q&A
>
> 基金转换仅限于不同基金之间,同一只基金的不同收费模式之间不能进行转换。例如华夏债券基金A类不能转换为华夏债券基金B类。

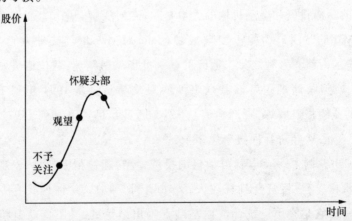

图5-2 择时不当的恶性循环(a)

当股市开始启动时,投资者由漠视转为蠢蠢欲动。第一波升浪出现时,投资者采取了观望和怀疑态度(见图5-2)。

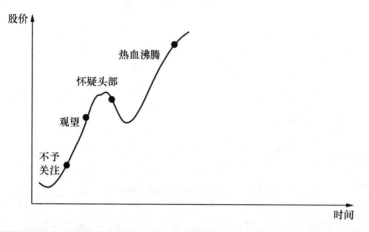

图5-3　择时不当的恶性循环(b)

当股市开始再次攀升时,投资者开始热血沸腾(见图5-3)。

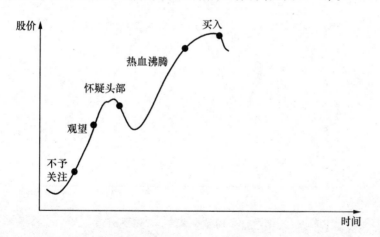

图5-4　择时不当的恶性循环(c)

当股市持续攀升时,投资者认为自己已经看准了大势,终于开始行动(见图5-4)。

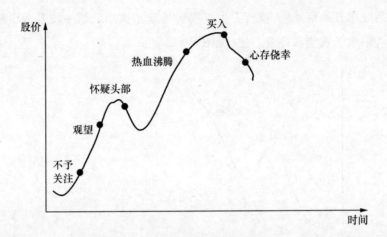

图 5-5 择时不当的恶性循环(d)

当股市掉头向下时,投资者心存侥幸,认为股市必将回调,并不愿割肉放弃(见图 5-5)。

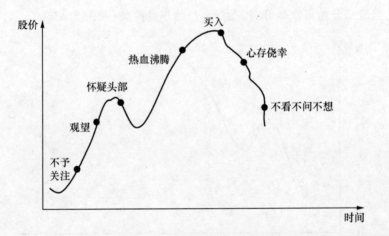

图 5-6 择时不当的恶性循环(e)

当股市快速下跌,点位已低于前期肩部时,投资者因为厌恶损失而采取了回避的态度(见图 5-6)。

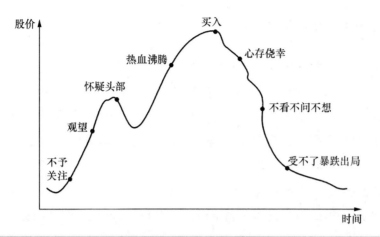

图 5-7　择时不当的恶性循环（f）

当股市继续下跌,并将进入谷底时,投资者终于承受不了账面亏损的重压,清仓出局(见图 5-7)。

美国股票市场研究发现,交易越是频繁,损失就越大。美国加州大学戴维斯分校的教授们选取了 1990—1996 年这几年内 7.8 万个美国家庭的股票交易记录。这些家庭平均的年收益率达到了 17.7%,稍稍高出市场 17.1% 的平均水平;扣除佣金后净投资收益率为 15.6%,比市场平均水平略低。

教授们又对这些家庭每年不同投资组合周转率下净收益率进行了比较,发现随着交易次数的增加,收益率将会进一步降低。交易最频繁的 20% 的家庭的年净收益只有 10.0%,而交易次数最少的家庭年平均收益率则高达 18.5%。

可见,投资者若想进行有效择时是很困难的,还可能冒很大的投资风险。

基金不适合进行频繁操作

基金投资,是一种适合中长期的投资。它投资的核心是对市场中那些中长期的战略投资品种进行布局和把握,借助基金公司的专业优势,挖掘质地优秀的上市公司,并进行持续的跟踪。

同时根据行业或公司实际情况的变化,基金会对所持有的证券品种进行调整和优化,进而实现比较稳健的投资收益。所以,基金不适合进行频繁的波段操作。

基金申购费的"内扣法"和"外扣法"有什么不同？

基金投资 Q&A

"内扣法"是针对实际认购金额（即净投资额）的；"外扣法"是针对认购金额（即投资总额）的。认购金额包括认购费用和净认购金额。

1. 获利空间较小

通常,一只基金会投资几十种甚至上百种股票,可谓是一篮子股票的组合投资。因为基金的投资比较分散,所以短期收益不会像单只股票一样高。

此外,股票型基金仓位是有限制的,一般只有 60% ~95% 的仓位用来投资股票,同时会保留一定量的后备资金,以便应对市场中不确定因素的影响。那么在短期内,如果股票涨了 10%,那么仓位为 80% 的股票型基金因为仓位限制的关系,只能获得 80% 的投资收益。

可见,短时间内基金的获利空间要比股票小,那么投资者高抛低吸、波段操作的空间也要小于股票投资。

2. 交易成本较高

基金申购和赎回的手续费比股票的交易费要高。股票交易一次仅需要 0.2% ~0.3% 的手续费,而基金买卖一次就需要支付 2% 左右的手续费。如果一只基金的年收益达到 15%,但是投资者在一年之内买卖 5 次,就要支出 10% 的投资成本,投资这只基金的实际收益就降低到了 5%。

在美国的基金市场,1984 年到 1998 年的 14 年间,美国共同基金平均收益超过 500%,但是一般投资者的收益仅为 186%,余下的那 314% 的收益则是由频繁的买卖而损失掉的。这就是市场给"勤快人"的教训。

如果转换成其他基金还将发生一部分转换费用。当基金的净值收益不足以抵付基金交易时所发生的所有费用之和,进行波段操作更将遭受损失。

表 5-2 股票交易与基金交易的费用比较

股票交易费用	买入股票,证券公司按成交金额的 0.2% ~0.3% 收取交易佣金,不需印花税	
	卖出股票,证券公司按成交金额的 0.2% ~0.3% 收取交易佣金,印花税收取 0.1%	
	证券公司收取交易佣金时,每一笔成交最低收取 5 元。	
基金交易费用	认购费	1% ~2%
	申购费	1% ~2%
	赎回费	0.5%
	管理费	1% ~1.6%
	托管费	0.25%

* 本表格仅供参考,不构成投资建议

3. 短线交易的收益把握不准确

开放式基金是采用未知价法进行交易的。即投资者在 T 日提出申购或赎回(即买卖),用来计算价格的依据是当天证券交易所收市后计算出来的基金份额净值。该净值于第二天(T+1 日)公布。

投资者在买卖的时候并不能确切地知道自己能够买到多少基金份额或卖出后能得到多少现金,即买入和卖出时不知道交易价格,因此对短线交易收益的把握是不准确的。

可见,基金不是一种让人通过投机获得短期收益的工具。投资基金,只有在相对长期的投资过程中,市场波动的风险才能被较大化地稀释;投资者才能更充分地分享社会经济增长的成果,让投资资金实现复利的增长。

4. 股市牛、熊转换,不可捉摸

股票市场呈现牛、熊交替不断变化的过程,没有规律可言。

如图 5-8 所示,以中国 A 股市场从 1991 年到 2009 年发展历程为例,大致经历了 7 波牛、熊转换,平均一波转换频率为 2~3 年。

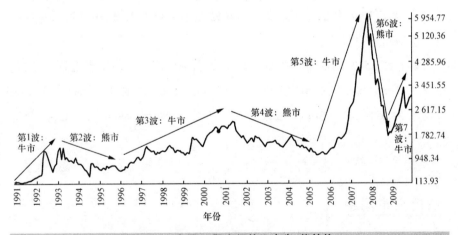

图 5-8 中国 A 股市场的 7 次牛、熊转换

* 数据来源:《上海证券报》
* 起止日期:1990 年 12 月 31 日—2009 年 12 月 31 日

第一波,1991—1993 年的 2 年牛市。一年期定期存款利率从 1991 年初的 11.34% 下调到 1991 年 4 月的 7.56%。伴随着宽松的货币政策,股市此间涨幅超过 600%。

基金份额折算对持有人的权益有影响吗?

基金投资 Q&A

基金份额折算是指在基金资产净值不变的前提下,按照一定比例调整基金份额总额,使得基金单位净值相应降低。份额折算后,基金份额总额与持有人持有的基金份额数额将发生调整,但调整后的持有人持有的基金份额占基金份额总额的比例不发生变化。份额折算对持有人的权益无实质性影响。

第二波，1993—1996年的3年熊市。1993年全年CPI高达14.7%，面对汹涌的通货膨胀，1993年5月央行开始实行"适度从紧"的货币政策，一年期定期存款利率上调到9.18%，两个月后进一步上调到10.98%。3年间股市跌幅超过60%。

第三波，1996—2001年的5年牛市。随着通货膨胀缓和，到1998年亚洲金融危机爆发、宏观经济形势恶化，央行的货币政策从之前的"适度从紧"调整为"稳健"，一年期定期存款利率到1999年6月已经被下调到2.25%。中国股市中经历了一轮漫长的牛市，5年间上升了235%。

第四波，2001—2005年的4年熊市。面对高估的市场，2001年5月央行开始严禁信贷资金违规进入股市，2003年8月，央行在保持低利率的情况下，开始上调存款准备金率，从之前的6%逐渐上调到2004年的7.5%，货币政策出现"稳中从紧"的倾向。上证指数到2005年6月一度跌破1000点。

第五波，2005—2007年的2年牛市。通货膨胀回落，央行的货币政策有所松动，一年期定期存款利率在2%左右维持了很久，到2007年真正进入加息周期。加之中国股市由于估值偏低、股改启动、大量外资流入，经历了一轮大牛市，两年多时间里上涨了500%。

第六波，2008年的1年熊市。受全球金融危机的爆发，中国股市一年时间中跌幅超过70%。

第七波，2009年的1年牛市。2008年底中国的货币政策出现重大转折，国务院常务会议正式提出货币政策由"从紧"转为"适度宽松"，随着宽松货币政策的实施，A股市场强劲反弹，2009年初至2009年底已经上涨80.66%。

请留在市场中

一方面，股票市场显现较为频繁的牛、熊转换特征，不可捉摸；另一方面，对于普通投资者来讲，严重缺乏有效择时的能力。显然，在市场波动不断的情况下，通过择时投资、波段操作来获取超额收益是很难实现的。那么，我们应该通过什么方式来提高赚钱的概率、降低赔钱的概率？

本章的观点是，请留在市场中，保持投资的状态，不要急于求成地频繁

基金费用包括哪些？

基金投资 Q&A

基金费用一般包括两大类：一类是在基金销售过程中发生的费用，主要包括认购费、申购费、赎回费、转换费；另一类是在基金管理过程中发生的费用，主要包括基金管理费、基金托管费等。

进出。虽然这种方式无法避免遇到市场下跌造成的亏损,但同时也不会错过每一个投资时节。

如表5-3所示,从长期来看,留在市场中并保持投资状态,赚钱的概率将随投资时间的增加而提高,赔钱的概率随时间增加而降低。

表5-3 投资美国先锋500指数的赚赔概率

投资时间	赚钱概率	赔钱概率
投资1天	55%	45%
投资1个月	60%	40%
投资1年	65%	35%
投资5年	95%	5%
投资10年	97%	3%
投资20年	100%	0%

* 数据来源:吴正治著,在餐厅遇见巴菲特,中信出版社,2006

我们以上证综指为例,以6年为考察周期,1993年至2008年,共11个6年周期。如图5-9所示,有10个周期年化收益率为正,一个周期投资净亏损,亏损3.14%。

投资6年,赚钱概率为83%,赔钱概率为17%。

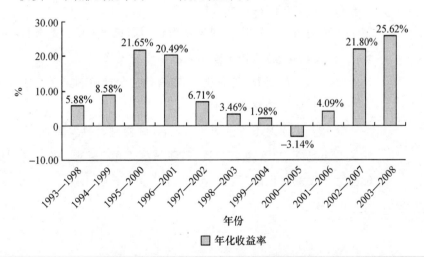

图5-9 投资上证综指6年的年化收益率

* 数据来源:依据WIND资讯整理

再以12年为考察周期,1993年至2008年,共5个12年周期。如图5-10所示,5个周期均获得正收益,其中1996—2007年获得20.61%的年化收益率。

在银行和在基金公司申购基金的费用一样吗?

基金投资Q&A

基金的申购费率在基金《招募说明书》中有相关表述,银行和基金公司应按照基金《招募说明书》中规定的标准收取基金申购费。如银行、基金公司推出基金申购的相关优惠政策,应发布公告,并按照相关公告中的规定收取基金申购费。

投资 12 年,赚钱概率为 100%,赔钱概率为 0。

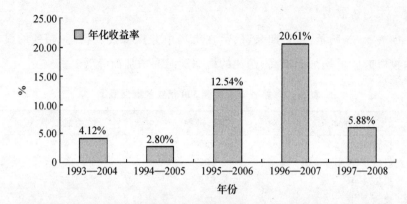

图 5-10　投资上证综指 12 年的年化收益率

* 数据来源:依据 WIND 资讯整理

基金的管理费和托管费怎样收取?

基金投资 Q&A　基金管理费和托管费一般按照基金资产净值的一定比例,从基金资产中提取。定期支付给相对应的基金管理人和托管人。

小 结

爱喝茶的人都知道,用开水泡茶之后,不能马上品出茶味,只有等待片刻之后方能闻到悠悠茶香。

在金融市场进行投资和泡茶类似。研究发现,在美国股票市场上,交易越是频繁,损失就越大。由于投资者们频繁地在金融市场上交易,以致他们交易的收益,或者他们预计中的交易收益都无法用以弥补他们的交易成本。

既然我们面对不可预测的市场,无法做到有效地择时,那么不妨留在市场之中,不再急功近利,赚钱概率的"茶香"将在时间的酝酿之下浸润我们的"财富"心田。

第 6 章

都说投资海外市场能有效分散风险,为什么我购买的 QDII 基金亏损了? 投资 QDII 应关注什么?

【案例6—1】

首航折戟的 QDII

Payton(化名)在知名的外企工作,有自己独立的办公室。他虽然买过基金,但经验也称不上丰富——Payton 是在 2006 年初 A 股还没有疯狂上涨时开始投资基金的。

到了 2007 年,QDII 基金尚未起航,各种宣传却已经铺天盖地地袭来。当 Payton 很青睐的一家合资基金公司也发行了 QDII 基金时,他凑了 20 万元进行了认购。Payton 的理由是这样的:这家基金公司旗下基金的历史业绩都很出色,又是合资公司,外方应该对海外市场更加了解。

但让 Payton 失望的是,认购基金的钱竟然被退回了绝大部分,只有一小部分显示认购成功——QDII 基金的发行还真是火暴啊!

而此时,Payton 也断然不会想到,当初超低的认购比例竟然成了值得庆幸的事:这只基金净值最低时曾经由 1 元跌到 0.322 元。同时,同期"出海"的数只 QDII 基金无一幸免,均蒙受了巨大的亏损。

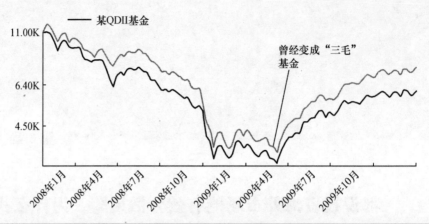

图6-1 Payton 持有的 QDII 基金净值走势图

* 数据来源：晨星

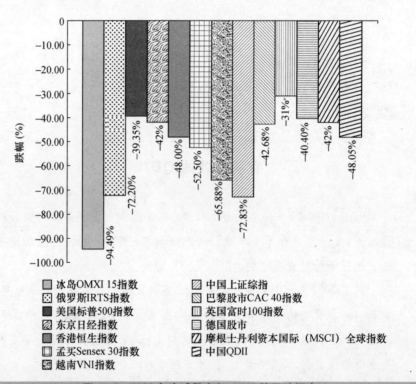

图6-2 2008年全球股市与 QDII 的下跌幅度

* 数据来源：WIND 资讯
* 数据区间：2008年1月1日—2008年12月31日

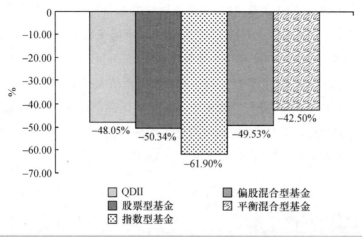

图 6-3　2008 年各类基金品种业绩比较

* 数据来源:WIND 资讯
* 数据区间:2008 年 1 月 1 日—2008 年 12 月 31 日

直到 2009 年的最后一个交易日结束,第一批以发行币种为人民币的 4 只基金没有一只能够回到成立时的净值——1 元。而聚积在 Payton 心中的疑惑是,QDII 基金首次出航的表现为何如此差强人意呢?

生不逢时?

2008 年次贷危机[①]引发的金融危机几乎波及了全球的每个角落,无论是设计复杂的金融衍生品还是原油的价格,都有着惊人的价格波动。而各国股市与债券价格的大幅下跌也创下了纪录。

同时,整个亚洲股市也遭遇了创纪录的重挫。日经指数 2008 年全年下跌 42%;恒生指数 2008 年全年跌幅达 48%——自 20 世纪 70 年代初全球石油危机以来下跌最严重的一年;印度的孟买 Sensex 30 指数 2008 年全年下跌

---

① 美国次贷危机(subprime crisis)又称次级房贷危机,也译为次债危机。它是指一场发生在美国,因次级抵押贷款机构破产、投资基金被迫关闭、股市剧烈震荡引起的金融风暴。它致使全球主要金融市场出现流动性不足危机。美国次贷危机是从 2006 年春季开始逐步显现的,2007 年 8 月开始席卷美国、欧盟和日本等世界主要金融市场,2008 年开始对全球金融市场都产生了极大影响。

了52.50%;越南VNI指数2008年全年跌幅为65.88%;中国上证综指2008年全年跌幅为72.83%。追踪23个发达国家市场变动的摩根士丹利资本国际(MSCI)全球指数,2008年全年累计下跌42%。

而值得注意的是,第一批发行币种为人民币的4只QDII基金中,有一只基金的对比基准就是选用了"摩根士丹利资本国际(MSCI)全球指数",还有一只基金的对比基准是"摩根士丹利资本国际(MSCI)全球指数×60%＋摩根士丹利资本国际(MSCI)新兴市场指数×40%"。

高仓位惹的祸?

投资者投资QDII基金时,可能会面临哪些风险?

基金投资 Q&A

投资者在投资QDII基金时,首先应关注汇率风险。QDII是将以人民币计价的募集资金兑换为外汇,并投资于海外市场,然后取得外汇赢利后,又需要将外币兑换为人民币。如果人民币升值,QDII投资者就可能面临潜在的汇率损失。其次,由于各国家或地区的法律法规、会计核算和税收制度都存在一定的差异,因此投资QDII基金还可能面对来自于法律法规、会计核算和税收制度的风险。

细细比较QDII基金与国内基金的对比基准可以发现,QDII的对比基准清一色是100%的股票指数,不掺杂一点债券指数,这意味着需要激进的投资才容易战胜对比基准,而更高的仓位无疑是激进的直接表现。

从一些QDII基金2007年3季度报告也容易发现,半数QDII基金以很快的速度完成了建仓动作,并且重仓的资产在接下来的金融危机中蒙受了较大的损失。

水土不服?

在QDII基金先后成立之时,第一批4只QDII基金的投资无一例外地寻找了外方的投资顾问,意味着直接承认了自身对海外市场的不熟悉。

关注一下QDII基金所投资的股票,以海外和香港上市的中国企业为主,主要资产也集中在香港市场。而对于其他市场的投资主要以ETF的形式出现,而放弃了对股票的直接投资。也许QDII对于多数海外的上市公司还没有足够深入的研究能力。

海外的金融产品十分丰富,但是目前QDII基金所投资的市场还是以股票为主。仅有一两家公司在少量地参与债券的投资。还没有一只QDII基金主要投资于债券或衍生品市场。

投资者应该投资国内还是国外？

"围在城里的人想逃出来，城外的人想冲进去。"

——《围城》

与 QDII 相对的是 QFII 了，国外的投资者总是期待着 A 股对他们开放得再多一些，再快一些。他们眼见着中国经济的强劲发展，认为中国是世界上最值得投资的国家之一，渴望能够分享中国经济快速增长带来的丰厚回报。

中国自身就是新兴市场中重要的一部分，如果把资金投入到欧美等成熟市场，从某种程度上讲，意味着放弃了中国投资者得天独厚的优势。此外，就新兴市场中的其他国家来看，或许没有哪个国家在政权、政策的稳定程度，经济发展的均衡性及可持续性上比中国更好。那么，在这个经济快速发展的时代，投资到海外去到底是锦上添花还是画蛇添足呢？

这要从投资者的目标说起了：一旦投资者确定了投资期限和金额，那么重点需要考虑的就是投资可能获得的回报以及投资产生的风险是否可以承担。

更多回报的可能性

在金融危机爆发前，全球的新兴市场有着出色的表现，很多国家和地区的回报甚至大大超过了 A 股的收益。

这是因为新兴市场[①]的公司通常比西方同类的成熟公司成长要快，新兴市场的股票定价效率低下也为高回报提供了投机可能。又由于新兴市场国家所实行的财政政策和货币政策与西方发达国家迥然不同，新兴市场国家的经济和公司赢利循环周期与西方国家的股票指数相关度很低，有的甚至

---

① 新兴市场（emerging markets）指的是发展中国家的股票市场。按照国际金融公司的权威定义，只要一个国家或地区的人均国民生产总值（GNP）没有达到世界银行划定的高收入国家水平，那么这个国家或地区的股市就是新兴市场。有的国家，尽管经济发展水平和人均 GNP 水平已进入高收入国家的行列，但由于其股市发展滞后、市场机制不成熟，仍被认为是新兴市场。

是负相关,因此,有时候在欧美出现不利的经济循环时,新兴市场的投资却依旧能够走出独立行情。

在金融危机的冲击下,新兴市场普遍遭受到了更大的冲击。以2008年为例,包括中国股市在内的新兴市场普遍跌幅超过了50%,而在金融危机的发源地美国,标普500的跌幅只有39.35%。2002—2007年全球主要市场投资回报情况如表6-1所示。这和多数新兴市场国家经济快速发展时不均衡的产业结构、不够成熟的货币政策及市场调节能力有关,也与投资者的成熟程度、市场的估值体系等诸多因素相关。

表6-1 2002—2007年全球主要市场投资回报情况

国家/地区	回报率(%)	国家/地区	回报率(%)
乌克兰	2 106.60	俄罗斯	512.48
秘鲁	1 457.85	意大利	62.01
中国香港(恒指)	186.07	法国	80.26
英国	54.34	日本	78.05
美国标普500	64.64	以色列	254.277
中国A股	244.54	越南	474.04
德国	150.73	墨西哥	397.16
哥伦比亚	639.39	荷兰	55.54
印度	615.23	韩国	191.42
阿根廷	407.61	巴西	561.70

* 数据来源:Bloomberg

* 数据区间:2002年11月12日—2007年11月12日

如果投资者的目标是追求更高的收益,那么全球化投资时应该更关注新兴市场的表现,当然,要明确的一点是,这么做也意味着需要承担更多的风险。

全球投资有效分散风险

如果拿金融危机以来的表现来看,QDII基金并没有分散风险,但这不代表QDII基金不具备分散风险的能力。

从长期来看,中国A股市场与世界股市相关性较低,很少存在同向的关系。如 1998 年中国 A 股市场下跌了 3.09%，而美国、韩国都有较大幅度的上涨；2000 年，中国 A 股市场涨了 51%，美国、日本、英国、巴西却出现不同程度的下跌；即使在 2007 年大牛市下、世界股市普遍上扬之际，日本和英国的股市却出现震荡下跌的情况。

从理论上来看，全球化的投资与 A 股的相关性并不大，部分配置 QDII 基金能够有效地减少投资组合的风险却不降低整个基金组合的收益。

相 关 性

衡量两个投资项目回报间的关系。如果两者同涨同跌，则相关性为正，反之为负。相关性系数由两个投资项目间的相似或不相似的程度决定，即两个投资项目同涨同跌且涨跌幅度相同时相关性最高，相关性系数为"1"；两个投资项目总是此起彼伏，但涨跌幅度相同时，相关性系数为"-1"；两个投资项目的涨跌完全无关时，相关性为"0"。

注意在相关性分析中，所讨论的变量的地位一样，分析侧重于随机变量之间的种种相关特征。例如，以 X、Y 分别记小学生的数学与语文成绩，相关性描述的是二者的关系如何，而不在于由 X 去预测 Y。

国内投资股票方向的基金间的相关性系数大多超过了 70%，意味着仅仅通过买多只股票型基金建立基金组合是几乎无效的。更多关于基金组合的技巧参考后面的章节。

值得指出的是，图 6-4 全球基金组合中的任意一个单一投资的风险都比较大，但当它们组合在一起时，整个投资组合的回报趋于稳定，而且并没有因为组合而大大降低了整个投资的潜在回报水平。如果仅仅以 A 股基金作为组合投资的对象，其极高的相关性可能事倍功半。

在实际的投资中，当投资者以分散风险为目标时，应该更注重自己准备投资(已有)QDII 基金的投资方向，留意与自己已有资产的相关性关系，而非简单增加金融产品的个数。

基金名称	分配
1. 某拉丁美洲基金	20%
2. 某欧洲小型公司基金Y	20%
3. 某环球策略—环球能源基金A	20%
4. 某环球策略—环球黄金基金A	10%
5. 某环球新兴市场基金	30%
你的投资组合	100%

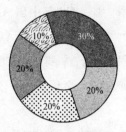

投资组合相关性分析

1.000					
0.642	1.000				
0.466	0.566	1.000			
0.507	0.313	0.459	1.000		
0.803	0.702	0.504	0.587	1.000	

- 某拉丁美洲基金
- 某欧洲小型公司基金Y
- 某环球策略—环球能源基金A
- 某环球策略—环球黄金基金A
- 某环球新兴市场基金

图 6-4　2002 年 12 月—2005 年 12 月某全球基金投资组合实例

＊图中每个数据表示两只基金的相关性,以 0.507 为例,这表示某拉丁美洲基金与某环球黄金基金的相关性并不高,只有 0.507

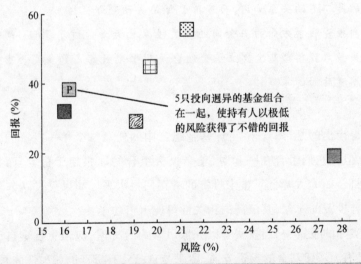

图 6-5　5 只投向迥异的基金组合在一起的回报与风险

关注一些细节

截至 2009 年 12 月 31 日,成立满一年、发行币种为人民币的 QDII 基金共有 9 只。虽然投资风格有着很大的不同——投资海外 ETF 的"FOF"[①]形式,或者直接投资股票的激进型,投资方向却有不小的相似度,即大多数资产投资于香港市场。这个投资方向能够买到那些优秀的却没有在 A 股上市的中国内地企业的股票,而且是一个发掘"A/H 价格洼地"的过程。可是 QDII 基金目前的投资既然更多围绕着"中国概念",而并没有真正做到全球投资,那么对于分散不同地区市场风险来说似乎帮助就不是那么大了,如表 6-2 所示。

QDII 和 QFII 有何不同?

基金投资 Q&A

QDII(合格境内机构投资者)是与 QFII(合格境外机构投资者)相对应的一种投资制度。简单讲,QDII 是国内投资者向境外资本市场投资,而 QFII 是合格境外投资者到我国境内资本市场投资。

表 6-2 2009 年 3 季度某 QDII 基金在各个国家(地区)证券市场的股票及存托凭证投资分布

国家(地区)	公允价值(人民币元)	占基金资产净值比例(%)
中国香港	9 708 017 344.64	49.90
美国	3 711 051 659.26	19.07
英国	1 028 525 919.59	5.29
韩国	248 112 437.49	1.28
法国	166 569 090.81	0.86
巴西	150 145 200.00	0.77
印度尼西亚	102 767 502.18	0.53
澳大利亚	90 134 561.77	0.46
新加坡	83 584 683.45	0.43
加拿大	74 469 004.56	0.38
瑞士	73 042 962.58	0.38
日本	71 990 360.00	0.37
德国	45 943 051.61	0.24
意大利	35 328 776.91	0.18
马来西亚	26 412 524.68	0.14
西班牙	19 367 860.74	0.10
芬兰	15 098 588.71	0.08
墨西哥	8 818 147.17	0.05
爱尔兰	7 754 846.89	0.04
荷兰	4 958 182.67	0.03
希腊	3 536 539.95	0.02
菲律宾	3 495 739.48	0.02
瑞典	2 211 725.66	0.01
印度	225 534.53	0.00

---

① FOF, fund of fund, 基金的基金。

汇率风险是值得注意的另一个问题,投资者认(申)购时支付的是人民币(这要除去华安国际配置,这是一只以美元投资的QDII基金,由于很多特殊情况,在这里略过),赎回时也拿回人民币,不表示这其中不存在汇率方面的风险。从招募说明书中可以找到这方面的信息:

某 QDII 基金的最新招募说明书(摘抄)

4. 衍生品投资

本基金将以投资组合避险或有效管理为目标,在基金风险承受能力许可的范围内,本着谨慎原则,适度参与衍生品投资。衍生品投资的主要策略包括:利用汇率衍生品,降低基金汇率风险;利用指数衍生品,降低基金的市场整体风险;利用股票衍生品,提高基金的建仓或变现效率,降低流动性成本等。

仔细查阅目前现有的 QDII 基金,多数在投资方面包含着类似的内容,这些内容以及 QDII 的其他投资行为,例如现金资产尽可能以人民币形式存放等,都表示 QDII 基金明确地意识到并且努力为投资者回避汇率方面带来的风险。投资者也应该自己去关注这些信息,至少应该了解自己的 QDII 基金在这方面是否有所准备。

目前 QDII 基金的管理费水平略高于股票基金一点,并没有什么可抱怨的,由于投资多个市场及各种金融衍生品,有可能让 QDII 基金的交易成本和管理成本高于国内。

另外,多数股票基金赎回可以在 T+7 日到账,而 QDII 基金会略长一些,多为 T+10 日到账。

小 结

与欧美等成熟金融市场相比,中国基金业发展的时间并不长。其中,QDII 作为创新型基金,在投资经验和人才储备等方面也确实存在着一些不足之处。

但值得肯定的是,无论今天 QDII 基金的业绩如何,至少足够低的门槛和并不昂贵的费用,让其为普通投资者打开了驶向海外市场投资的大门,为投资者增加了一个很重要的选项。终有一日,

QDII基金会更加深入地参与到全球金融市场中,其主要投资范围除股票市场外,还会包含债券市场和金融衍生品。

另一方面,评价一只基金成功与否,至少应该以3年为周期。因此,现在对QDII做出任何评价也许都为时过早。而全球化投资对于分散风险的作用不会因为一场金融危机而改变,合理的全球资产配置能够降低整个投资组合的风险,这仍然是毫无疑问的事实。

第7章

你了解指数基金吗？ 投资指数基金赢在哪里？

【案例 7-1】

不简单的指数基金

Michael（化名）是一名理财顾问，他的工作就是帮助投资者选出适合家庭投资的各种金融产品。当然，基金的挑选也是分内的事。

2004 年初入行的 Michael 第一次推荐给投资者的基金，是一只中盘风格的积极配置型基金，如图 7-1 所示。在 2005 年的大熊市中，这只

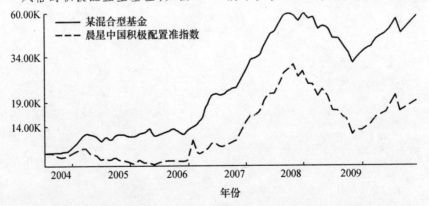

图 7-1 该基金成立以来的净值走势长期跑赢对比基准

基金依然把损失控制在 15% 以内,并且至今保持着出色的表现,也让 Michael 对于各种主动投资的基金特别钟情。

但是在始于 2006 年的一轮牛市中,Michael 的客户总是在抱怨自己的基金回报没有跑赢"大盘"。不仅如此,这些客户的抱怨同样发生在了 2009 年的市场上涨行情中——几只始终有着出色业绩的选股基金,在大牛市中却总是表现平平。

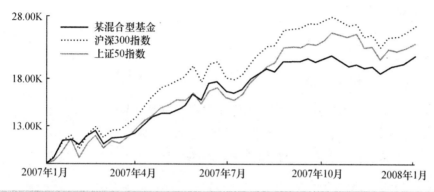

图 7-2　该基金 2007 年 1 月 4 日—2008 年 1 月 2 日的净值走势

Michael 在持续地观察和对比了不同时期股票基金的表现差异后发现,几乎每次牛市中指数基金的回报都会好过大多数主动投资型基金,难道看似简单的指数基金也有不简单的地方吗?

您是否也有同样的经历呢?在指数翻倍的大牛行情中,自己的基金收益却徘徊在 60%~80% 之间,经常输给了指数基金。下面为您详细介绍指数基金的种种特点,让我们从指数开始说起。

了解指数基金,从了解指数开始

指数是由证券交易所或金融服务机构编制的,表明股票行市变动的一种供参考的指示数字。指数能够反映总体股票市场的趋势和水平。

样本股是指那些被纳入指数计算范围的股票。

在制订指数时,除了科学的计算方法,选择指数的样本股是很重要的环节。人们通常并不把全部的上市股票计入指数,而是从上市股票中选择若干种富有代表性的样本股票,并以这些股票的价格平均数来表示整个市场的股票价格总趋势及涨跌幅度。通常指数的样本股与其同行业的上市公司相比具有市场规模大和流动性好的特点。

1. 问题股通常不会出现在指数中

以上证 180 指数为例,上证 180 指数样本空间由剔除下列股票后的所有上海 A 股股票组成:

① 上市时间不足一个季度的股票,除非该股票的日均总市值排在沪市的前 18 位;

② 暂停上市的股票;

③ 经营状况异常或最近财务报告严重亏损的股票;

④ 股价波动较大、市场表现明显受到操纵的股票;

⑤ 其他经专家委员会认定应该剔除的股票。

2. 保持"新鲜"

仍以上证 180 指数为例,上证 180 指数依据样本稳定性和动态跟踪相结合的原则,每半年审核一次样本股,并根据审核结果调整指数样本股。审核的对象主要是样本股的交易数据和财务数据。定期调整指数样本时,每次调整比例一般不超过 10%。

道·琼斯指数

道·琼斯指数最早是在 1884 年由道琼斯公司的创始人查尔斯·道(Charles Dow)开始编制的,道·琼斯指数目的在于反映美国股票市场的总体走势,涵盖金融、科技、娱乐、零售等多个行业。道·琼斯工业股价平均指数以 30 家著名的公司股票为编制对象,其成分股的选择标准包括成分股公司持续发展,规模较大,声誉卓著,具有行业代表性,并且为大多数投资者所追捧。

通用电气是唯一一家道·琼斯指数成立至今仍然还是样本股的公司。通用汽车作为道·琼斯指数成分股已有 83 个年头,仅次于通用电气,在 2009 年的 6 月 1 日被剔除出了道·琼斯指数。

就像道·琼斯主编罗伯特·汤姆森在新闻稿中表示的那样:"通用汽车

目前的危险境况使我们别无选择,只能将它从道指样本股中剔除。无论一家公司的历史如何辉煌,或它扮演的是文化标志的角色,一旦申请破产就不再是一只合格的股票。"

可见任何一个指数都是不断更新的,当样本股不再具有市场代表性,将被剔除出指数。于是指数始终代表着各行业最具影响力的公司的平均水平。

自从1882年查尔斯·道、爱德华·琼斯(Edward Jones)和查尔斯·博格斯特莱斯(Charles Bergstresser)创立道琼斯公司的时候甚至更早,很多银行家和商人就熟知大多数上市公司的股票价格都趋向于同涨同跌。虽然总是有一些特例的存在:例如在市场下跌时,一些股票的价格依然坚挺,但通常不会持续很久。不同股票的涨跌幅度会不同,但不影响多数股票趋向于同方向波动的事实。

指数总是清晰地反映波动的方向,成为股票市场的代表。

3. 指数是主动型基金的"目标"

翻开股票基金的业绩比较基准,我们可以看到每个股票基金都为自己选了一个指数作为基准,但是无论选择哪个指数作为比较对象,主动型的股票基金多数都选择了"**股票指数×80% + **债券指数×20%"作为基准。

假设忽略掉债券市场的收益(上证国债指数自2003年1月2日起对外发布,至2009年12月2日,复合年收益率约为3.68%,债券指数占20%的权重时,债券基准对总资产的年贡献率为0.736%),就意味着主动型股票基金计划超越的目标是80%的股票市场而非100%的股票市场。

目标通常是不易达到的,80%的指数就能够成为主动型基金超越的目标,也证明了指数的地位。

在美国从1994年到1996年的连续3年里,1994年,标准普尔500指数增长了1.3%,超过了市场上78%的股票基金的表现;1995年,标准普尔500指数取得了37%的增长率,超过了市场上85%的股票基金的表现;1996年,标准普尔500指数增长了23%,又一次超过了市场上75%的股票基金的表现。3年的连续业绩方面,标准普尔500指数的增长率超过了市场上91%的股票基金的收益增长率。随着证券市场的成熟与发展,机构投资者的竞争也更加激烈,想超越市场的平均水平也就变得更加困难。从美国市场的例子中可见一斑。

深入了解指数基金

指数基金是股票基金的一种,通过购买一部分或全部的某指数所包含的股票,来构建投资组合,目标是使这个投资组合的变动趋势与该指数相一致,以取得与指数大致相同的收益率。从理论上来讲,指数基金的运作方法简单,只要根据每一种证券在指数中所占的比例购买相应比例的证券,长期持有即可。

指数化的概念于 1971 年在美国庞大的机构退休金计划市场中被推出,并在 1976 年被引入美国的共同基金业。到现在美国市场上的指数基金的资产大约有 4 000 亿美元,约占美国股市总市值的 1/10。

我国指数基金的发展可以从表 7-1 中清晰地看到。值得一提的是,从来没有任何一年如同 2009 年这样密集地发行过指数基金。到 2009 年中期,新发行的 25 只基金中有 22 只是指数基金,也标志着我国的基金行业开始重视指数基金在基金产品链中的地位。

> **投资者可以通过哪些方式购买 ETF?**
>
> 基金投资 Q&A
>
> 投资者可以通过两种方式购买 ETF:第一种是在证券市场收盘之后,按照当天的基金净值向基金公司申购 ETF(类似于普通开放式基金的申购);第二种是在证券市场上直接从其他投资者那里购买 ETF 份额,购买的价格由买卖双方共同决定(类似于普通封闭式基金在二级市场的交易)。ETF 同时具备开放式基金能够申购(赎回)的特性和封闭式基金可以交易的特性。

表 7-1 中国指数基金发展状况

年度	指数基金个数	股票基金个数	个数占比	指数基金净值(亿元)	股票基金净值(亿元)	净值占比
2003	4	43	9.30%	73.25	887.05	8.26%
2004	7	57	12.28%	138.89	1 175.6	11.81%
2005	10	73	13.70%	195.37	1 312.03	14.89%
2006	14	108	12.96%	208.33	3 363.32	6.19%
2007	17	166	10.24%	2 056.37	20 254.59	10.15%
2008	19	208	9.13%	986.48	8 776.49	11.24%
2009 年中期	22	233	9.44%	1 726.31	13 263.88	13.02%

* 数据来源:WIND 资讯

* 指数基金的特点

1. 低廉的费用

基金的投资者除了在认(申)购和赎回时支付相应的费用,还要支付管理费和托管费,我们看到的基金净值是在扣除这些费用之后计算出的。

基金费用计提方法、计提标准和支付方式如下:

◊ 基金管理人的基金管理费

在通常情况下,基金管理费按前一日基金资产净值的1.5%(年费率)计提。计算方法如下:

H = E × 年管理费率 ÷ 当年天数

H 为每日应计提的基金管理费

E 为前一日基金资产净值

基金管理费每日计提,按月支付。经基金托管人复核后于次月首日起5个工作日内从基金资产中一次性支付给基金管理人,若遇法定节假日、休息日,支付日期顺延。

◊ 基金托管人的基金托管费

在通常情况下,基金的基金托管费按前一日基金资产净值的0.25%(年费率)计提。计算方法如下:

H = E × 年托管费率 ÷ 当年天数

H 为每日应计提的基金托管费

E 为前一日基金资产净值

基金托管费每日计提,按月支付。由基金管理人向基金托管人发送基金托管费划付指令,基金托管人复核后于次月首日起5个工作日内从基金资产中一次性支付给基金托管人,若遇法定节假日、休息日,支付日期顺延。

我们对比不同类型基金的管理费可以看到,被动管理的指数基金在管理费和托管费上都较主动型的股票基金有着明显的优惠。

表7-2 中国市场指数基金管理费率与其他类型基金比较

	管理费(%)	托管费(%)
股票型基金(不含指数基金)	1.5 或以上	0.25
债券型基金	一般低于1%	
货币市场基金	0.33	
指数基金行业最低值	0.5	0.1
指数基金行业最高值	1.3	0.22

* 注:以上基金费率按照开放式基金统计。股票型基金管理费一般为1.5%,但特殊类别的基金,比如QDII基金等会高于1.5%

如果投资者选取有着较低管理费的指数基金,则意味着每个年度能够少支付约1%的各种费用。下面让我们看看这1%有多大作用。

假设我们有两笔10万元的投资,年回报率均为15%,这个回报水平接近过去10年上证指数的复合收益,而费用分别为每年1.5%和每年0.5%。

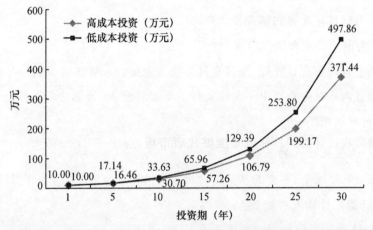

图7-3　高成本投资与低成本投资的收益差别

* 计算结果仅供参考

很多投资者还不够重视投资时的成本问题,特别是在牛市中。可是当我们开始投资就应该意识到我们可以接受一年100%回报的疯狂牛市,就应该接受一年-50%的下跌煎熬。而这一切的过程中,成本总是一点一滴地吞噬着我们的投资,我们的投资越久,差距就越清晰地显示了出来。而指数基金在各种费用方面为我们省下的成本,将来有可能会成为一笔可观的财富。

2. 平稳的风格

【案例7-2】

由"主动"到"被动"的转变

Michael认为基金业绩可以在一定程度上证明基金管理人的能力,

但是通常排名前10的基金很难维持过往的辉煌,总是乐于从排名中等靠前的位置挑选基金,试图找出黑马。

2007年的下半年,Michael推荐给客户的基金没能成为黑马,却成了亏损最多的基金之一。终于在2008年的一天,Michael能够停下来回顾过去忙于在不断变化风格、规模甚至基金经理的各种基金间挑选黑马时的经历,有一些东西渐渐清晰。

现在,Michael给客户推荐基金组合时总会配一些指数基金。其一,指数基金选择的是全部市场,因此就不会出现全部选到错误股票的情况;其二,总是"满仓"的指数基金,也绝不会出现"踏空"的情况。

指数在设计时的目标就是能够代表市场,这就意味着投资者虽然只买了指数基金,却相当于把整个股市中的每种股票按比例都少许买了一些。的确市场存在着一些短期涨幅惊人的股票,存在板块间的轮动。但是既然绝大多数人都无法把握这种短期机会,不如占有整个市场,分享经济增长带来的增长率。

在选择指数基金时,就意味着选择了市场的平均收益。而最困难的也许就是放弃战胜市场的念头。过度自信在投资时会让人们犯着重复的错误。因为过分自信的人相信每次失败都不是自己的技巧问题。

投资时请问自己:我是否在过去的5年甚至更长的周期中始终能够战胜市场。如果是,那么市场的平均水平一定不适合您。

过度自信理论

该理论认为人是过度自信的,尤其对其自身知识的准确性过度自信。成功者会将自己的成功归因于自己知识的准确性和个人能力,这种自我归因偏差会使成功者过度自信。投资者的归因偏好也加重了这种认知偏差,即将偶然的成功归因于自己操作的技巧,将失败的投资操作归于外界无法控制的因素,从而产生所谓过度自信的心理现象。

如果您的投资经验并没那么久或者过去的5年中并没有战胜市场,那么不要尝试用全部的资产去战胜市场,因为接受市场平均水平会是不错的选

择,这个选择让投资者立于不败之地——至少我们不会因投资指数基金而落后于市场。

如何选择指数基金?

指数基金的特点,决定了其在单边的牛市行情中能够充分表现出自身的优势。此外,在较长的投资周期内,其优势也会随着时间的积累而体现出来。因此,投资指数基金较为适合的方式是坚持3年或5年以上的长期持有。

来自银河证券《中国证券投资基金2010年一季度业绩报告》的数据显示,截至2010年3月31日,境内基金市场上有标准指数基金38只,增强型指数基金12只。实际上,仅2009年的一年时间内发行的指数基金数量就超过了20只,可谓盛况空前。那么对投资者来说,又该如何在众多指数基金中进行选择呢?

1. 关注基金公司实力——基因为先

在选择任何基金时,基金公司实力都应该是投资者关注的首要因素,指数基金也不例外。虽然指数基金属于被动式投资,基金公司无须像管理主动型基金那样进行复杂的选股、择时等操作,但这并不意味着每一家基金公司管理指数基金的能力都相同。

事实上,跟踪标的指数同样是个复杂的过程,同样需要精密的计算和严谨的操作流程。细心的投资者一定能够发现,即便市场上存在多只跟踪同一标的指数的指数基金,它们在一定周期内的净值增长率也会有所不同。而产生上述差异的原因之一,就是基金公司跟踪标的指数的能力存在差距。实力较强的基金公司,往往能够更加紧密地跟踪标的指数。因此,投资者在选择指数基金时,首先要关注管理这只指数基金的基金公司是否拥有足够的实力,是否值得自己信赖。

如何场外申购华夏中小板ETF? ★

基金投资 Q&A

投资者可以通过中国建设银行、华夏基金网上交易、华夏基金理财中心场外申购华夏中小板ETF,单笔最低申购金额为1 000元。

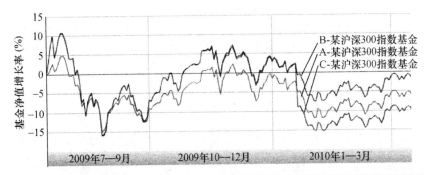

图 7-4　三只沪深 300 指数基金的基金净值增长率走势图

* 数据来源：和讯

2．关注基金费用——成本制胜

相对于主动管理型基金，指数基金的优势之一就是费用低廉。但是，不同指数基金费用"低廉"的程度却有所不同。对投资者来说，指数基金的费用主要可关注两个方面，即申购费率和赎回费率。一般情况下，指数基金的申购费率同样有前端收费和后端收费两种形式，不同基金公司、跟踪不同标的指数的指数基金的申购费率会存在一定差别；同时，不同指数基金的赎回费率也会有所不同，如表 7-3 和表 7-4 所示。

表 7-3　某 ETF 指数基金费率明细

申购费率	
申购金额(含申购费)	前端申购费率
100 万元以下	1.20%
100 万元(含)~500 万元	0.90%
500 万元(含)~1 000 万元	0.60%
1 000 万元(含)以上	每笔 1 000 元
赎回费率	
持有期	赎回费率
持有不满 1 年	0.50%
持有满 1 年以上(含 1 年)	无

* 资料来源：某指数基金《招募说明书》

投资者选择指数基金的目的之一，就是追求标的指数所在市场的平均收益水平，那么尽量减少投资的成本是非常必要的。不过应注意的是，较低的费用固然重要，但其前提应该建立在该指数基金良好收益性的基础之上，切勿因为片面追求较低的费用而盲目选择指数基金。

表7-4 某指数基金费率明细

申购费	
申购金额（M,含认购费）	申购费率
100万元以下	1.20%
100万元(含)~200万元	0.80%
200万元(含)~500万元	0.40%
500万元(含)以上	每笔1 000元
赎回费	
持有期	赎回费率
1年之内	0.50%
1年(含)~2年	0.25%
2年(含)以上	无

* 资料来源:某指数基金《招募说明书》

3. 关注标的指数——重中之重

在选择指数基金时,除了要考虑基金公司的实力与费用外,更重要的是要根据其标的指数来选择基金产品。根据银河证券数据显示,截至2010年3月31日,中国境内基金市场上共有50只指数基金,它们跟踪的标的指数种类繁多,如图7-5所示。

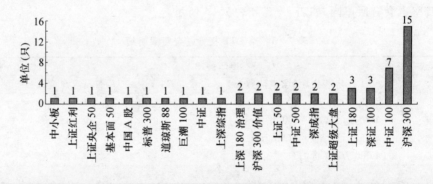

图7-5 当前境内基金市场上不同标的指数的指数基金分布

* 数据来源:银河证券
* 截至2010年3月31日

从图7-5中可以看出,当前境内的指数基金所跟踪的标的指数达20个,而对于50只指数基金的总数量来说,可谓"百花齐放,百家争鸣"。每一个标的指数都有着自己的特点,其收益率也有一定的差别,如图7-6所示。本书将重点介绍当前基金市场上的几个热门指数。

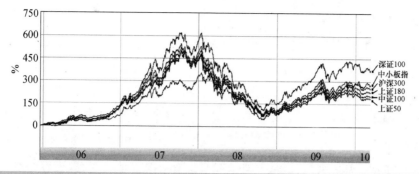

图 7-6　不同指数增长率对比走势图

＊数据来源：和讯

◊ 沪深 300 指数

沪深 300 指数由上海证券交易所和深圳证券交易所联合编制,从上海和深圳证券市场中选取 300 只 A 股作为样本,于 2005 年 4 月 8 日正式发布,以 2004 年 12 月 31 日为基日,基日点位 1 000 点。

沪深 300 指数的重要性在于,它的诞生,标志着中国证券市场创立了第一个能够反映整个 A 股市场全貌的指数。沪深 300 指数的样本选择标准是沪深两市中规模大、流动性好的股票,其指数样本覆盖了沪深两市 6 成左右市值的股票,因此具有良好的沪深市场代表性。而对投资者来说,选择投资沪深 300 指数基金,相当于将投资目标定位于分享沪深两市的平均收益上。

◊ 上证 50 指数

上证 50 指数是由上海证券交易所编制的,挑选上海证券市场中规模大、流动性好的最具代表性的 50 只股票组成样本股,于 2004 年 1 月 2 日正式发布,基日为 2003 年 12 月 31 日,基点为 1 000 点。

上证 50 指数的编制目的之一,是为了综合反映上海证券市场中最具影响力的优质大盘企业的整体状况。由此不难看出,上证 50 指数的编制目的非常明确,而投资者在选择投资上证 50 指数基金时,就等于认可了上证 50 指数成分股中的优质大盘企业的投资价值。值得一提的是,境内首只交易型开放式指数基金(ETF)——华夏上证 50 ETF,所跟踪的标的指数即为上证 50 指数。

◊ 上证 180 指数

说起上证 180 指数,就不得不先说上证 30 指数。上证 30 指数由上海证券交易所编制,从上市的所有 A 股股票中,抽取具有市场代表性的 30 只样本股票为计算对象,并以流通股数为权数计算得出的加权股价指数,以 1996 年 1—3 月的平均流通市值为基期,基点为 1 000 点,自 1996 年 7 月 1 日起正式发布。

而上证 180 指数,正是上海证券交易所对原上证 30 指数进行调整并更名后的产物,其样本股数量由原来的 30 只扩大到 180 只,以求更加充分地反映沪市的概貌及运行状况,自 2002 年 7 月 1 日起正式发布。

上证 180 指数具有可操作性、投资性、能够作为投资评价尺度及金融衍生产品基础的基准指数的特点。相对于上证 50 指数而言,上证 180 指数不但包括上证 50 指数中的大盘股、蓝筹股,而且还包括沪市很多中小规模的股票,在规模的分布上更贴近沪市总体特征,行业覆盖范围也更加全面。因此,如果投资者更看好沪市的整体收益状况,希望寻求沪市的平均收益水平,那么选择上证 180 指数是较为适合的。

◊ 深证 100 指数

深证 100 指数,是由深圳证券交易所委托深圳证券信息公司编制和维护的,包含了深市 A 股流通市值最大、成交最活跃的 100 只成分股的指数,以 2002 年 12 月 31 日为基日,基点为 1 000 点。

深证 100 指数是中国证券市场第一只定位投资功能和代表多层次市场体系的指数,其成分股代表了深圳 A 股市场的核心优质资产,成长性较强。投资者投资以深证 100 指数为标的的指数基金,大多是因为看好这些上市公司的高成长性与赢利能力。

◊ 中证 100 指数

中证 100 指数与沪深 300 指数颇有渊源。实际上,中证 100 指数正是从沪深 300 指数的样本股中,再次精选规模最大的 100 只股票组成的新样本股。由此也可以看出中证 100 指数编制的目的,是为了能够在综合反映沪深证券市场状况的基础上,进一步反映其中最具市场影响力的一批大市值公司的整体状况。

从这一点上看,投资中证 100 指数,就是将投资目光聚焦在沪深两市中的一部分最具影响力的公司上。

◊ 中小板指数

2005年6月7日是中小板指数的基日,基日指数定为1 000点。中小板指数是综合反映A股市场中小企业上市公司的整体状况的指数。由于中小板指数样本股企业的规模较小,成长性强,因此,中小板指数也得到了很多投资者的青睐。如果投资者对中小企业的成长性普遍看好,那么投资中小板指数是较为适合的选择。

境内证券市场中的指数种类繁多,并且还不断有更新、更具特色的指数诞生。从各个指数的特征不难看出,不同指数的编制目的、所覆盖的市场范围都具有一定的差异。

因此,投资者在选择相应的指数投资时,首先要了解该指数所对应的市场,了解该指数成分股的特征。其次,投资者还可以通过投资不同的指数基金,来达到资产配置、构建基金组合的目的。因为不同的指数覆盖的市场范围不同,其所表现出的风险收益特征也不同,如上证180指数和深证100指数,就分别反映了沪深两市的情况;中证100指数和中小板指数,则分别反映了沪深两市中大盘蓝筹企业与中小企业的情况;甚至随着跨境ETF的推出,同时选择投资沪深300、中证100指数的基金与投资海外市场指数的基金,也是很好的资产配置方向,能够在一定程度上起到分散投资、分散风险的作用。

ETF,可交易的指数基金

谈及指数基金,便不得不提ETF(exchange traded fund)。众所周知,普通指数基金只能够在基金公司(一级市场)进行申购与赎回,而与此不同的是,ETF作为一种创新型的指数基金,能够像股票一样在交易所(二级市场)上市交易,其交易手续与股票完全相同。因此,ETF的中文名称被译为"交易型开放式指数基金",也称"交易所交易基金"。

ETF除了具备一只指数基金的全部特征外,还可以在证券交易所挂牌买卖,投资者可以像买卖单个股票、封闭式基金那样在证券交易所直接买卖ETF份额。而且机构投资者可以选择用与指数对应的一篮子股票申购ETF

或者赎回ETF换回一篮子股票,而不像现有开放式基金那样以现金申购或赎回。

其实对中国投资者来说,ETF基金并非全新的投资品种。早在2001年,上海证券交易所就提出了关于成立ETF基金的构想,并组织多方专业人士对ETF产品展开了专项研究;2004年1月2日,上证50指数的推出为中国内地首只ETF的诞生铺平了道路;当月,上海证券交易所对各家基金公司进行招标,而华夏基金获得了与上海证券交易所合作开发首批ETF产品的资格;6月,国务院和中国证监会同意上海证券交易所推出ETF;7月6日,上海证券交易所与华夏基金签订了上证50指数使用许可协议;12月30日,中国第一只ETF基金——华夏上证50ETF基金合同正式生效,中国基金投资者由此迎来了ETF时代。

【案例7-3】

指数基金类型到底有多少?

这一天,马海涛(化名)在基金公司的官方网站上浏览着想要投资的基金产品。平时工作繁忙并且投资经验很少的马海涛,一直在为自己应该投资什么样的产品而苦恼。

前段时间,马海涛从某财经门户网站的一篇文章中了解到指数基金的特点,觉得非常适合自己的实际情况。但是他在浏览基金产品时却发现,有些指数基金名称的后面写着"ETF",有些又写着"LOF"……这让本以为找到了投资方向的马海涛又陷入迷茫——ETF、LOF到底是什么意思?自己又该如何选择?

现实中的很多投资者都面临着和马海涛相似的困惑。对投资者来说,如果不清楚这些不同类型产品之间的联系与差异,就很难在它们之间进行选择。因此,投资者有必要对它们进行更加深入的了解。

1. ETF vs.普通指数基金

在案例7-3中,让马海涛困扰的第一个问题便是 ETF 基金与普通指数基金的区别。因为从本质上说,ETF 仍属于指数基金,那么如果一只 ETF 基金与一只普通指数基金所追踪的投资标的相同,理论上讲也应该会获得相似的收益。如此看来,难道它们之间的区别仅仅体现在 ETF 可在二级市场交易上吗?

答案显然不是这样,因为从这两种类型基金的历史业绩上看,确实也存在着一定的差异,如图7-7所示。

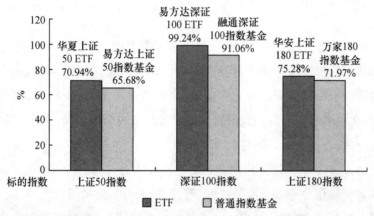

图7-7 ETF 基金与普通指数基金的收益差异

* 数据来源:晨星
* 数据区间:2009年1月1日—2009年12月23日

通过图7-4中的数据能够发现,投资同一指数的 ETF 基金与普通指数基金确实存在收益上的差别。那么,为什么会出现这样的情况呢?究其原因,主要可以从以下两个方面来分析。

◊ ETF 投资成本更低

造成 ETF 基金与普通指数基金收益差别的原因首先体现在成本上。一般而言,ETF 的管理费率是0.5%,托管费率是0.1%;而一般指数基金的管理费为1%至1.2%,托管费是0.2%,几乎是 ETF 的2倍。

此外,投资者在二级市场买卖 ETF 的费用只包含佣金的部分,并且一般不超过买卖数量的0.3%;而一般指数基金只能在基金公司申购、赎回,虽然根据投资金额与持有时间的不同费率会有所不同,但均高于 ETF 的买卖费率。

总体而言,ETF基金具有投资成本更低的特征,因此也就会造成其与普通指数基金的收益存在差异。

◊ ETF股票仓位更高

虽然ETF与普通指数基金追踪的投资标的相同,并且均称"密切跟踪指数",但二者的仓位不同,追踪指数的灵活性也不同。

因为ETF基金的股票仓位更高、交易灵活性更高,因此能够实现与投资标的指数更高的贴合度。因此,在市场处于上行的趋势时,ETF基金能够带来更高的投资回报;而在下跌周期中,ETF也会承担比普通指数基金更高的风险。

以上两方面便是ETF基金与普通指数基金会出现投资回报差异的原因。而从长期投资的角度看,在未来市场整体向好的趋势下,ETF基金拥有更好地把握市场的优势。另一方面,正是因为ETF基金能够在二级市场上交易,因此也就具备了短期波段操作以期套利的可能。但是,关于ETF的套利交易行为,市场上声音却并非一致认同。

支持以ETF基金进行短期套利的投资者认为,其低成本、全天实时交易(每15秒钟提供一个基金净值报价)等特点,具有极强的可操作性;而以"指数基金教父"——约翰·博格为代表的反对者则认为,短期频繁交易ETF的操作方式违背了指数化投资的初衷,他更曾直言不讳地说:"我觉得,没有比积极管理型ETF更荒谬的事情了。"

而对马海涛这样经验不足的普通投资者来说,选择长期持有ETF基金无疑是更适合的方式。以ETF进行短期套利操作的难度与风险都非常大,并不适合所有的投资者。另一方面,正如约翰·博格所支持的,长期持有ETF能够让投资者更加轻松地分享经济成长带来的收益。

2. ETF vs. LOF

困扰着马海涛的问题还有一个,那就是能够在二级市场上交易的指数基金有两种——ETF和LOF[①],它们之间又有哪些异同呢?

---

① LOF的英文全称是"listed open-ended fund",译为"上市型开放式基金"。上市型开放式基金发行结束后,投资者既可以在指定网点申购与赎回基金份额,也可以在交易所买卖该基金。

虽然 ETF 与 LOF 都是能够在二级市场上交易的基金产品,但是这两种产品的设计理念存在差别。

ETF 本质上是指数基金,属于创新型的指数基金。一方面,ETF 能够像普通指数基金一样进行申购和赎回(拥有较高的门槛限制),在申购或赎回时,投资者使用"一篮子"股票的方式来换得基金份额;另一方面,ETF 能够在二级市场上进行交易。

而 LOF 其实是对开放式基金的创新。LOF 产品的意义,一方面是为封闭式基金转为开放式基金提供了技术层面的支持;另一方面,LOF 可在二级市场交易的特征使其具备更广泛的销售渠道。综合看来,ETF 与 LOF 存在很大程度的不同,如表 7-5 所示。

表 7-5 ETF 与 LOF 对比

对比项	ETF	LOF
投资理念	ETF 本质上是开放式指数基金,投资某一标的指数,是被动管理型基金	LOF 是具有交易所交易方式的普通开放式基金,其投资标的是股票、指数、债券等。既可以是主动管理型基金,又可以是被动管理型基金
申购、赎回方式	ETF 基金具有场内和场外申购、赎回两种方式。一般申购、赎回基金份额时用"一篮子"股票	一般申购、赎回基金份额时用现金
申购、赎回门槛	高(一般在 30 万份以上)	低(一般为 1 000 份)
二级市场净值报价	1 次/15 秒	1 次/1 天

* 本表格仅供参考

在案例 7-3 中,马海涛遇到的问题主要是因为自己对投资品种缺乏了解。对投资者来说,在投资的过程中应该本着对自己的投资认真、负责的态度,保持不断学习与探索的习惯,了解市场,了解基金产品,了解投资理念与操作方法。唯有这样,才能更好地在纷繁复杂的投资市场中觅得适合自己的投资方式,选择到适合自己的投资产品。

小 结

众多世界顶尖的投资大师,都对指数基金青睐有加。就以巴菲特来说,他的一条不成文的戒律是从不公开推荐任何股票和基金,但唯独指数基金例外。

巴菲特曾多次公开推荐指数基金:在1993年至2008年的16年中,巴菲特曾有8次公开推荐指数基金,平均每2年就推荐一次。

在巴菲特1996年致股东的信中,他这样写道:"大部分投资者,包括机构投资者和个人投资者,早晚会发现,最好的投资股票方法是购买管理费很低的指数基金。"在2003年致股东的信中,同样包含了"对于大多数想要投资股票的人来说,收费很低的指数基金是最理想的选择"的内容。此外,巴菲特在出席2008年度伯克希尔·哈撒韦(Berkshire Hathaway Cooperation)股东大会时,在回答提问时曾明确表示了他对指数基金的情有独钟。

所谓大道至简。上证综合指数这一投资者最为熟知的指数,是上海证券交易所编制的,以上海证券交易所挂牌的全部股票为计算范围,以发行量为权数的加权综合股价指数。

该指数以1990年12月19日为基准日,基日指数定为100点,自1991年7月15日开始发布。至2009年12月9日,上证指数走过19个年头,依然矗立于3 000点上方。这意味着——30倍的绝对回报!约为21%的复合回报!

19年来,这个市场中发生了太多的故事。风云变幻,起起落落。期间不乏卓越者,今天大多都以此为业,续写着自己的传奇;也不乏不幸者,在翻滚的时代浪潮中不见了踪影。而对普通投资者来说,如果并非追求叱咤风云的经历,又不想湮没于洪流之中,那么为什么不试着让自己追随市场的脚步,永远立于"不败"之地呢?

第 8 章

同种类型的基金有上百只,我又该如何选择?

【案例 8-1】

影响你首次购买基金的因素是什么?

2007 年的股市一片火热,刘娟(化名)在办公室里经常听到同事谈论投资,这也让她萌生了"入市"的想法。但是,投资对当时的她来说还十分陌生,所以她决定来到银行咨询有哪些值得投资的理财产品。

"您现在投资真明智!"没等刘娟开口,客户经理便热情地侃侃而谈。他拿出一份某基金的宣传材料递给刘娟,说道:"您看,这只股票型基金最近涨得特别好。1 个月(2007 年 7 月 31 日至 2007 年 8 月 31 日)就涨了 13.21%!相当于您投资 5 万元,1 个月就能赚 6 600 多元……市场从来没像现在这么好过,如果您不去投资,那真是白白错失了赚钱的大好机会……"

听着客户经理的话,刘娟心动了:"一个月就能赚 6 600 元,比自己的工资还高!"不过心动归心动,毕竟对于刚刚工作不久的她来说,投资是件重要的事情,于是她决定先回单位咨询一下同事的意见再做决定。

"13.21%算什么?！我买的那只股票型基金,在同样的1个月内涨了16.76%！"同事周丽(化名)没等刘娟说完去银行咨询的经过,就满心欢喜且略带鄙夷地说,"小刘,你听我的准没错！虽然咱也是新手,但怎么说也比你有经验多了……"

刘娟听了周丽的话,犹如醍醐灌顶:"原以为客户经理推荐的产品不错呢,谁知道周丽推荐的基金更好！看来还是有经验的熟人可靠一些……多想不如多做,我今天就去买周丽推荐的那只基金！"在经过了一番思考后,刘娟终于做出了决定……

充满噪音的世界

> 你们将首先遇到塞壬女妖们,
> 她们能够唱出美好无比的歌声,
> 以此来诱惑过往的行人,
> 若有人靠上前去,仔细聆听,
> 那他就永远不可能再回到家乡了,
> 再也见不到美丽的妻子和欢快的孩子。
> 这些塞壬女妖坐在绿草地中间,
> 唱着优美的歌,可是她们周围,
> 都堆满了死人的白骨,上面还挂着风干的人皮。
>
> ——摘自《荷马史诗》

对投资者来说,如果将基金投资喻为驶向财务自由彼岸的大船,那么在大船航行的途中,同样充斥着如塞壬女妖的歌喉般美妙的"声音"。回顾以往的投资经历,很多投资者的投资决策都会受到这些"声音"的影响,其最终的结果也往往会像那些沦为"腹中餐"的水手一样——以亏损告终。而这些"美丽"的声音,多是"市场噪音"。

投资者选择一只基金产品时会受到很多信息的影响,在案例8-1中,影响刘娟选择基金的信息来源主要有两个:其一是客户经理的推荐;其二是同事周丽的力捧。当然,此间还包含两只股票型基金1个月历史收益的数据支持。刘娟选择基金的过程颇具典型意味,来自网易财经的一项调查显示,大多数投资者在选择基金产品时都会受到一些信息的影响,如图8-1所示。

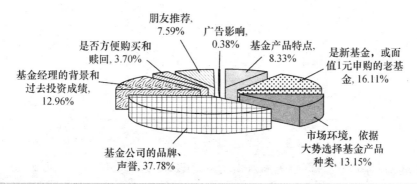

图8-1 影响投资者做出选择的最主要因素

* 数据来源:网易财经
* 样本数量:540
* 调查时间:2007年8月29日—2007年12月31日

投资者选择基金之前往往会接触各种各样的信息,而在这些信息中,通常只有一部分能够对投资者选择基金起到直接、有效的参考作用,除此之外的,不但无法帮助投资者进行有效的选择,还可能会起到适得其反的效果——诱使投资者做出不适当的投资决策,即前文所述的"市场噪音"。①

正如塞壬海妖那迷人的歌声一样,通常市场噪音给投资者带来的"听感"都是美妙的,并且极具诱惑力。在那些充满煽动性的描述词语的感染下,投资者非常有可能做出购买决策。但是,这些市场噪音也有着另外一个特点——它们从来不对决策的正确或错误负责。从这个角度看,说市场噪音是充斥于投资市场中的不负责任的言论与评述,毫不为过。

在案例8-1中,如果刘娟选择了客户经理推荐的那只股票型基金,那么在2008年,她将面对59.25%的大幅亏损;如果她选择了同事周丽推荐的股票型基金,那么在2008年将会面对66.42%的更大跌幅。虽然此间市场正处于整体下跌的态势,但来自银河证券的统计数据显示,2008年股票型基金的平均跌幅仅为50.63%;同期市场表现最好的股票型基金的亏损幅度仅为

哪些银行卡可以开通华夏基金网上交易? ★

基 金 投 资 Q&A

目前投资者可以使用工商银行、建设银行、农业银行、交通银行、兴业银行、招商银行、上海浦东发展银行、广东发展银行、中国民生银行、中国银行广东省分行(深圳除外)、中信银行、光大银行、浙商银行、南京银行、温州银行、杭州市商业银行和上海农村商业银行等的银行卡,开通华夏基金网上交易。

---

① 行为金融学中的"噪音交易理论"认为,短线投资者为了追求利润最大化,会忽视与基本面有关的信息,把注意力集中到那些与股票价值无关但可能影响股票价格使之非理性变动的错误信息上,这种行为会在短期内造成价格扭曲,使理性的投资者在短期市场上无所作为。

31.61%,如图 8-2 所示。

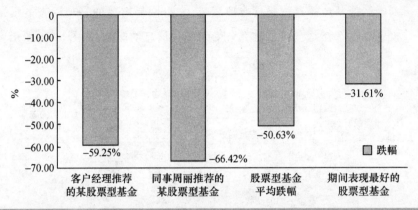

图 8-2 刘娟在 2008 年可能面对的亏损

* 数据来源:银河证券
* 统计时间:2008 年 1 月 1 日—2008 年 12 月 31 日

其实早在 20 世纪 80 年代,证券市场中存在的"噪音交易"现象便已被研究者发现,并且不仅仅局限于股票投资——在基金投资中,"噪音"对投资者的影响同样不可忽视。案例 8-1 中刘娟的购买行为就是典型的受到了"噪音"的干扰。因此在投资者进行投资前,首先要对周围的信息进行全面的分析与判断,筛选出真正能够帮助投资者进行正确、合理决策的信息——有价值的信息。

如图 8-3 所示,投资者可以从多种渠道获取有关基金的信息。在通常情况下,围绕在投资者周围的信息量十分庞大,错综复杂。在信息爆炸的时代,不同渠道所提供的信息都在向"大而全"的方向发展,因此也就导致了各种信息的交叉并行。这样的情况一方面能够让投资者更加便捷地获取信息,另一方面也增加了筛选有价值信息的难度。

因此,投资者有必要掌握基金选择的基本方法,就是说,要首先清楚哪些因素能够说明一只基金是值得投资的基金。在此之后,才能够在繁冗庞杂的信息中发掘出有价值的信息,减少或避免"噪音"对自身投资决策的影响。

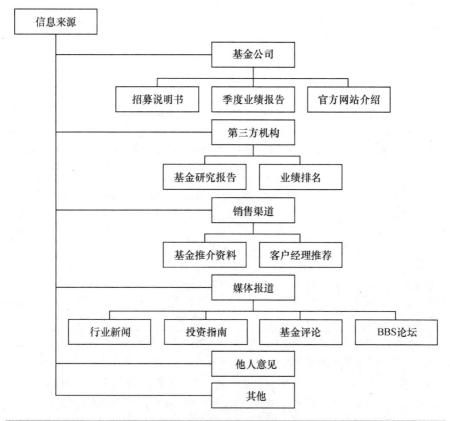

图 8-3 投资者获取基金信息的渠道

* 本图仅供参考,不构成投资建议

哪些信息对投资者选择基金具有价值?

在投资者选择基金的过程中,必然会接触很多信息。而在这些信息之中,所谓有价值的信息,就是指那些能够帮助投资者选择出适合自己的基金产品的信息。

因为股票型基金、混合型基金、债券型基金的投资标的不同,风险收益特征也不同,所以投资者首先要清楚地知道自己要选择哪种类型的基金,以及该类型基金在投资组合中所占的比例。

此外,投资者还必须明确一个事实——不存在"最好"的基金。首先,从中国基金业不长的发展历程上看,没有一只基金能够取得连续 2 年以上同类基金第一的排名,如表8-1所示;其次,适合不同投资者的投资目标、风险承受能力与基金组合等因素的基金,在投资标的、投资风格、预期收益等方面也存在较大差异。因此,优选基金的初衷并非是着眼于基金的"唯一性",而是更应该强调其"合理性"。

表 8-1 2002—2009 年股票型基金排名

排名\年份\基金	2002年	2003年	2004年	2005年	2006年	2007年	2008年	2009年
华夏成长	1	14	11	76	51	55	16	33
博时价值增长		1	34	35	89	104	27	48
泰达荷银成长			1	6	103	133	1	4
广发稳健增长				1	46	72	21	1
景顺内需增长					1	130	95	14
华夏大盘精选						1	2	1
泰达荷银成长							1	4
华夏大盘精选								1

* 数据来源:中国银河证券基金研究中心,其中为各分类排名

* 在 2009 年基金业绩盘点中,广发稳健增长混合在银河证券的分类中列为股债平衡型基金,在此类排行中以 68.90% 的净值增长率排名第一,而华夏大盘精选混合则以 116.19% 列为偏股型基金冠军,以业绩来看,也在所有股票型基金中位居榜首

在明确了以上选择基金的整体思路后,投资者就可以着手在某一基金类型中选择适合自己的基金了。而针对不同类型的基金,投资者所需重点关注的信息也有所不同。

1. 通过哪些信息来选择股票型基金?

股票型基金是指 60% 以上的基金资产投资于股票市场的基金。按照股票型基金的操作理念来分类,可以分为主动管理型基金[①]与被动管理型基金(指数基金)。由于被动管理型基金主要以跟踪标的指数为目的,所以跟踪同一标的指数的指数基金的投资收益差别不会太大,选择的难度也相对较低。因此本章主要讲述投资者应通过哪些信息来选择主动管理型的股票型基金。

---

① 按照基金的投资操作理念不同,可将基金分为主动管理型基金与被动管理型基金。主动管理型基金的投资标的并不局限于股票市场,债券型基金、货币市场基金也可称为主动管理型基金。

如何在华夏基金网站上开通网上交易业务?★

基金投资 Q&A

开通步骤如下:
(1)在华夏基金网站首页点击"网上交易";
(2)在弹出的网页中选择"网上交易开户",即正式进入网上交易开通流程;
(3)在经过"选择付款方式"、"银行身份验证"、"签订服务协议"、"填写开户资料"、"风险评估"等几个步骤后,即可成功提交网上交易的开通申请,当日即可进行基金申购;
(4)投资者可以通过网上交易系统中的"增开付款方式"增加其他的银行卡付款方式。

针对主动管理型的股票型基金,投资者主要可以通过以下几个方面来了解其相关信息,并以此作为是否选择该基金的理由,如图8-4所示。

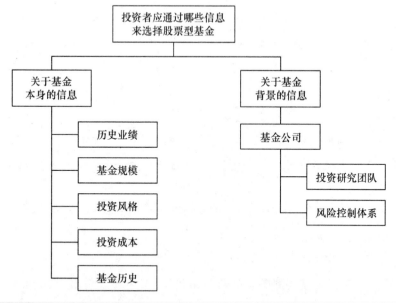

图8-4 投资者应通过哪些信息来选择股票型基金

* 本图仅供参考,不构成投资建议

◊ 如何正确了解基金的历史业绩?

在案例8-1中,无论是客户经理还是同事周丽,在向刘娟推荐基金时都提到了基金的过往业绩——1个月的收益率。单从这个角度来看,客户经理与同事周丽的"推荐"便可称为名副其实的"市场噪音"。因为在衡量一只基金的业绩时,首先要明确的就是要从长期历史业绩来进行评价。

一个通行的参考标准是,对于成立时间较长的基金,投资者应通过其过往3年以上乃至10年的历史业绩来进行评价;而对于成立时间较短的基金,投资者也应对其成立以来的历史业绩进行评价。

在明确了长期历史业绩这个前提后,投资者面临的下一个问题便是对比。而此时会涉及两个重要的问题:跟谁比?怎样比?通常来讲,投资者应从"横向"与"纵向"两个方面,对基金的长期历史业绩进行评价。

其一,横向对比——找到基金在同类型基金中的位置。

投资者在评价一只基金的历史业绩时,首先要将其与市场中的同类型进行横向对比,这样能够让投资者了解这只基金在整个市场中所处的位置。

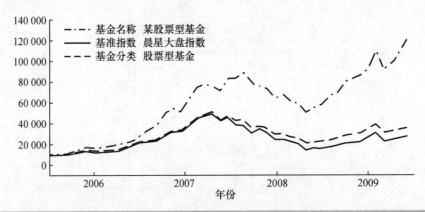

图 8-5 某股票型基金的收益

* 数据来源:晨星
* 截至 2009 年 12 月 18 日

图 8-5 是某股票型基金的收益走势,从图中可以看出,该只股票型基金的收益能力远远强于同类型基金的平均水平。而在表 8-2 中,该股票型基金在过去 1 年、2 年、3 年、5 年的年化回报均在同类型基金取得了第一的排名。

表 8-2 某股票型基金收益排名

	同类业绩排名
今年以来回报	220 中第 1 名
1 年回报(年度化)	219 中第 1 名
2 年回报(年度化)	180 中第 1 名
3 年回报(年度化)	133 中第 1 名
5 年回报(年度化)	37 中第 1 名

* 数据来源:晨星
* 截至 2009 年 12 月 18 日

综合图 8-5 与表 8-2 的数据分析,不难得出一个结论:该股票型基金在过去 5 年内拥有非常出色的业绩表现。一般而言,能够在长时间内居于同类型基金排名的前 1/3,能够说明该基金具有优秀的历史业绩表现,可以成为投资者重点选择的基金。

此外投资需要注意的一点是,在依据基金长期历史业绩排名选择基金的同时,也不能忽视各只基金净值增长率之间的差异。因为从某种程度上

网上交易适合什么样的投资者?

基金投资 Q&A

如果投资者不愿意在销售网点排队等候,不方便在交易时间到销售机构办理业务,或者因出差等原因无法到销售机构办理基金业务,并且投资者信任网银的安全性,那么可以尝试选择网上交易。

说,基金的历史业绩排名只能够说明一只基金在同类型基金中所处的位置,却不能说明这只基金能够为投资者带来的具体回报。

如表8-3所示,投资者在对一只基金的历史业绩与同类型基金进行横向对比时,应综合考虑业绩排名与净值增长率两方面的因素。如在2008年中,排名第1与第10的基金净值增长率之差在10%左右;而排名第10与第70的基金净值增长率之差也在10%左右。也就是说,基金业绩排名与基金净值增长率并不是按照一定比例而变化的,因此投资者在选择申购或赎回某只基金时,应从这两方面进行全面的评价。

表8-3 中国证券投资基金2007年、2008年业绩统计(部分)

中国证券基金2007年业绩统计(股票基金-股票型)		
	净值增长率	业绩排名
华夏大盘精选	226.19%	1
兴业全球视野	152.46%	10
上投摩根阿尔法	139.91%	20
鹏华价值优势(LOF)	131.64%	30
银华优质增长	125.18%	40
国投瑞银核心企业	114.88%	50
景顺长城新兴成长	109.11%	60
宝盈泛沿海	97.67%	70
中国证券基金2008年业绩统计(股票基金-股票型)		
	净值增长率	业绩排名
泰达荷银成长	-31.61%	1
嘉实成长收益	-41.23%	10
中海优质成长	-45.01%	20
上投摩根阿尔法	-46.62%	30
易方达策略成长	-48.17%	40
融通蓝筹成长	-49.61%	50
上投摩根成长先锋	-50.81%	60
景顺长城优选股票	-51.92%	70
南方稳健成长	-52.94%	80
长信银利精选	-54.49%	90
泰达荷银首选企业	-55.84%	100
天治核心成长(LOF)	-57.31%	110
华富成长趋势	-59.77%	120

* 数据来源:中国银河证券基金研究中心

其二,纵向对比——找到不断超越自我的基金。

在投资者选择基金时,除了要将基金与同类型基金进行横向对比,还要将基金与自身的业绩比较基准和历史业绩进行纵向对比。

将基金的净值增长率与业绩比较基准①进行对比,能够让投资者清楚地看到这只基金的操作是否能够达到预期目标。

基金业绩比较基准是评价基金公司业绩的重要标准,可用来反映和比较基金的投资目标、范围、策略,是理性衡量基金业绩的工具。当市场处于上升周期时,如果基金的净值增长率高于同期业绩比较基准的收益率,则说明该基金战胜业绩比较基准获得了超额收益率;同理,当市场处于下跌周期时,如果基金的净值增长率跌幅小于同期业绩比较基准的收益率跌幅,则说明该基金采取了有效的措施来抵御市场下跌的风险。

如图 8-6 所示,华夏回报基金的净值增长率大幅战胜了业绩比较基准的同期收益率,能够说明该基金具有相对较强的增长能力。

在银行申购了华夏基金旗下的基金产品,如何在网上查询基金净值? ★

基金投资 Q&A

投资者在银行申购华夏基金旗下的基金后,可以在华夏基金的官方网站上查询所申购的基金净值。

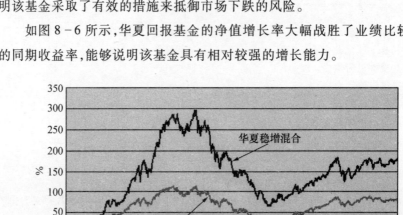

图 8-6　华夏稳增混合基金份额累计净值增长率与业绩比较基准收益率历史走势对比图

* 数据来源:华夏稳增混合基金 2010 年一季报

* 数据起止日期:2006 年 8 月 9 日—2010 年 3 月 31 日

---

① 值得注意的是,并非所有的基金都会制定业绩比较基准,每只基金的业绩比较基准也可能会有所不同。

另一方面,将基金的历史业绩进行逐年对比,这样有利于投资者发现这只基金的成长趋势。

在表8-4中,该混合型基金的5年年化回报在37只同类型基金中仅位列28位,并未满足"位于同类基金排名前1/3"的条件。但是,该基金在接下来的几年中,展现出了良好的增长势头,排名一度从后1/3上升至位列三甲。

表8-4 某混合型基金收益排名

	同类业绩排名
今年以来回报	66中第3名
1年回报(年度化)	65中第3名
2年回报(年度化)	49中第1名
3年回报(年度化)	47中第20名
5年回报(年度化)	37中第28名

* 数据来源:晨星
* 截至2009年12月18日

同样的,在表8-5中,某股票型基金虽然成立时间较短,但是自成立以来,便取得了不错的业绩排名,并且呈现一路上升的趋势。

表8-5 某股票型基金收益排名

	同类业绩排名
今年以来回报	220中第3名
1年回报(年度化)	219中第6名
2年回报(年度化)	180中第10名
3年回报(年度化)	133中第18名
5年回报(年度化)	—

* 数据来源:晨星
* 截至2009年12月18日

表8-4和表8-5均说明,这两只基金在一定时间内(3~5年)呈现了良好的上升势头,从这一点上来看,它们也能够成为可选择的投资对象。此外,在关注基金收益的同时,投资者也不能忽视基金的风险特征,需要结合自己的投资目标与风险承受能力来进行选择。

考评基金历史业绩的信息来源

投资者考评基金的历史业绩,可以从基金公司官方网站(如华夏基金

www.chinaamc.com)、基金公司季报和年报（可从基金公司官方网站获取电子文档）、第三方机构的官方网站（如晨星 cn.morningstar.com；天相投顾 www.txsec.com）、证券公司官方网站（如银河证券 www.chinastock.com.cn；国金证券 www.gjzq.com.cn）以及财经门户网站（如新浪财经 finance.sina.com.cn；搜狐财经 business.sohu.com；和讯 www.hexun.com；雅虎财经 finance.cn.yahoo.com）等获取相关信息。

◊ 基金的"基因"很重要

在投资者选择基金时，除了应重点关注基金本身的信息外，还应关注基金所属基金公司的相关信息。基金投资是将资产交给专业金融机构打理的投资方式，因此基金公司的投资研究实力与风险控制体系都会对投资者最终的投资效果起到非常大的影响。

股票型基金对基金经理及投资研究团队的要求很高，如何才能正确地分析市场未来的走势，进而在众多的股票中选择具有投资价值的股票，都是考验投资研究团队的重要因素；另一方面，基金公司是否具备完善、全面的风险控制体系，也是影响基金业绩的重要因素。

值得注意的是，就当前国内的基金公司而言，有些基金公司相对更善于管理权益类资产，有些基金公司相对更善于管理固定收益类资产，而有些基金公司二者兼具。对此，投资者有必要加以区别对待。

投资者获取这些信息的渠道，主要来自于基金公司的投资策略报告、内部交流资料以及基金公司旗下全部基金的长期历史业绩。搜集这些信息的过程相对复杂，一般情况下，投资者很难在短时间内有针对性地了解到关于某只基金"背后"的全部信息，因此对投资者来说，需要在关注投资市场、关注基金产品的同时，长期地积累并加深自己对基金公司投资研究团队与风险控制体系的了解程度。

◊ 基金的规模代表什么？

在投资者选择基金的过程中，基金的规模通常不是最重要的参考因素，但也不可置之不理。一般情况下，可以用两种方式来衡量基金的规模——基金总份额与基金净资产规模。

值得注意的是，基金规模会随着基金净值和基金总份额数量的变化而变化,因此在周期变化的市场中,投资者无法仅仅依据某一固定的标准来衡量基金规模的大小。

可以推荐的一种方法是,在某一时期内,将市场中的同类型基金按照规模大小排序,这样有利于投资者判断一只基金的规模在同类型基金中处于何种位置。此外,投资者需要了解基金规模的意义在于其对基金未来业绩的影响,主要体现在以下两个方面。

其一,费用——竹筏遇浪路难行。

在基金管理人进行基金投资的过程中,存在着规模经济效应的概念,即随着基金规模的增长,基金管理过程中所发生的运营开支占管理费收入的比重会下降,进而降低基金的运营成本。

因此,投资者在投资基金的过程中,应该尽量避免选择规模过小的基金。因为这些基金费用所占的比例会较高,并且规模过小的基金很可能存在"生存问题",或是轻易改变投资目标以适应市场的短期需求。一个形象的比喻是,相对于股票市场的"海洋"来说,规模过小的基金往往无法很好地抵御市场的"风浪"。

其二,流动性——游轮遇礁难掉头。

正所谓"船小好掉头"。规模过于庞大的基金,尤其是股票型基金,会对其投资组合的流动性造成影响。

从普遍意义上看,如果一只股票型基金的投资标的是规模庞大、成交量高的蓝筹股,那么对其流动性的影响会相对较小;但如果一只股票型基金的投资标的集中在少数几只股票上,加之该基金的规模过于庞大,则有可能会对其流动性产生较大影响。因为在基金经理进行投资操作的过程中,大规模地买入或卖出都会对股价产生影响。此外,如果一只规模庞大的基金,其投资标的集中在中小盘的股票上,那么其流动性的问题会更加突出,因为此时基金经理将面临很难将股票按其理想价位卖出的困境。而这也正是很多基金会暂停申购的原因之一。

因此,投资者在选择股票型基金时,应尽量避免选择规模过大的基金(适用于主动管理型的股票型基金),这些基金的灵活性会出现较为明显的不足,而最终可能会表现为其收益能力无法保持高速增长。

◊ 投资风格同样不可忽视

在同一市场环境中,不同投资风格的同类型基金可能会出现较大的投

在银行申购了华夏基金旗下的基金产品,如何在网上进行赎回? ★

基金投资 Q&A

在该银行已开通基金网上交易业务的前提下,投资者可以选择开通所持银行卡的网上银行,登录网上银行后,进入"个人账户"查看自己的基金并办理网上赎回业务。根据所持银行卡的不同,各家银行网上银行系统的交易流程可能略有不同。

资业绩差异。此外,不同投资风格的基金在投资者构建的基金组合中也会起到不同的作用。因此考察基金的投资风格是十分必要的,但这往往是投资者最容易忽视的问题。

虽然不同机构划分基金投资风格的方式存在差异,但是对投资者来说,只需要按照某一种既定系统的方式进行选择即可。了解基金的投资风格有利于投资者更加合理地构建均衡、稳健、持续增值能力强的基金组合。

此外值得注意的是,虽然各只基金的《招募说明书》中都会写明该只基金的投资风格、持仓结构等信息,但是随着市场的变化与基金的运行,这些信息也会不断变化。因此,投资者应该仔细阅读基金公司的季度、年度报告,或者是第三方机构的调研、统计数据,以了解基金投资风格的变化情况。

与此同时,投资者还必须明确地了解一个事实,那就是虽然基金的信息是公开透明的,但却不可避免地存在一定的滞后性。投资者从季报、年报中了解到的信息,往往说的是上个季度或更早的情况。因此投资者还需要从基金公司定期发布的《投资策略报告》中获取关于基金未来投资方向与策略的信息,这样更有利于投资者掌握基金的投资风格。

◊ 关注投资成本

虽然股票型基金的投资成本对投资者总收益的影响不如债券型基金那样明显,但同样是重要的考虑因素。

中国的基金投资者中,有不少是在股市行情火热的时候"顺风"加入到投资者的阵营中的。而在股市迅速上涨的时期,成本对投资总收益的影响看上去并不明显。但是,如果同样的情况发生在市场缓慢复苏甚至是下跌的时期呢?

在美国、欧洲等成熟市场,投资者往往更加关心基金的投资成本。因为相对来讲,成本的降低就意味着总收益的增多。相信随着我国基金投资市场的发展与投资者的逐渐成熟,也会逐渐提高对基金持有成本的重视程度。

例如,对长期投资的投资者来说,选择后端收费的方式往往能够节省更多的成本。当然,对于成本的关注不仅体现在基金的费率结构上,还体现在投资者的操作理念上。对投资者来说,掌握并运用长期投资理念,以及基金转换、网上交易等操作技巧,能够有效地帮助投资者节省投资成本。

◊ 基金的历史在诉说什么?

一只基金的历史代表了什么?对于这个问题,或许能够得出各种各样的答案,但有一点是可以确定的,那就是对于一只没有历史的基金,投资者将找不到太多值得信任的理由。

评判一只基金是否值得投资,往往需要通过5年、10年甚至更长时间的考评才能得出结论。尤其对处于新兴市场的中国基金业来说,历史更长久的基金往往拥有更为丰富的投资管理经验,更加了解中国投资市场的周期变化规律与特征。

此外,对于拥有丰富投资管理经验的老牌基金公司来说,其设立的新基金也可成为投资者选择的目标。因为这些历史较长的基金公司通常拥有成熟的投资研究体系,并且拥有较好的风险控制能力,这些基金公司设立的新基金也往往具备了较好的素质。

2. 债券型基金与混合型基金的选择

前文详细介绍了选择股票型基金所需要关注的因素,而对于债券型基金、混合型基金与货币市场基金而言,其在基金历史、基金公司、投研团队以及基金历史业绩等方面存在着一定的相似性,因此本书不再进行详细阐述。但是,投资者在选择债券型基金与混合型基金时,还应特别关注几个方面的问题。

◊ 债券型基金

一般情况下,决定债券型基金投资回报能力的主要因素有两个:一是基金的操作成本;二是投资的目标与政策。

对风险收益均低于股票型基金的债券型基金来说,一方面,相对高昂的投资成本能够成为扼杀收益的凶手,因此投资者必须关注债券型基金的成本;另一方面,债券型基金还会面临利率变动的风险——当利率水平出现变动时,会伴随着债券型基金的投资价值出现等比率变化。债券的存续期间决定着当利率出现变动时本金的变动幅度。大体上看,这样的影响体现在债券的息票利率和必须持有至到期日的年数上,因此投资者还必须关注债券投资组合的平均到期日。

此外,看似波澜不惊的债券型基金其实更加考验基金经理的专业投资技巧。从某种程度说,债券型基金的基金经理需要具备更加丰富的投资管理经验、勤奋的精神与饱满的工作热情。

◊ 混合型基金

投资者在选择混合型基金时，应重点对其投资组合的比率进行分析。此时关注的问题主要有两方面：其一是该混合型基金的股票、债券和现金资产的配置比例以及可调整的空间有多大；其二是与总回报相比，当期收益所占的比例是多少。

对投资者来说，关注这两个方面并非是要做出"正确"或"错误"的判断，而是其关系到该混合型基金的投资风格是否符合投资者构建基金组合的标准——对投资者来说，将精力集中在自己所追求的策略上是十分必要的。

如何甩开"市场噪音"？

正如本章最初所讲述的，这是一个充满噪音的世界。噪音无处不在，投资者若想逃离"噪音"，确实很不现实。实际上，在确定了哪些信息拥有真正的价值后，甩开"噪音"的方法也就浮出水面了。

首先，投资者可以从基金的《招募说明书》和基金公司的《季度报告》、《年度报告》以及基金公司官方网站中了解关于基金的大部分信息，如该基金的投资标的、持仓结构、费用及风险收益特征等。

其次，第三方机构提供的信息平台能够为投资者提供丰富的实用信息。在第三方机构提供的《基金研究报告》与网站平台中，投资者能够便捷地查询市场中各只基金的业绩表现、投资风格以及风险特征等信息。这些信息都能够对投资者选择基金产品起到非常重要的参考作用。

再次，对于媒体的报道与评论信息，投资者应理性地对待。现实情况是，在充满利益关系的社会中，并非所有媒体都能够对自己发布的信息完全负责。在这样的前提下，投资者有必要保持清醒的头脑，有目的地从媒体中获取有价值的信息。

最后，针对他人的推荐或评论，投资者更应该保持自己的分析与判断能力。除非向投资者推荐基金产品的人具有专业的投资理财资格，并且能够帮助投资者进行全面的投资规划，否则其提供的"建议"便有待商榷。

在华夏基金网上交易新开通基金账户后，如何知道自己的基金账号？ ★

基金投资 Q&A

如果投资者是首次开户，在通过华夏基金网上交易系统成功开立基金账户的两个工作日后，使用开户证件号码登录网上交易系统，即可看到基金账号。此后使用开户身份证号码或者基金账号均可登录网上交易系统，进行基金交易。

小 结

20世纪中期诞生的投资决策理论认为,市场中的每一位投资者总是在投资伊始时试图进行理性投资。但是由于不确定性的存在,投资者非常容易受到固有认知偏差以及自身心理因素的影响,而在这样的影响下,投资者并不能一直以理性的态度做出决策。

图8-7 投资者的决策过程

* 本图仅供参考,不构成投资建议

如图8-7所示,在投资者认识到了需要投资的问题后,便会进入到搜寻信息的过程。但是,正是因为"市场噪音"的存在,使得这一过程存在非常多的不确定性。此时,投资者"渴望"投资的心理因素也会对投资者筛选信息产生影响,这样便极有可能出现接纳了"噪音"而对有价值的信息置若罔闻的情况。因此,学习筛选有价值信息的方法是十分必要的,这影响着投资者的整个投资过程。

> 你们经过那个地区时,
> 一定要用蜂蜡塞住双耳,
> 别听诱人的歌声,如果你非常想听,
> 就可以让其他同伴把你紧紧地绑在桅杆上,
> 不让你挣脱,
> 这样,你就可以聆听塞壬优美的歌声,
> 那时,你会恳求同伴将你松绑,
> 他们不但不听,反而会将你绑得更紧。
>
> ——摘自《荷马史诗》

还是在那个希腊神话中,高贵的基尔克女神将顺利通过塞壬女妖领地的方法告诉了英雄奥德修斯,而奥德修斯也依此方法通过了这片海域。有时候,投资者不妨也效仿奥德修斯的做法,学会寻找有价值信息的方法,不去听那些美妙的声音,制定像绳索一样约束自己的投资纪律,让自己最大限度地免受"市场噪音"的干扰。唯有如此,才能沿着属于自己的理财之路不断前行。

第9章

你的基金让你满意吗？
历史业绩好的基金可以持续领先吗？

【案例9-1】

你的基金让你满意吗？

陈阿姨的理财方式是一直买国债或者定期存款，没接触过别的投资。可是到了2005年的冬天，陈阿姨一家去海南玩了一圈，错过了买国债的时间。储蓄利率很低，而且还有利息税，要不要存呢？陈阿姨正在银行里犹豫，客户经理走过来说："阿姨，您这钱要是两三年都不用的话，买点基金吧。"在简单的介绍下，陈阿姨在客户经理的指导下把计划买这期国债的钱买了一只基金。

让陈阿姨吃惊的是，几乎整个2006年，每次去银行取退休金，客户经理都会告诉她基金又赚了多少钱。到了2006年底算账，竟然收益了50%多。陈阿姨从此开始关注上了基金，她每天去报纸上看基金净值和相关的信息，当看到同期很多基金的回报都超过了100%，2006年回报第一名的基金年度收益是182%时，她开始不满意了：为什么多数基金的回报都比自己买的基金赚钱多？带着疑问陈阿姨又去了银行："为什么你帮我选的基金赚得这么少?"

原来客户经理看陈阿姨没什么投资经验,岁数又不小了,于是推荐了一只保守配置型的基金给陈阿姨。让我们打开基金的招募说明,看看这只基金的业绩比较基准和投资范围。

表9-1 陈阿姨所买基金的业绩比较基准与投资范围

业绩比较基准	75%交易所国债指数+25%(上证A股指数+深证A股指数)
投资范围	本基金的投资标的物为国内依法公开发行的各类债券、股票以及中国证监会允许基金投资的其他金融工具。作为债券型基金,本基金主要投资于各类债券,品种主要包括国债、金融债、企业债与可转换债券。债券投资在资产配置中的比例最低为45%,最高为95%;股票投资在资产配置中的比例不超过35%

不要让股票型基金与债券型基金赛跑

除了在寓言故事中,我们是不会组织乌龟和小白兔去赛跑的,因为以运动能力而言,这是没有可比性的两种动物。

债券型基金与股票基金之间回报率的不同就像乌龟与兔子的运动能力一样差异明显。缓慢且一直前进的乌龟与上蹿下跳的兔子是无法相比的。当兔子一路向着前方跑的时候,乌龟连兔子扬起的尘土都看不见。可是兔子淘气的性格决定了它经常跑到了主人不愿看到的方向,甚至往回跑或者停下来睡觉。

国内债券市场波动较小,回报相对稳定。而股票市场的价格波动就大得多。不同类型基金由于所投资市场的不同也体现出了不同的风险与收益的特征。

投资者通常不会把债券型基金和股票基金的收益进行直接比较,有时却忽略了混合型基金实际上是同时投资两个市场的基金,那么仔细阅读基金说明中的业绩比较基准和投资范围部分就能够帮我们更好地认识一只基金的风险和潜在回报了。如果我们希望更明确自己的投资在债券和股票市场中的比例,还是分别投资股票基金和债券型基金吧。

对于不愿意费心选择市场和分配自己资产的投资者而言,找一只符合

纯债券型基金为什么也有可能出现负收益?

基金投资 Q&A

纯债券型基金不能主动在二级市场进行股票投资,但是根据基金合同的相关规定,可能允许进行一定比例的打新股或可转债投资。在特殊市场情况下,此部分投资存在给基金净值带来负贡献的可能性。此外,纯债券型基金在投资债券市场时还需要面对利率风险、利差风险等,因此纯债券基金并不能确保绝对正收益。

自己风险收益预期的混合型基金,其余的事情就交给基金经理则是个不错的选择。

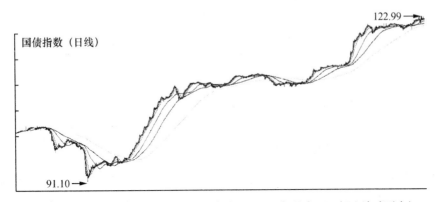

(由图可见成立以来最低点91.10,最高点122.99,与基点100相比波动不大)

图9-1 上证国债指数自2003年1月2日(发布日)—2009年12月的走势图

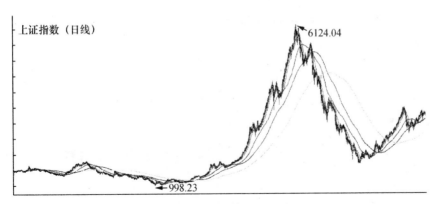

(2003年1月2日上证综指为1 320.23点,期间最低998.23点,最高6 124.04点)

图9-2 同期上证综指走势图

从表9-1我们可以清晰地看到陈阿姨所买的基金的业绩比较基准是:75%交易所国债指数+25%(上证A股指数+深证A股指数),基准中的权重部分是债券指数,意味着这只基金更多的投资会集中在债券市场,投资范围也说明最多有35%的资产用来投资股票,那么在牛市中收益比不上股票基金也就是顺理成章的事了。

简单评价基金风险及收益的办法

每只基金都有招募说明书,注意其中的两个部分就可以粗略了解这个基金的风险。

投资范围：看看有多少比例的资金可以用于投资股票，有多少比例的资金可以投资于债券。由于股票的价格波动较大，对于一只基金来说，从投资股票的比例能够比较直观地看出风险程度。

业绩比较基准：通常基金投资股票的比例在一个区间之内，而一个基金的业绩比较基准通常是固定不变的，由一个股票类指数乘以某一比例加上某一债券指数乘以另一比例组成。姑且不去研究基准中指数的差异，仅以业绩比较基准中的股票债券的比例作为参考即可。

以上两条结合使用可以简单用来判断一只基金在较长时间中投资股票及债券的比例，当忽略了比较基准不同的指数间的差异和基金的管理水平、投资风格等人为因素时，这个比例能够代表基金的风险度。股票所占比例越高，则风险越大，潜在收益亦随股票比例的增长而增长。

【案例9-2】

"赚得少"是赎回基金的理由吗？

一位理财师曾经在2006年7月的一天在银行柜台遇到这么一幕：一位大姐在窗口要求赎回一只指数基金，当被问到为什么要赎回时，她答道："这两个月都没怎么涨，别人的基金都涨了快一毛钱了，我打算赎回以后换一只基金。"

当然那时候无论是那位大姐还是理财师都没有想到那之后是波澜壮阔的一波大牛市，这段时期里持股比例总是不减的指数基金的收益不会落后于任何一只主动型基金。这位理财师说："我无从知晓这位大姐最后选择了什么。时隔3年多，只是清晰地记得她的不满：那两个月时间里她持有的基金比别人的基金赚的钱少了。"

我们姑且把这位大姐称为"A女士"。导致"A女士"不满进而赎回基金的重要原因是她存在典型示范偏差心理现象。

典型示范偏差心理

典型示范偏差心理是指人们在对不确定事件进行判断时,仅以部分现象(或典型现象)为依据。在人们的认知过程中,夸大了按常识得到的条件概率,也就是夸大了典型的作用。

在我们的生活中,典型示范表现在很多信息不全或者是不对称的地方。例如很多推销行业在吸引新人加入的时候,总是强调某些成功的推销员从一无所有开始努力,在不长的时间车房具备,事业有成。可是并不会有人留意到90%以上的推销员会在两年内被淘汰,而且通常薪水微薄,难以糊口。

在投资时经常有类似的偏差出现,我们赚了大钱的同事,或者是依靠投资收益换了汽车的朋友让我们有了错觉,不由自主地参与到了自己不熟悉的投资当中。而"懊悔与骄傲的心理误区"会为此推波助澜,因为人们愿意隐瞒自己的亏损,而对自己的赢利经验夸夸其谈。于是缺少投资经验的人很有可能急切而草率地开始自己的投资,而忽视了准备工作,因为他们以为赚钱是正常情况。当事实与预期不同的时候,我们会不满,进而通过各种方式表现出来,因为对与错已经不重要了。

我们统计了一下2006年8月之前的上证综指的月度表现,用以粗略估算一下"A女士"的基金表现。

表9-2 2006年8月之前的上证综指的月度表现

收盘日期	月涨幅	上一月股指	当月股指
1月25日周三	8.35%	1 161.06	1 258.05
2月28日周二	3.26%	1 258.05	1 299.03
3月31日周五	-0.06%	1 299.03	1 298.3
4月28日周五	10.93%	1 298.3	1 440.22
5月31日周三	13.96%	1 440.22	1 641.3
6月30日周五	1.88%	1 641.3	1 672.21
7月31日周一	-3.56%	1 672.21	1 612.73

整个统计区间(7个月的时间)有38.9%的收益,如果"A女士"在没有任何"典型示范"的情况下,我们有理由相信她会认为这是很愉快的经历并很高兴地面对这种程度的收益。遗憾的是,她知道了有人的基金在最近的

华夏债券基金A、B、C类是不同的基金吗? ★

基金投资Q&A

华夏债券基金A、B、C类是同一只基金的不同收费模式。其中A类代表申购费前端收费,B类代表申购费后端收费,C类代表不收取申购费但收取销售服务费。由于收费模式的不同,华夏债券基金A/B类具有相同的净值,而华夏债券基金C类由于计提销售服务费,基金净值与华夏债券基金A/B类有所不同。

两个月比她多赚了10%左右的收益,而且偏巧是市场整理期间,指数没有明显的涨跌。她的行动表示她对这只基金的满意度也随着这一切由正转负了。

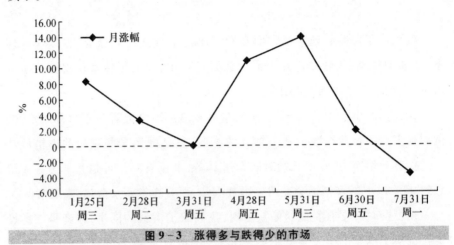

图9-3 涨得多与跌得少的市场

如果是你,你的满意度会随着什么而转变?你是期待着你拥有的基金收益超过你的同事、朋友,还是愿意花些时间认识自己愿意承担多少风险,用于投资基金的钱是多久不会计划使用的,占自己资产的比例是多少?这才是最值得你关注的问题。虽然我们经常听到有人中奖,通常会有涨停的股票,意外之财总是被谈论的对象,可是,当我们决定投资的时候,还是让我们把注意力回到自己的钱上来,停止和身边的人去比较。告诉你一个秘密:当你那赚钱的朋友不再夸口的时候,也许正在忍受着亏损的痛苦,这一定不是你想要的。

懊悔与骄傲的心理误区

通常人们的心理偏向于避免产生懊悔的行动,寻求引发骄傲感的行动。懊悔是由于以前的决策被证实是错误的而产生的心理痛苦,骄傲感则是由于以前的决策被证实是准确的而产生的心理愉悦。

以彩票为例,假设你已经接连数月选择了同一组号码,如果不出意外,你一次也没中,这时,一个朋友给你建议了一组不同的号码,你会更换号码吗?很明显,新旧两组号码赢的概率是一样的。但这个例子有两个产生懊悔的可能,一是如果你坚持老号码而朋友建议的新号码中了大奖会产生懊悔,另一个是当你转换为新号码后旧号码中了大奖会产生懊悔。

当我们有了一个"中奖的号码"和"选择的机会"以后,我们的懊悔心理明显地表现了出来。

心理上的痛苦与愉悦时刻影响着我们的行为。回避懊悔心理导致投资者持有明显表现不佳的投资时间过长,其原因是一厢情愿地等候价格至少回到当初买入价的程度,在股票投资中就是俗称的等待"解套",然后可以在这个价格上不懊悔地卖出。如果投资者"割肉"卖出,则表示着该投资者在这一笔交易里以失败告终,即承认做出了糟糕的买入决定。而当赢利时,投资者卖掉已经增值的资产,会有骄傲的感觉,他们会自诩自己做出的买入决定是多么明智,寻求骄傲感的投资者经常过早地卖掉开始赢利的投资,过早地将赢利与骄傲感提前收获。

历史业绩好的基金可以持续领先吗?

【案例9-3】

越来越"平庸"的基金

元元(化名),女,成熟的外企白领,细心,善于分析和总结。虽然是从2006年底才开始考虑投资基金,但是她并没有着急开始。大约两周以后才选定了一只基金,至于她为了选基金所做的功课,着实吓到了她的同事们:

我把基金排名3个月、半年、1年和2年的业绩拿来比较,本来想取始终在前10名的,结果一找发现没有,就把条件放宽到了前20名,才选出了这只基金。

元元选择基金的方法效果不错,在之后接近1年的时间里,这只基金始终保持业绩出色,并且很多基金评级机构都给了5星的评级。

但是,2009年以来,这只基金的评级虽然没有什么变化,可是3个

华夏希望债券基金是否有赎回费用? ★

基金投资 Q&A

华夏希望债券基金 A 类、C 类基金份额均收取赎回费,赎回费由赎回人承担,在投资者赎回基金份额时收取。赎回时份额持有不满 60 天的,收取 0.1% 的赎回费,持有满 60 天以上(含 60 天)的,赎回费为 0。

月、6个月和1年的业绩掉出了前20名,如果按照2009年以来的业绩来看,甚至已经跌出了100名。2009年以来收益靠前的基金回报都在80%以上,而元元的这只基金回报在60%左右。更让元元不解的是,甚至在晨星的网站上,一些被晨星评为5星级的基金2009年以来的收益只有40%甚至更少。当然这样的业绩让元元很不满意,她一直在犹豫是不是该换一只基金了。

让元元不满的原因是2009年她的基金回报率不高。但是如果取3年回报率来看,这只基金在2006年12月1日到2009年12月1日这段时间内,在209只同类型基金中排名第10,这是非常出色的成绩。可见如果作为一名投资者总是关注基金的短期业绩,那么也许所有的基金都不能够让他满意。

我们先看一组数据:

选取2005年12月1日到2008年12月1日的3年期间排名前10的基金,把它们的排名相加,即$1+2+3+\cdots+9+10$,总数是55。

而这10只基金在2006年12月1日到2009年12月1日的3年里的新排名再次相加时已经是272。

同样是前面那组数据中,我们还观察到了以下两个现象:

其一,2005年12月1日到2008年12月1日的3年期间排名前10的基金有3只来自同一家基金公司,分别排在第1、第3和第4的位置。在2006年12月1日到2009年12月1日这下一个3年里排名变化为第1、第18和第2。这在一定程度上可以证明公司在过去的4年时间中投资策略和管理水平是出色的。即使是那只排名从第3名降至第18名的基金,也依然在出色的基金之列。

其二,这10只基金里退步最大的3只基金在2006年12月1日到2009年12月1日这3年中的排名分别是41、49、82(共209只基金)。

参与比较的基金共有209只,在第一个3年中领先的前20名基金在第二个3年的平均排名为27.2。在第一个3年中领先的基金仅有4只在第二个3年中依然排在前10名。

由于表9-3中的两个3年周期有两年是重合的,可见一年就足够使基金的排名发生很大的变化。基金的回报排名有着很大的偶然性,优秀基金业绩很难总保持出色,有回归平均的趋势。

表 9-3　连续两个 3 年期间基金的排名变化

2005 年 12 月 1 日—2008 年 12 月 1 日 股票型基金排名（含混合型基金）	2006 年 12 月 1 日—2009 年 12 月 1 日 该股票型基金排名（含混合型基金）
1	1
2	4
3	18
4	2
5	41
6	82
7	37
8	5
9	33
10	49

* 数据来源：WIND 资讯

如果参考基金的业绩，尝试选出一只或几只长期业绩优秀的基金，并且得到略高于市场的回报是可以期待的。但是仅仅选择一只某一时间排名前 10 名的基金，就应该做好这个基金接下来的表现排名落到后 10 名的可能。

曾经辉煌的基金会趋于平庸，这在更成熟的市场中也被证实。

表 9-4　10 年期间美国前 20 名基金排名变化

1972—1982 年度排名	1982—1992 年度排名
1	128
2	34
3	148
4	220
5	16
6	2
7	199
8	15
9	177
10	245
11	222
12	5
13	118
14	228
15	205
16	78
17	209
18	237
19	119
20	242

* 数据来源：John C. Bogle 著 *Bogle on Mutual Funds*

参与比较的基金共有309只,在1972—1982年度领先的前20名基金在之后的10年的平均排名为142。在第一个10年中领先的基金仅有4只在第二个10年中依然排在前20名。可见选择过去业绩出色的基金并不一定能够帮助投资者获得更好的回报。

选择领跑者还是优胜者？

伊莫拉赛道是一条著名的F1赛道,赛道长4.933公里,比赛总圈数是62圈。任何一个冠军都不能做到在每一圈都领先,也不可能不进维修站。而且过分地追求速度的结果是毁灭。1994年巴西车手埃尔顿·塞纳就是在这条赛道上发生事故并被夺去生命的。

最初的领跑者往往都不是最终的优胜者,基金的投资通常会伴随投资者10年以上甚至几十年。如果你开始试着以这个期限来考虑基金投资,那么3年业绩就不会再显得漫长和落后了,甚至看起来会有些短。

小 结

满意是一种心理状态,是在人的需求被满足后的愉悦感,是人对事件的事前期望与事后所得到的实际感受的相对关系。

在投资基金之前,如果我们能够给自己定下合理的预期,并且在投资中客观地评价自己的投资,而不去留意无关的短期排名比较和"典型示范",我们就会满意自己的基金。

第10章

下跌时我赎回基金却亏了不少，上涨时我赎回基金它继续涨，我到底应该在什么情况下赎回基金？

【案例10-1】

"撤离"or"坚守"？

已是不惑之年的孙老师2007年9月才认购了一只股票型基金，本想趁着市场较好，买只好基金，挣点钱就卖掉。可偏偏事与愿违，入市不久股市开始全面下跌，他刚成了基民，就变成了"装在套子里的人"。

孙老师身边有人跟他一起认购同一只基金，面对市场的下跌，都不知如何是好，伴随着大盘下跌的步伐，越亏越多，大家也变得越来越心慌。

股市跌到4 000点附近的时候，邻居大张（化名）的基金投资亏损10%，又听说继续大幅下跌可能性更大，与扩大亏损相比他更愿意承担10%的投资损失，于是他选择赎回基金，结束了为期半年的基金投资。

到3 500点，同事老莫（化名）看到不少人赎回，也随大溜赎回了基金，理由是：别人都赎回，我还是赎回算了，看来咱没这财运。

孙老师一直舍不得赎回，就忍了下来。到2009年6月股指将再次达到3 000点，眼看基金就快解套，这时候他决定等解套就把基金赎回来。

什么情况下赎回基金？

赎回过程相对整个投资过程而言非常短暂，但它却可能最终影响基金投资成败。不过，有投资经验的投资者都很深刻地体会到，做出赎回基金的决定并不容易。所以投资者会遇到挣了钱却不知道该不该赎回的情况，也会因为赔钱而难以抉择，而有些决定的结果却并不能让投资者满意，所以才会有"到底应该什么情况下赎回基金"的疑问。本章将围绕这一问题展开探讨。

案例10-1中列举了三种赎回基金的情况，其中值得借鉴之处很少，但根据中国证券业协会的统计，中国开放式基金有效账户数到2008年3月31日为9 131.02万户，而到2009年6月30日已经减少为8 235.04万户，即每10名投资者中就有1名在此期间结束投资，即赎回，如果把期间新增有效账户数剔除的话，赎回比例将更大。因此，有必要对投资者实际赎回基金的原因进行分析。

新浪网于2007年11月9日至2008年2月8日进行过一次关于投资者为何要赎回基金的调查，结果如图10-1所示。

提交基金申购（认购）和赎回申请有时间限制吗？

基金投资 Q&A

投资者可以在任一时间提交基金申购（认购）和赎回申请，若提交时间是在非开放日或者开放日的15:00以后，系统将视其为下一基金开放日的交易申请。

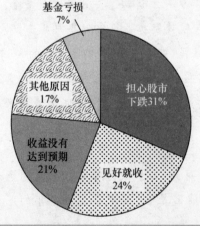

从结果看，担心股市下跌是造成投资者赎回基金的最主要原因，占到被调查者总数的31%，其次是见好就收24%，第三是收益未达预期21%。

图10-1 持有人赎回基金原因调查

数据来源：新浪网上调查　参与人数：6 886人　调查时间：2007年11月9日—2008年2月8日
信息仅供参考

如图 10-1 所示,因为基金亏损、见好就收和收益没有达到预期三种原因赎回基金的投资者占比达 52%,他们的共同点是以基金表现作为赎回理由。第 4 章详细介绍了各类型基金获得收益的可能性,也描述了不同基金可能让投资者蒙受损失的大致范围。可是,基金的业绩是相关市场以及基金管理人水平在一段时间内的综合表现。如果只看结果,不分析到底是市场原因还是其他问题,会影响接下来的投资策略。而主观地给自己一个预期收益,不考虑实际情况,就更不科学了。

还有 31% 的投资者因为担心股市下跌而赎回基金。贪婪和恐惧始终伴随着投资者,一旦投资行为由贪婪或者恐惧摆布,就可能把担心股市下跌作为赎回基金的依据。

不过投资者赎回基金往往受到多种原因的影响,例如案例 10-1 中的大张一方面是因为投资亏损,另一方面"担心股市继续下跌",所以最终赎回基金;而老莫赎回基金有亏损的原因,也有随大溜的"羊群效应"影响。那么孙老师赎回基金的原因是什么呢?还有另一项调查能对他的行为进行解释,如图 10-2 所示。

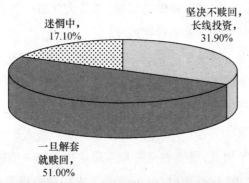

图 10-2 基金大幅亏损后投资者操作调查

* 数据来源:网易财经　调查时间:2008 年下半年　样本数:24 711　信息仅供参考

这份网易财经的调查显示,51% 的投资者在面临较大幅度亏损时,选择"一旦解套就赎回"。这在投资者行为学上被称为"扳平症"。扳平症主要是指投资者往往很难接受损失,他们总是期待至少可以盈亏平衡。而具有扳平症的投资者倾向于承担风险,以减少遭受损失的可能性。

基金投资是利用基金管理财富的过程,本应该根据基金的运行规律制定操作策略,但很多投资者却摆脱不了以投资成本为参照的行为习惯,最终可能导致投资不顺利。

1. 从投资基金的原因入手

那么什么情况下才应该赎回基金呢？在讨论这个话题前，还是先来回顾一下投资者为什么要投资基金吧，也许赎回的理由在开始投资的时候就已经定下来了。

不知道是不是有投资者打算通过买基金为自己准备一笔退休金，虽然没有一只基金的名称叫做"××养老基金"，或者"××退休基金"，但基金投资低廉的门槛与费用、透明的管理以及完善的风险控制制度决定了基金是非常适合投资者积累退休金的工具。

从积累财富的效果看，基金也确实是不错的积累退休金的工具。第一只封闭式基金成立于1998年3月，截至2010年2月5日，该基金累计回报率为469.34%。这意味着在这十多年的时间里，如果投资者从来没有赎回过这只基金，就能够获得这些回报。而接近15%的复利，也足以抵御通货膨胀带来的影响。唯一的问题在于，无论是在疯狂的牛市中6个月（2007年5月25日之前的6个月）125.95%的回报，还是大熊市中持久的套牢与煎熬，有谁在这么久的时间里从来不曾赎回过？

如果正在努力追求美好生活，并且开始精心准备退休计划的投资者能够做到在退休前不赎回基金，这几乎是最佳的退休储蓄计划。如果能够持有始终表现并不落后的基金，那就更美妙了。否则，谨慎的调换基金是退休计划中的重要一项。

如果这是一笔闲钱，投资者只是希望用它再去赚一些钱。从2006年开始，就有太多人在说"你不理财，财不理你"，人们的投资意识有了很大的提高，基金逐渐成为众多投资者的选择。可是不少投资者并没有明确的投资周期和更多的准备，甚至对一些比较基本的基金知识不够了解。值得庆幸的是，目前国内还没有一只开放式基金把投资者的钱赔个精光，严格的监管和基金公司自身对风险的控制保证了在目前基金属于风险较低的金融产品。

可是对于追求赚钱的投资者来说，不可避免地会将基金的回报与其他金融产品进行比较。投资者带着非理性的回报目标和过于乐观的情绪开始投资，一旦遇到市场不再火爆，很快就会耗尽耐心。而当市场开始踏入漫漫

基金赎回一般要多久时间？

基金投资 Q&A

不同类型的基金赎回到账时间有所不同。一般来说，货币型基金赎回到账速度最快，债券型基金、混合型基金、股票型基金居中，QDII基金赎回到账时间较长。具体赎回到账时间应以各基金公司及代销机构的相关公告为准。

"熊途"时,部分投资者连信心都失去了,选择了赎回。

正如第 5 章所讲,市场是难以预测的。所以并不试图让读者看过本书就学会选择合适的机会买卖基金,亦不愿假设投资者能够准确判断市场。但大多数基金与对应的市场具有很高的相关性,只是基金并不像股票、债券等产品那样便于交易(ETF 除外)。此外,对于基金的评级都是以 3 年甚至更长的周期来进行的。这些都意味着以 3 年甚至 5 年为周期去评价基金的表现并且决定是否赎回才是比较合理的。只是比起 3 年或 5 年期的国债来说,无论结果是赢利还是亏损,基金在期间的净值波动从某种角度来说真的是一种对人性的折磨。

再次希望投资者明确的是,如果投资者认为自己有能力判断市场,并且愿意通过交易来追求收益,回避风险,那么普通的开放式基金就不再是个好的投资选择。基金经理的操作将影响到投资者对择时的判断。直接去投资股票或者 ETF 会更好,投资者有权利自由地交易,但交易基金,实在是太不划算了。

表 10-1 股票与股票型基金交易费用对比

股票	股票型基金(100 万元以下)
印花税(0.1%,卖出征收)	认购费(多数 1.0%)
过户费(0.1%,上交所)	申购费(多数 1.5%)
佣金(不超过 0.3%)	前端收费时的赎回费(多数 0.5%)

关于赎回的问题,下面的故事也许有一些帮助:

彼得·林奇有一段时间经常在家里举行鸡尾酒会招待客人,他发现了一个奇特的股市周期规律,这种周期一般有四个阶段。

第一阶段:在酒会中有人问彼得·林奇从事什么职业,他回答说:"我从事共同基金的管理工作。"来人会客气地点点头,然后转身离开。即使来人没离开,他也会迅速转移话题。过一会儿,他也许会和身边的一个牙科医生说说牙床充血之类的话题。当有 10 个人都愿意和牙医聊天,而不愿与管理共同基金的人谈股票时,股市将可能上涨。

第二阶段:在彼得·林奇向搭讪的客人表明自己的职业后,来人可能和他聊得长一点,讨论一点股票风险等问题。这个时候股市已经比第一阶段上涨了,但却没有人对此给予重视。

第三阶段:股市已经大幅上涨了,这时多数的鸡尾酒会参加者都不再理睬牙医,整个晚会都围着彼得·林奇转。不断有人拉他到一边,向他询问该买什么股票,参加酒会的人都热情地讨论着股市上已经出现的种种情况。

第四阶段:酒会中,人们又围在彼得·林奇身边,这次是他们建议彼得·林奇应该去买哪些股票,并向他推荐几种股票。随后几天,彼得·林奇在报纸上就看到他们所推荐的股票早已涨过了。这时股市已达到巅峰,下跌阶段就要来临。

彼得·林奇

彼得·林奇出生于 1944 年,1968 年毕业于宾夕法尼亚大学沃顿商学院。在 1977—1990 年彼得·林奇担任麦哲伦基金经理人的 13 年间,该基金的管理资产由 2 000 万美元成长至 140 亿美元,基金投资人超过 100 万人,成为富达的旗舰基金。13 年间的年平均复利报酬率达 29%。

对于已经开始投资基金,并且到今天为止处于亏损中的投资者来说,第一阶段几乎是最难熬的。股评也不再神采飞扬,投资者纷纷期盼政府救市,营业部里一片冷清,当然,几乎没人想在这时候开始投资。笔者经常听见这样的回答:"现在买基金?还是等市场好点再说吧。"能够在最难熬的时候不去赎回基金需要信心和耐心,但市场总是告诉投资者这一切是值得的。请不要在所有人都不看好的时候赎回,黎明前的黑暗总是难熬的。

2. 投资基金是不是应该设立止损?

认为投资基金不应该设立止损,理由主要有以下两点:

其一,止损是职业交易者采取的交易策略中的一种,在整套的交易环节中包含了从选择产品到判断时机、计算仓位、设立止损及止盈点。普通投资者在并不能熟练掌握这一切的情况下,把其中的一个环节使用到了基金这种交易成本较高、不适合频繁买卖的金融产品上,几乎是没有任何正面帮助的。

其二,除去指数基金,主动型基金的基金管理人会对市场进行判断并做相应的调整以控制风险。这样使得投资者止损的有效性大大下降。以中国第一只开放式基金为例:

如表 10-2 所示,2005 年 6 月 6 日上证指数跌至 998 点时,该基金净值较 2004 年 4 月 7 日下跌了 23.09%,意味着如果投资者以 20% 为止损的话,有可能正好跌了全程并且在最低点赎回。当 2006 年上证指数重回 1 783 点之上时,该基金已经较上一次 2004 年的 1 783 点有了 30% 以上的涨幅。

表 10-2　中国第一只开放式基金净值波动与上证综指波动情况

日期	对日期的说明	上证指数收盘	基金单位净值	基金累计净值
2004 年 4 月 7 日	前次局部高点 1 783	1 774.55	1.152	1.232
2005 年 6 月 6 日	前次低点 998	1 034.38	0.886	1.016
2006 年 10 月 9 日	指数重回 1 783 以上	1 785.39	1.545	1.775
2007 年 10 月 16 日	6 124 点当天	6 092.06	4.41	4.64
2008 年 4 月 1 日		3 329.16	0.815	3.732
2008 年 10 月 28 日	1 664 点当天	1 771.82	0.499	2.374
2009 年 8 月 3 日		3 462.59	0.798	3.659
2009 年 8 月 17 日		2 870.83	0.695	3.217

* 数据来源:基金净值数据来源于该基金官方网站,指数数据来源于通达信股票交易系统

谁都很难想象在 2008 年 10 月,上证指数竟然再次回到了 2 000 点以下,并在 2008 年 10 月 28 日创下了最低 1 664 点的纪录,而基金的累计净值却比之前两次 1 783 点上下的时候要高出不少。

在 2008 年这次惨烈的熊市中,如果以基金亏损 20% 为止损意味着从 2007 年 10 月 16 日开始直到 2008 年的 4 月 1 日,基金亏损才达到了 20%,而指数已然接近腰斩(期间由于拆分,单位净值变化很大,每 10 份拆分为 42.97 份),投资者未必买在最高点,意味着如果基金本来有一些赢利的话,很可能又是赎回在了很低的位置。

即使止损少设一点,改为 10%,依然不能帮助投资者有效地回避风险。该基金 2009 年 8 月 3 日的单位净值是 0.798 元,而短短的 14 天后单位净值已经是 0.695 元,单位净值的下跌已经超过了 10%。可见如果据此操作,会增加很多交易成本,却不能帮助投资者有效减少风险。

显然,在市场波动过程中,主动型基金的基金经理已经在规定范围内规避了市场风险,而基金作为一种间接投资,几乎没有明确的指标供投资者制定止损或者止盈点,选择基金投资就选择信任基金经理好了。

如何办理基金的赎回?

基金投资 Q&A

基金赎回业务需要通过原申购基金的销售机构办理。一般情况下,基金赎回的时间为证券交易所交易日的 9:30—15:00,投资者 T 日提交赎回申请,一般可在 T+2 日到办理赎回的网点查询并打印赎回确认单。销售机构通常在 T+7 日前将赎回的资金划入投资者的资金账户。以上均为正常交易日。基金的赎回遵循"未知价"和"份额赎回"原则。此外,交易日 15:00 前的赎回申请可以在当天 15:00 以前撤销;交易日 15:00 后或非交易日的赎回申请可在下一交易日 15:00 前撤销。

如何赎回基金?

1. 分批赎回策略

假设有一只股票型基金,共 15 万份,我们计算一下分批赎回的结果。

图 10-3 为该基金净值走势,假设从 4 月份开始,于每月 10 日赎回 2.5 万份,共分 6 次赎回基金,其赎回明细如表 10-3 所示:

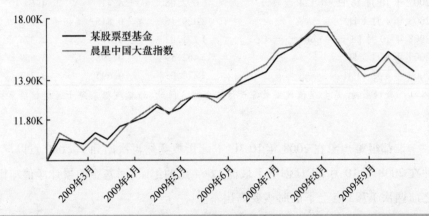

图 10-3 某基金净值走势

* 数据来源:晨星
* 取值区间:2009 年 3 月 1 日—2009 年 9 月 30 日

表 10-3 投资者分批赎回基金明细

分批赎回明细				
赎回份额(份)	赎回日	当日净值(元)	所得金额(元)	赎回费用(元)
25 000	2009 年 4 月 10 日	2.465	61 316.88	308.125
25 000	2009 年 5 月 11 日	2.589	64 401.38	323.625
25 000	2009 年 6 月 10 日	2.819	69 973.38	351.625
25 000	2009 年 7 月 10 日	3.206	79 749.25	400.75
25 000	2009 年 8 月 10 日	3.293	81 913.38	411.625
25 000	2009 年 9 月 10 日	3.022	75 172.25	377.75
合计 150 000			432 526.5	2 173.5

* 采用前端收取申购费方式,赎回费 0.5%
* 期间无分红
* 计算结果仅供参考,不构成投资建议

如果采取一次性赎回,数据分别取表 10-3 中的最高点及最低点。请看表 10-4 和表 10-5。

表 10-4 4 月 10 日一次性赎回明细

一次性赎回明细				
赎回份额(份)	赎回日	当日净值(元)	所得金额(元)	赎回费用(元)
150 000	2009 年 4 月 10 日	2.465	367 901.25	1 848.75
合计 150 000			367 901.25	1 848.75

* 采用前端收取申购费方式,赎回费 0.5%
* 期间无分红
* 计算结果仅供参考,不构成投资建议

表 10-5 8 月 10 日一次性赎回明细

一次性赎回明细				
赎回份额(份)	赎回日	当日净值(元)	所得金额(元)	赎回费用(元)
150 000	2009 年 8 月 10 日	3.293	491 480.28	2 469.75
合计 150 000			491 480.28	2 469.75

* 采用前端收取申购费方式,赎回费 0.5%
* 期间无分红
* 计算结果仅供参考,不构成投资建议

根据以上计算,选择在 8 月 10 日赎回能获得最多的金额,为 491 480.28 元,如果在 4 月 10 日赎回获得的金额最少,为 367 901.25 元,最多与最少者之间的差距是 123 579.03 元,而这两者较分批赎回的结果 432 526.5 元分别有 13.63% 和 -14.94% 的差距。

投资者都希望获得更多的收益,但是如果正打算赎回一笔数额不小的基金,为了避免赎回时机选择得非常糟糕,可以选择分批赎回。

2. 减少不必要的费用

通常基金设有赎回费,不同的基金公司、不同的基金产品对于赎回费的收取方式也差异很大,就不在此一一举例说明,但是投资者应该在赎回前关注基金公告中对赎回费用的描述。

假如某基金持有满 3 年免收赎回费,而在投资者持有 34 个月后打算赎回时,就值得考虑是不是应该再坚持 2 个月后赎回以节省通常 0.5% 的赎回费。

小 结

在任何交易中,卖出环节都会让投资者感到头疼,基金赎回也是如此。所有人都不能做到总是在最高点卖出,甚至在一个比较合理的位置卖出也不容易。但至少投资者可以试着在卖出时(赎回基金)尽量减少情绪对自己的影响,试着寻找适合自己的卖出信号或依据。

在实际投资过程中,关于何时赎回基金的争论从未休止。其实对投资者来说,如果能够将关注点由"何时"赎回基金转移到"何种情况下"赎回基金,这个问题就会简单得多。

一般情况下,投资者理性赎回基金会基于三个方面的考虑:找到了更好的投资项目;急需现金资产而必须赎回基金;遭遇类似2008年的全球金融危机,导致基金资产的下跌程度远远超过了自己的风险承受能力。那么在上述三种情况下,投资者在经过了理性、全面的分析后赎回基金是合理的。除此之外,还有什么理由能够让我们不继续持有基金资产,以期实现资产的保值、增值呢?

炒股的人常说:"会买的是徒弟,会卖的才是师傅。"希望投资者能早日踏入"基金师傅"的行列。

第 11 章

面对亏损我很难受，真不知道是否该将基金赎回，我该怎么办？

在中国股市的历史上，有过很多熊市。也许今天让人记忆深刻的是 2008 年的 1 664 点，如果再算上一次惨痛的回忆，那就是 2005 年的 998 点。每次熊市中受伤的不仅仅是"股民"，基金投资者，特别是很多投资经验并不丰富的基金投资者通常很难避免这种洗礼。

本章的内容是关于投资基金产生亏损的原因和一些投资者能够做的选择，或者说是对待亏损基金时应该做的事。如果您投资基金时从来没有亏损过，请跳过本章。看完本章不意味着下次投资基金将不会发生亏损，本章的内容会试着帮助您减少发生投资基金亏损的概率，或者亏损的比例。

严格地说，从开始投资基金的那一时刻起，已经亏损了。投资基金的钱会在扣除手续费（前收费状况）后按照当天净值折算成基金份额，投资者已经损失了认（申）购的费用。投资者愿意在损失手续费的情况下开始投资，是因为更愿意相信这些"损失的钱"会在未来的某一天随着基金净值的上涨赚回来。至于是开始投资的第二天，还是第二年赚回来，甚至能否赚回来，投资者自己并不知道，只是就这么开始了，通常投资总是伴随着乐观的情绪开始。

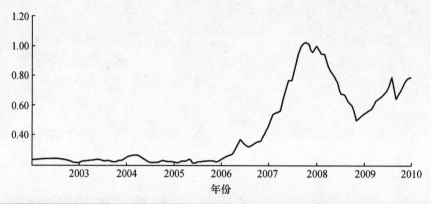

图 11-1　中国第一只开放式基金的净值走势图

所以，当投资者开始为自己的亏损而感到焦虑的时候，证明其心理已经从乐观转为了悲观，这时焦虑的投资者已经不再关心赚钱的问题，只希望能够全身而退。

当投资者被摇摆于两端的心情所控制，所做的交易通常会面临更大的风险。

他们是这样面对亏损的

【案例 11-1】

当亏损就在眼前

作为理财顾问，Richard（化名）一直深深记得自己初次为客户设计的基金组合——那是2004年的5月份，那个组合包含了30%的混合型基金和70%的保守配置型基金，Richard在给出投资建议时就与客户韩正（化名）明确了这些钱是以3~5年，甚至更长的周期来投资的，韩正表示没问题。

这两只基金的投资分别始于2004年的6月29日和7月28日。基金组合在开始投资后就始终在亏损，韩正并不在意，这钱眼下用不到，他选择了相信Richard。紧张的是Richard，毕竟这个建议全部来自理论知识，而这是他第一次实践。

调整基金的建议在 7 个月后，Richard 建议韩正赎回了全部的保守配置型基金，并买入另外两只股票基金。

轻松的时刻在开始投资之后的第 9 个月后来到，韩正的基金资产不再有亏损，他始终信任 Richard，甚至不曾知道 Richard 的恐惧和担心。

虽然 2008 年韩正的基金又一次亏损严重，无论是比例还是绝对金额都大过初次投资基金，但他没有为此感到过焦虑，因为他经历过一次熊市，而且相信每次熊市都会被飞扬的"牛蹄"带走。

顺便说一下，到本书出版之时，韩正的理财顾问还是 Richard，而那只曾经占了 30% 比例的混合型基金，始终没有交易过。当 Richard 在 2009 年底总结时，这只基金的市值是开始投资时的 465%。

此后，Richard 不禁回忆起 2005 年 1 月的那次调整："那次调整让我很紧张，因为我自己也很矛盾。如果我真的错了，那么韩正的投资信心会不会因此失去，甚至停止投资？如果他真的停止投资，那么这些损失就是韩正投资经历中的一次挫折，对于投资经验并不丰富的他来说，很难想象下一次开始投资会是什么时候。"

Richard 在设计投资组合时的依据是这样的：韩正是一家公司的财务主管，家人通情达理，对投资的大方向有共识，家庭财务稳中有升，没什么负担，完全能承担投资股票基金的风险。但是这个家庭缺少投资经验，对收益的追求并不高，但对风险表示了较大的担心，所以当开始投资时，虽然投资基金的钱不是韩正家里的大部分资产，依然应该谨慎地开始。于是 Richard 建议大部分基金投入保守配置型的基金中。

调整投资组合时的依据，是因为开始投资 7 个月后，在损失 14% 的情况下韩正依然保持了比较平稳的心态，具备较好的心理承受能力。且股票市场在 2006 年初已停止创新低，并且站在了长期趋势线的上面，比较明确地表现出了转暖的形势。这个时候把基金投资的方向更集中在股票型基金上，虽然增加了投资风险，但这个险值得去冒。

"这时候我必须相信我的判断，"Richard 回忆当时的投资决策，"虽然我很害怕我会做错，但是调整基金组合在那个时候显得理由充分。如果有更好的机会，投资人的确能承受相应的风险，为什么不呢？无论那个时候基金组合的状态如何，我都会建议投资人做这个决定。"

什么是基金分红？

基金投资 Q&A

基金分红，是指基金在实现投资净收益后将其分配给基金持有人。基金净收益是指基金投资所得的红利、股息、债券利息、买卖证券差价、银行存款利息以及其他收益，在按照有关规定扣除相关费用后的余额。基金分红除了需要遵守相关法规的要求，还要按照基金招募说明书中的收益分配条款来进行。

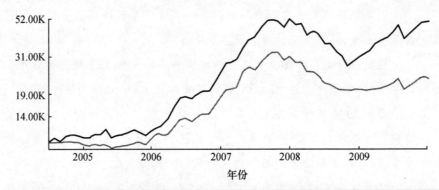

图 11-2　初次投资的两只基金净值走势

两只混合型基金的对比基准分别为：

100% × 巨潮 500 小盘指数

40% × 中信标普 300 指数 + 60% × 中信全债指数

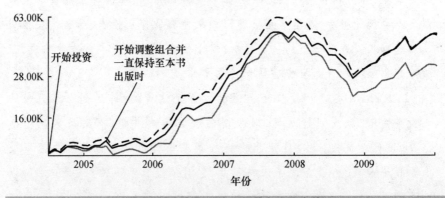

图 11-3　调整后的 3 只基金净值走势

3 只混合型基金的对比基准分别为：

100% × 巨潮 500 小盘指数

80% × 中信标普 300 指数 + 20% × 中信标普全债指数

80% × 上证综指 + 20% × 上证国债指数

【案例 11-2】

不愿"折腾"的 Wendy

Wendy（化名）是单身的自由职业者，从开始工作的第一天起就保持着良好的财务习惯,2003年开始尝试投资股票,2006年开始投资基金。Wendy愿意把基金当做自己的资产管理人,选一个靠谱的并且有钱就给"他"是Wendy的方式。

2008年1月Wendy拿到了一笔设计费,留下了约一年的生活费后,将少量的钱买了股票,其余的18万元都买了1只基金。整个2008年过得飞快,也许是金融危机的原因,Wendy接到的活比过去少了很多,简直可以说是惨淡经营。好处是业余时间多了起来,她除了去海边玩了半个月,多数时间都花在了咖啡馆和健身房。

由于几乎在基金净值最高点买入,亏损最多的时候Wendy这只基金的市值已经不足10万元。Wendy的哥们儿薛烨(化名)在炒股,经常拿这事取笑她:"这次不长期投资了吧?"

Wendy也很郁闷,但还不至于着急:"我看过基金的历史业绩,2005年上证跌到998点时,多数股票基金的亏损不到30%,好一些的基金只亏了10%左右,而且多数基金两年内就回到了2004年4月高点时的净值,这也是我当初打算长期投资基金的依据。我又不是先知,怎么想到这次下跌竟然破了之前的纪录?上笔钱投资到现在就快满两年了,依然亏损。好在亏损比例已经只有15%左右了,反正我也不着急用这钱。再说了,你买股票这么折腾,还未必比我这样买了基金不去交易强呢。"

> **基金分红要满足哪些条件?**
>
> 基金投资 Q&A
>
> 基金当年收益弥补以前年度亏损后,方可进行分红;基金收益分配基准日的基金份额净值减去每单位基金份额收益分配金额后不能低于面值。

表11-1 Wendy从2006年开始买入这只基金,2008年1月追加投资

基金历史业绩(%)						2010年1月11日		
	2010年以来	2009	2008	2007	2006	2005	2004	2003
总回报	-4.71	57.57	-46.62	139.91	172.65	—	—	—
+/-基准指数	-0.93	-24.47	19.72	2.51	56.95	—	—	—
+/-基金类别	-2.61	-15.99	6.85	7.94	44.46	—	—	—

心理偏差对亏损的影响

"一个人如果不能平静地面对损失,就很可能参与他本来不会接受的赌博。"

——卡尼曼、特沃斯基

卡尼曼(Daniel Kahneman)和特沃斯基(Amos Tversky)是以色列的心理学家,较早研究投资市场中人们的行为,他们的成果被称为"预期理论"。

他们两个曾经做过一个实验,先是请人在3 000美元的确定收益和80%可能的4 000美元收益中选择。实验对象往往选择了前者,而不喜欢后者20%的一无所有的可能性,尽管数学期望理论告诉我们,后者的3 200美元要高于3 000美元。

接下来,他们又让实验对象在80%可能的4 000美元损失和100%可能的3 000美元损失中选择。这时92%的实验对象决定赌一把,尽管这样的损失期望值高于3 000美元。

这个实验显示了我们通常并非厌恶不确定性或者风险,而是厌恶损失。因为损失总显得比收获更突出。实际上,无法弥补的损失往往会引起强烈的、理性的、持续性的风险厌恶。

后来的学者把亏损的投资者通常伴随两种相反的情绪定义为:风险厌恶效应和尽量返本效应。

前者担心再次损失而拒绝继续冒险,而后者急于赚回亏掉的"本钱",企图通过放大交易杠杆或其他更激进的方式赚回亏损掉的钱。这两种心理偏差通常会让投资者错过赚钱的机会或者进一步加剧亏损的程度。甚至交替发生,反复作用。即使是专业人士,在受到这些心理偏差影响后,依然会犯错误。

在投资开始前准备好投资计划

无论是否有理财顾问的帮助,韩正和Wendy在投资前做了计划,其中包括了:
- 投资周期;
- 投资额占资产的比例;
- 准备承担多少损失;
- 投资的目标是什么。

建立计划的投资者通常比没有计划的投资者亏损得少,因为计划的存在使得投资者能够有一些具体的标准来衡量事实,而减少了心理偏差的影

基金分红有哪些方式?不同的分红方式有什么区别?

基金投资 Q&A

基金分红主要有两种方式:一种是现金分红,一种是红利再投资。所谓基金现金分红,就是基金实现投资净收益后,将其以现金的方式分配给投资人。基金红利再投资是指基金进行分红时,基金持有人将分红所得的收益直接转为持有基金单位。现金分红可以为投资者提供现金流,将已实现收益"落袋为安",适合有现金流需要的投资者;红利再投资可以让投资者节省再次投资的申购费,并享受复利收益,适合具有长期投资计划的投资者。

响。而没有计划的投资者通常凭"感觉"投资，等于心理偏差接管了全部投资。

想象一下如果 Wendy 没留好她的生活费会出现什么状况：作为自由职业者，Wendy 的收入有着很大的不确定性，如果没留好生活费而全部投资基金的话，Wendy 的生活一定会受到影响，去咖啡馆和各种娱乐场所的次数将被迫减少，甚至需要被迫赎回亏损中的基金以应对日常消费。紧张的财务会增加压力，对于以设计为职业的 Wendy 来说无疑是雪上加霜。

投资基金亏损了，这是我的错

当亏损的基金投资者能够对自己说出这句话，就表明他向理性迈出了巨大的一步。当投资者承认自己错了之后，他才能够开始寻找自己的错误，评价自己错得有多么严重，进而努力去减少损失或者避免再次亏损。而不是去试图找一个把自己的基金亏掉的人发泄一通（通常会是基金管理人或者是推荐基金给他的人）。投资者应该始终牢记投资基金的决策最终是自己做的。

忘记本金

对于投资者，这似乎比承认错误更加困难。

但是如果一个穷困潦倒的人趾高气扬地走过来说："我是个富翁，我不过是一年前做生意全赔光了。"请问这个人现在是一个富翁吗？

也许有些人会说当基金没有卖出时，只是账面亏损，一旦赎回才是真正的亏损。还是别沉迷在这种安慰中吧，牢记自己的本金只会让投资者在面对亏损时更不平静。

当投资者把注意力放在何时能够赚回本金时，主观的期望会影响判断。

为什么分红后基金净值会"下跌"？

基金投资 Q&A

开放式基金分红后，基金份额净值会相应"下跌"只是一种表面现象。一般情况下，分红金额的多少决定了基金净值会相应减少多少，但基金的累计净值不会因此而发生变化。投资者不必为基金分红后的净值下降而担忧，关键要看其累计净值是否稳步增长。

【案例 11-3】

过早的出局，过早的后悔

在 2005 年初，莹（化名）和她的同事们为了给一位在银行工作的朋友完成销售任务而"被迫"认购了一只新发的基金。由于是熊市中，这只基金很快跌破了面值，并且亏损严重。在 2006 年初时，随着市场的好转，基金净值不断上涨。这只基金也几乎回到了 1 元面值。莹和她的同事们如释重负，纷纷赎回。大约半年以后，这只基金净值达到 1.6 元，莹和她的同事们又纷纷后悔。

图 11-4　成立于 2005 年 2 月 2 日的小盘基金

先回顾一下韩正、Wendy 和莹在面对亏损时的场景吧。

韩正的亏损最小，与他开始时保守的策略有关，但他的投资开始于市场的下跌中，于是韩正忍受了 9 个月的亏损。好在沉稳的情绪和 Richard 的帮助让韩正没有因为亏损而做出错误的决定。在之后的投资中，Richard 帮助韩正始终保持了理性的态度，而且当这一轮金融危机袭来时，韩正在资产再次遭遇亏损时，很坦然地度过了。持续的投资计划对此贡献很大。而且在每一次投资基金时，韩正都会和 Richard 一起讨论投资计划中的依据是否充分合理，而不只是关心建议的内容。

Wendy 的亏损比例和时间最长，当读者看到这本书时，也许 Wendy 还在亏损状态中。由例子中可以看出 Wendy 的基金排名并不落后，所以 Wendy 的亏损与选择基金关系不大，但相对粗疏的计划对于控制风险并不是很有利,最遗憾的是 Wendy 在一个几乎最糟糕的时间开始了投资。

不过值得肯定的是,Wendy 也有她自己的投资依据:基金的历史业绩,2005 年上证综指跌到 998 点的时候,多数股票基金的亏损不到 30%,好一些的基金只亏了百分之十几,而且多数基金两年内就回到了 2004 年 4 月高点时的净值。

这看起来简单的依据中包含了两个重要的信息:一个是可能亏损的比例,另一个是可能亏损的周期。这是当 Wendy 的基金遭遇十分严重的亏损时,她并没有表现慌张的原因。风险被考虑进去了,虽然有些不足,但这不能算是 Wendy 的错,因为严重的金融危机打破了过去的纪录。

当然 Wendy 对于金融市场的忽视导致她在一个错误的时间买入,是亏损严重的主要原因。

另外不知道 Wendy 有没有注意过下面这些内容:

投资目标:本基金采用哑铃式投资技术(barbell approach),同步以"成长"与"价值"双重量化指标进行股票选择。在基于由下而上的择股流程中,精选个股,纪律执行,构造出相对均衡的不同风格类资产组合。同时结合公司质量、行业布局、风险因子等深入分析,对资产配置进行适度调整,努力控制投资组合的市场适应性,以求多空环境中都能创造超越业绩基准的主动管理回报。

业绩基准:新华富时 A 全指×80% + 同业存款利率×20%。

投资理念:实践表明,价值投资(value strategies)和成长投资(growth strategies)在不同的市场环境中都存在各自的发展周期,并呈现出一定的适应性。本基金将价值投资和成长投资有机结合,以均衡资产混合策略建立动力资产组合,努力克服单一风格投资所带来的局限性,并争取长期获得主动投资的超额收益。

可见基金的目标并不是获得绝对正收益,而是追求超越业绩基准。多数开放式基金的目标都是超越业绩基准,而不是创造绝对回报。这表明在市场不好的时候,基金产生亏损是完全合理的。如果投资者对这一点不能够明确和认同的话,投资基金会是件痛苦的事。

如果市场能够持续发展,并且在未来的时间反映和代表经济的发展趋势,那么 Wendy 的投资理念就有合理的地方——不试图通过择时去减少亏损的话,也不会因为离开市场而失去赢利。那么决定 Wendy 未来收益水平

在华夏基金申购(认购)基金时,是否可以选择分红方式? ★

基金投资 Q&A

投资者在华夏基金申购(认购)基金时,可以选择的分红方式有现金分红和红利再投资两种。

的就是市场的表现以及她选择的基金能够超越市场多少了。

莹亏损的比例不大,周期也不长,她在没有投资计划的情况下在错误的时间开始了投资。所以相比上面的韩正和Wendy来说,莹的焦虑要大得多,而且当市场才一转好,就立刻选择离开,属于典型的"风险厌恶效应"。她最需要的是为自己做一份投资计划。

亏损以后应该怎么做?

投资者已经知道基金的投资随市场变动,多数时候基金的亏损都是由于市场引起的,即买在了错误的时间。当然在非理性的心理驱动下的行为常常会加剧亏损。哪怕是同类型的基金表现也会不同,表现糟糕的基金也可能让亏损更多(关于基金表现的问题,答案在第8章)。那么就知道减少亏损该从哪里下手了。

亏损的投资者如果准备了投资计划,明确了投资周期、投资目标、准备承担的损失和投资额占资产的比例是否合理等问题,只需要从中寻找当前的亏损是否依然在合理的范围之内,投资时的依据是否发生了变化,就能决定应该如何调整。

如果亏损的投资者并没有充分的投资准备,那么马上"停下来"思考,一份负责的投资计划通常会花费几天甚至更多的时间去准备,但这一切都是值得的。如果投资者不肯认真总结自己亏损的状况,下一次亏损会来得很快。

什么是"停下来"?赎回全部基金可以理解为"停下来",而什么也不做也可以理解为"停下来"。赎回的支持者认为亏损证明投资者已经错了,那么结束这个错误是首先要做的。

但是本书的观点是,对于基金投资者,"停下来"的选择应该是什么也不做。理由是这样的:当基金亏损时,特别是亏损严重时,投资者已经犯了第一个错误。不经判断和思考的停止完全有可能引起另一个新的错误。即使基金的亏损继续加剧,仍然需要先制订投资计划再行动。

基金自身能够过滤一定的风险,股票的波动很大,也许及时止损是对的。但是基金的净值变化并不剧烈,投资者有时间充分思考后再行动。

除了指数基金追随市场,其他基金均能够在市场下跌时通过降低股票

申购华夏基金旗下基金产品后,如何变更基金的分红方式? ★

基金投资 Q&A

若需变更分红方式,持有人需要在基金分红的权益登记日前,携带开户身份证件,到购买基金的销售机构办理分红方式变更。对于通过网上交易渠道购买的基金,可直接在网上交易变更分红方式。

比例而减少亏损,只是比例约束不同,具体参考基金的招募说明书。那么当基金的亏损对投资者来说难以忍受时,通常也是市场接近底部的时候。所谓等市场好了再投资无异于投资者跌了全程,只涨一半。

基金亏损时的计策

1. 走为上计

亏损的基金投资者已经有明确的投资计划,并且不愿意承担风险,可以选择在投资才开始产生亏损时离开。要说明的是,这样操作对那些本来不打算承担风险却错误地参与到股票型基金投资的投资者来说比较适用,而且只有亏损比例很低时才值得考虑。

同时这么做意味着放弃这类型投资,直到心理承受度和财务有了改善以后才会改变。这么做的另一个大缺陷是白白损失了交易成本。所以除非投资者真的确定自己进错了市场,否则并不需要这么干。

对于积极交易基金的投资者来说,这一条并不适合你们。

2. 咬紧牙关

这么做和案例中的 Wendy 在最终效果上没什么区别,只是如果先有计划再面对亏损的投资者,由于具备投资周期和承担亏损的心理准备,心理压力会小很多。而持有基金却不甘心亏损的投资者,就只好忍耐了。

不知道表 11-2 的数据能不能够让亏损中的基金投资者好过一些。

表 11-2 成立三年以上业绩最差的基金排行

基金名称	最近一周总回报率(%)	最近一个月总回报率(%)	最近三个月总回报率(%)	最近六个月总回报率(%)	最近一年总回报率(%)	最近两年年化回报率(%)	最近三年年化回报率(%)
××股票	4.26	3.46	14.01	-6.20	35.43	-21.13	7.04
××混合	1.96	1.41	14.16	13.26	40.12	-22.57	7.11
××混合	1.75	-0.21	14.06	2.21	34.85	-18.13	9.29
××收益混合	2.50	2.30	7.64	-8.95	9.37	-24.20	4.14
××行业混合	2.42	3.92	18.59	10.65	39.04	-31.67	2.67
××增长混合	1.92	0.12	11.70	8.91	18.00	-13.08	9.47
××增长混合	2.45	1.49	14.13	6.86	48.47	-19.26	9.13

* 数据来源:晨星

在总结了全部成立满 3 年、投资包含股票的基金后，我们没能找到任何一只 3 年周期依然亏损的基金，我们只好把其中全部年化收益不到 10% 的基金摘录出来，供投资者参考。

数据表明作为基金投资者，如果以一个 3 年或者更长的期限为投资周期，即使表现最糟糕的基金，也是赚钱的。Wendy 一定会很高兴知道这些的。

3. 增加投资

基金投资者亏损很严重的时候，往往是市场萧条的时候，却值得冒险。如果投资者能够认真地评价形势，制订严格的投资计划并照着执行，可以考虑这个时候增加投资。

要说明的是，无论是否投资于已有的基金，增加投资意味着投资者认可现在的投资机会，而不是寄希望于通过更多的投资早些赚回成本。也许从行为上看两者有相似之处，但是一旦形势与预料的不一致，企图翻本的非理性投资者将更容易产生其他错误行为，扩大损失。

4. 求助专业人士

对专业人士的要求很简单，比投资者更了解基金，不但能够给出投资者建议，而且附带着充分的依据。他更愿意把知识分享给投资者。

这个人必须尊重投资者的财务习惯和隐私，并不急于让投资者做些什么或是推荐些什么。如果有这么一位专业人士，信任他好了。

小 结

随着社会分工的细化，我们不可能在每个行业都精通，所以多数基金投资者对于金融市场和产品不够熟悉，在进行投资的时候难免会犯错误，而遭遇或多或少的亏损。

如果投资者选择放任自己的感觉去投资，也许会激动，也许会焦虑，但不会从中得到什么，也不会因此而成长。

投资者也可以选择在每一次投资前思考，写下自己的目标和计划，也许刚开始的时候会错得离谱，但是让投资的经历有迹可循。并且不断地总结和提高，除了财富增长的乐趣，也会因此增加人生的乐趣。

分红方式选择"红利再投资"的基金分红后，赎回基金时如何收取赎回费？

基金投资 Q&A

如果分红选择的是红利再投资，那么只是基金份额增多，虽然每份净值下降，但实际上基金总资产并没有减少，因此赎回费就是基金总资产的净额乘以赎回费率。

第 12 章

为了分散风险，我持有十几只基金，但为什么感觉不到风险被分散了？

【案例 12-1】

弱水三千，因何只取一瓢饮？

前段时间，马兴业（化名）的心情变得有些糟糕。2007 年上半年，股票市场一片大好，毫无投资经验的马兴业不禁萌发了"入市"的念头。"反正我也不会炒股，还是买基金更适合我……"怀着这样的想法，马兴业将手头上的 16 万元现金全部购买了某股票型基金，从此踏上了"养基"之路。

开始的几个月，市场一直大好，马兴业持有的基金也一路上涨。谁知好景不长，2007 年底市场便开始进入下跌的行情，而马兴业持有的基金也开始下跌。尤其是在 2008 年金融危机爆发后，马兴业的基金净值更是"缩水"了 60% 以上。

资产的账面亏损，着实让马兴业非常苦恼。而更让他郁闷的是，他当初把全部现金资产都用来购买了这只股票型基金，其结果：一是面对市场的变化和风险，他显得有些无能为力；二是他购买基金的 16 万元，其中大部分是原本打算用来添置一辆汽车的,但现在这一计划不知何时才能实现了。

出于无奈,马兴业只好向好朋友——已经有一定投资经验的"基民"李铭(化名)寻求帮助。李铭在得知了马兴业的情况后,胸有成竹地说:"你就买一只基金怎么行?投资基金讲究基金组合。你看看我,手里拿着二十几只基金呢,正所谓'东边不亮西边亮'嘛……只不过最近市场实在是不好,要不早就赚不少钱了……"

听到了这些话,马兴业才恍然大悟……

你是否意识到构建基金组合的重要性?

中国基金业经过了十余年的发展,已经渐渐地从稚嫩走向了成熟。而伴随着基金行业的发展,投资者对"投资理财"这一概念的理解也越来越深刻了,很多投资者都明白组合投资的重要性。但是,也有一部分投资者像马兴业这样,投资经验尚浅,还不清楚什么是基金组合,就更加不用谈及如何构建基金组合了。

在前文中已经提到,从家庭资产规划的角度讲,投资者要在保险、股票、债券、基金、现金等资产大类中进行资产配置,以求让我们的财务状况进入一个良性发展的轨道。

这种从宏观角度审视家庭资产的方式,在投资者进行基金投资时同样适用。在基金投资中,构建一个基金组合,简单来讲就是要选择两只(或两只以上)不同类型的基金,来进行组合投资。

在案例12-1中,马兴业用全部现金购买了一只股票型基金,这样的情况在"新鲜"基民中较为常见。尤其是一部分对金融市场、基金类型、基金产品并不是很了解的投资者,通常都会在亲朋好友或客户经理的"介绍"与"推荐"下,再结合自己并不专业的判断,来选择持有某一只基金。而很多投资者这样操作的理由是:"选"出一只"不错"的基金很不容易,所以干脆就持有这一只。

虽然仅仅持有一只基金并不意味着投资的失败,但是可以肯定的是,这样操作会为投资者带来更大的风险。《宋史·寇准传》中有这样一则故事：

> 在宋真宗时，契丹人入侵中原，霎时间危机四伏，满朝上下人心惶惶。危难之下，宋真宗召集群臣商量对策。宰相寇准进谏道："……不如我陪着皇上御驾亲征，鼓舞士气，这样我们一定会打胜的！"宋真宗采纳了寇准的建议，后来果然在澶渊之战中大获全胜。
>
> 澶渊大捷之后的寇准颇为骄傲，使得大臣王钦若对他又妒又恨。一次陪皇上赌博，王钦若趁机对宋真宗说："赌博最危险的是一次将所有的赌本都压上，这样可能会输得精光。上次澶渊之战，寇准分明是将皇上作为赌本压上了，丝毫不顾及皇上的安危啊！"宋真宗听了这个比喻后勃然大怒，不久便将寇准从宰相贬为陕州知府。

这则小故事，便是成语"孤注一掷"的出处。如若理性地分析，虽然寇准赢得了战役的胜利，但确实也冒了很大的风险。而对投资者来说，将全部的资产都投资在一只基金上的操作方式，无异于"孤注一掷"。

但不同的是，投资者并非面临江山社稷的危机，也并不需要出奇制胜的妙计，而是需要长期、稳健地实现财富增长，也就大可不必"弱水三千，只取一瓢饮"了。在这样的前提下，当投资者面对不可预知的金融投资风险时，建立基金组合就非常重要。基金组合能够通过降低"可分散风险"，从而间接提高预期收益。此外，一套合理的基金组合，能够帮助投资者把握资本市场中时而突现的投资时机，通过长期的积累来帮助投资者实现高效投资。

基金组合投资是如何将风险分散的？

投资者建立基金组合的目的只有一个，那就是分散风险。来自美国 Bloomberg 的数据显示，以 1993 年 7 月 31 日至 2003 年 7 月 31 日的美国市场为例，当投资者同时持有股票、债券两种资产所构建的投资组合时，其投资效率要强于单纯持有某一类型的资产，如图 12-1 所示。而这也说明了构建基金组合的第一层意义：在权益类资产与固定收益类资产之间构建投资组合。

除此之外，构建基金组合的第二层意义，是面对不同收益水平的资产进行组合配置。

华夏基金持有人如何了解华夏现金增利基金每月收益的结转情况？★

基金投资 Q&A

（1）注册后登录华夏基金网站 www.chinaamc.com，选择"基金账户查询"；

（2）定制电子对账单，每月初将上月基金交易对账单发送至投资者的电子邮箱；

（3）定制短信对账单，每月初将截至上月底的基金持有情况发送至投资者的手机。

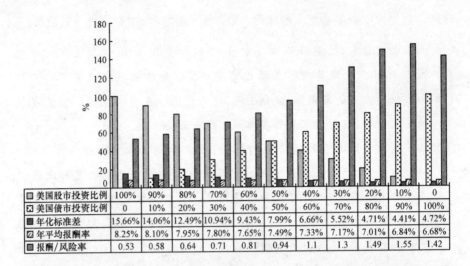

图 12-1 1993 年 7 月 31 日—2003 年 7 月 31 日各种股、债市配置结果

* "年化标准差"代表波动性或风险水平
* 资料来源：Bloomberg
* 美国股市：标准普尔 500 指数；美国债市：摩根大通美国公债指数
* 你总是能找到一个合适的比例，让资产组合以最有效率的方式获得最大的回报

如图 12-2 所示，假设有 A 与 B 两名投资者，在同一时间开始投资。投资者 A 用 10 万元购买了一只年收益 8% 的基金产品；而投资者 B 则将 10 万元分成 5 等份，分别购买了年收益为 12%、8%、4%、0 和 -100%（全部亏损）的 5 只基金产品。

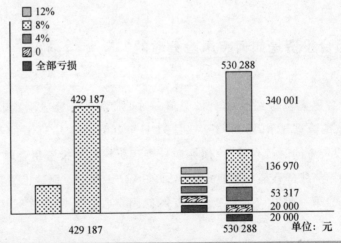

图 12-2 25 年时间投资单一品种与组合投资的收益差别

经过 25 年后,投资者 A 的资产增长到了喜人的 429 187 元。相对来说,投资者 B 看上去要"不幸"得多:在他购买的 5 只基金中,有一只基金完全亏损了,还有一只基金根本没有赚到钱……但是,当他盘点完自己的资产后却发现,此时他的资产已经增长到了惊人的 530 288 元,远远超过了投资者 A 所取得的收益。

显然,构建基金组合能够在分散风险的同时带来更高的收益。不仅如此,从基金产品选择以及未来收益的不确定性来看,在图 12-2 中,投资者 B 构建基金组合的投资方式,显然要比投资者 A"选"中一只年收益 8% 的基金产品要简单得多,风险也低得多。

从投资者进行证券投资的角度看,将不可避免地遇到三类问题,即"资产分配策略"、"择时操作"与"证券挑选"。将这一理念延伸到基金投资上,便是"基金组合"、"买入时机"与"基金选择"。而这也是影响基金投资计划最主要的三个因素。

从 1974 年至 1983 年,美国曾通过研究 91 项大型退休计划项目的长期受益,来分析这三个因素的重要性。调查结果显示:"资产分配策略"是投资组合绩效的主要决定因素,占季度收益总值的 91.5%;而"择时操作"与"证券挑选"分别只占 1.8% 和 4.6%,仅仅起到了很小的作用,如图 12-3 所示。这充分说明了构建基金组合在长期投资中的重要性。

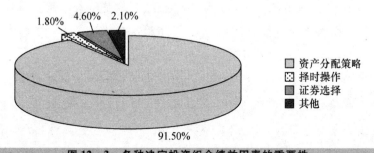

图 12-3　各种决定投资组合绩效因素的重要性

* 资料来源:美国证券研究机构

什么样的基金组合才适合你?

由此看来,在案例 12-1 中,基民马兴业就是因为没有认识到构建基金组合的重要性,才会在投资的过程中出现种种问题。那么,他是否应该按照基民李铭的方法去构建基金组合呢?

可以肯定的是,拥有一定基金投资经验的李铭,对构建基金组合的重要性有了一定程度的了解,在操作上也确实选择了不少基金产品。但是他的投资也并非一帆风顺,很明显,从他的话中我们也能够感觉到他的困惑:"为什么我明明构建了基金组合,却还是不能很好地分散风险?为什么我的基金组合跟别人比起来总是有些'力不从心'呢?""噢!应该是市场环境的原因吧……"李铭这样想着。但问题是,真的只是市场环境的原因吗?

从现实来看,在国内的基金投资者中,像李铭这样攥着十几、二十几只基金的投资者大有人在。不少投资者在得知了"鸡蛋不能放在同一个篮子里"这句话后,便纷纷按照自己的理解构建了基金组合。或许,下面几个案例具有一定的代表性。

【案例12-2】

哪只基金涨得快,我就买哪只

邹爽(化名)是典型的80后基民。大学毕业后便初涉股票市场,花的心思不多,投资有赚有赔,谈不上专业,只算是略有了解。不过,这丝毫不影响邹爽对投资的信心,尤其是不影响他对"择时"与"选股"的信心。"我肯定比大多数投资者都强",这是邹爽对自己的评价。

2007年的股市一片红火,基金也一路高歌猛进。对邹爽来说,看着别人买基金赚了不少,自己又岂能落后?于是开始投资基金,并且一直将投资股票的思路沿用到基金投资上。"哪只基金涨得快,我就买哪只!"邹爽这样想着,不知不觉就买了十几只基金。

【案例12-3】

新基金、热基金＝我的最爱

年近六旬的徐大妈也持有二十来只基金。徐大妈是从退休之后开

华夏现金增利基金的投资收益如何体现? ★

基金投资Q&A

华夏现金增利基金的收益体现方式为:投资该基金产生的收益每天计算,按月结转,在每月的收益结转日,当月投资收益会转化为基金份额,直接加入原持有份额中。

始投资基金的,她有一对儿女,事业都发展得很不错,每月都会给徐大妈为数不少的家用。徐大妈平时没什么事儿,也就把投资当成了消遣。

每次到了银行,徐大妈都会跟客户经理了解当前最新、最热的基金。2007 年底 QDII 基金起航的时候,徐大妈一下子就买了 3 只重点投资港股市场的基金。实际上,徐大妈对基金投资没有多少了解,完全是看市场现在流行什么就去买什么。当股票市场好的时候,徐大妈就购买了好几只股票型基金和指数基金;当股票市场下跌,银行开始推荐债券型基金的时候,徐大妈又买了好几只债券型基金。长此以往,徐大妈手上已经捏着二十来只基金了,很多基金甚至都叫不上名字来。

【案例 12-4】

只要基金口碑好,统统都被我买到

在一次投资者投资经验分享活动中,王新(化名)夫妇成为引人注目的一对儿,而这完全是因为他们是在场投资者中持有基金数量最多的——29 只基金!

王新夫妇是一家饭馆的老板和老板娘,在生意上和生活中都拥有较广的人脉。朋友很多,所以从这些朋友中得到的关于基金的信息就更多。而每当有朋友谈及哪只基金表现出色时,王新夫妇都会听从朋友的建议去购买。如此一来,持有 29 只基金也就不足为奇了。

上述三个案例中所讲的事情,在现实生活中非常普遍。很多投资者认为组合投资就是购买尽量多的基金,这样便能分散风险、提高收益,实际上这是一种误区。其实案例 12-2、12-3 和 12-4 中投资者的行为都存在一些问题,也都可以用投资行为学的理论来解释。

案例 12-2 中邹爽的投资行为,是较为典型的过于高估自己能力的表现。心理学研究表明,人们倾向于对自己的判断过度自信。过度自信会将人们"希望"的某种结果发生的概率夸大为必然事件;同时将"不希望"的某种结果发生的概率夸大为不可能事件。

案例12-3中徐大妈的投资行为,用投资者行为学中的"组合1/n理论"来解释,便是投资者在面临难以定夺的投资产品选择时,会出现将资产平均投资在每一个投资产品上的情况。

而案例12-4中王新夫妇的投资行为,便是受到了"市场噪声"的干扰而导致的结果。在现实中,很多投资者为了追求利润最大化,会忽视与基本面有关的信息,把注意力集中到那些与股票价值无关但可能影响股票价格使之非理性变动的"噪音"(错误信息)上。这种行为会在短期内造成价格扭曲,使理性的投资者在短期市场上无所作为。此外尤其值得注意的是,并不是投资了很多只基金就等于构建了合理的基金组合。

在上述几个案例中,投资者虽然知道了构建基金组合的重要性,但却无法真正构建出合理的基金组合。那么,什么样的基金组合才合理呢?如果从构建基金组合的目的来分析,其所要实现的效果首先是分散风险,除此之外,还要在分散风险的基础上保证收益。简单地说,构建基金组合,是要让基金投资更有效率。

举个形象的例子来说,一支5人组成的篮球队,5人都是中锋是一种组合;5人都是前锋也是一种组合;5人都是后卫还是一种组合;同样的,还是5个人,分布在中锋、前锋、后卫这三个位置上仍然是一种组合,不仅如此,还要细分出大前锋与小前锋、得分后卫与控球后卫。事实证明,最后一种方式的效率是最高的,也是最合理的。其实这样的思路在构建基金组合的过程中同样适用。所谓合理的基金组合,并不是以投资者持有基金数量的多少来判断的,而是要在综合考虑投资者的投资目标与风险承受能力的基础上,将权益类资产与固定收益类资产进行合理的配置。

怎样构建适合自己的基金组合?

要构建合理的基金组合,首先要明确各种类型基金的投资标的及特点。股票型基金、混合型基金、债券型基金和货币市场基金等各种类型的基金拥有不同的风险收益特征,股票型基金和债券型基金的风险主要来自于股票市场和利率的变动,而货币市场基金的风险相对较低。

1. 构建基金组合的层次

将基金资产在不同类型的基金品种间进行配置,尽量投资于相关性[①]较低的不同资产类别中,这样才能够有效分散风险。接下来,投资者还必须清楚构建基金组合的两个层次。

第一个层次:在不同类型的基金之间进行组合配置。即前面所说的将资金投资在股票型基金、混合型基金、债券型基金和货币市场基金等不同类型的基金上,并进行配置,这是构建基金组合的第一个层次。

一般而言,根据投资者的投资目标、风险偏好、年龄结构等因素,现金与货币市场基金的配置比例应控制在 0~30% 的范围内,保证部分资产拥有充裕的流动性;债券型基金的配置比例应控制在 15%~50% 的范围内,保证部分资产能够稳健增长;股票型基金与混合型基金的配置比例应控制在 20%~75% 的范围内,保证部分资产能够拥有较高的增值能力,如表 12-1 所示。

表 12-1 基金组合中各类型资产的配置比例

基金类型	现金及货币市场基金	债券型基金	股票型基金及混合型基金
所占百分比	0~30%	15%~50%	20%~75%

* 本表格仅供参考,不构成投资建议
* 各类型基金的配置比例应根据投资者的投资目标及风险承受能力而定

第二个层次:构建基金组合不仅要在不同类型的资产间进行配置,还要进一步考虑在基金的投资风格上进行平衡,从而进一步降低风险。例如将表 12-1 中 25%~75% 的股票型基金资产,进一步细分至"大盘基金+中小盘基金"或"成长型基金+价值型基金"的组合中。这样既可以规避风格过于集中的风险,又可以分享市场周期变化中板块轮动所带来的收益。

2. 构建基金组合的常见形式

在了解了构建基金组合的两个层次后,投资者还需要知道构建基金组合的几种常见形式。

---

① 根据马科维茨(Harry M. Markowitz)的资产组合理论,将投资分散到不同的资产上能够降低风险,但这并不表示风险会随着投资品种数量的增加自然而然地降低。当投资者投资的资产价格存在高度正相关的情况时,投资组合的风险依然不会得到有效的分散;只有将组合中的资产投资于相关系数低的资产类别中,才能够有效降低投资组合的风险。

◊ 哑铃式

哑铃式,即选择两种不同风险收益特征的基金进行组合,如"股票型基金+债券型基金"、"大盘基金+中小盘基金"、"成长型基金+价值型基金"等。哑铃式基金组合的优点在于基金组合结构简单,便于投资者进行管理。组合中不同类型的基金能够形成优势互补,如图12-4所示。

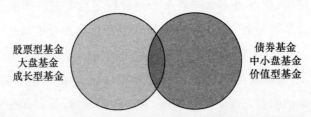

图12-4 哑铃式基金组合示意图

◊ 核心·卫星式

这是一种相对灵活的基金组合方式。组合中的"核心"部分选择长期业绩出色且较为稳健的基金,"卫星"部分选择短期业绩突出的基金。核心·卫星式组合能够保障基金组合的长期稳健增长,因此无须投资者进行频繁的调整,同时又能够满足投资者灵活配置的需求,可谓一举两得,如图12-5所示。

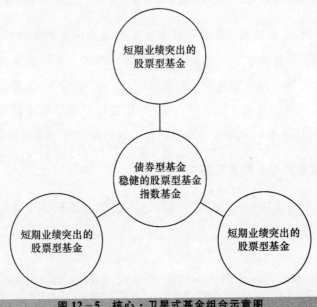

图12-5 核心·卫星式基金组合示意图

♪ 金字塔式

对于有一定投资经验的投资者来说,金字塔式的基金组合最为灵活。投资者需要在金字塔的"底端"配置稳健的债券型基金或相对灵活的混合型基金;在金字塔的"腰部"配置能够充分分享市场收益的指数基金;在金字塔的"顶端"配置具有高成长性的股票型基金。并且可以根据自己的投资目标与风险偏好,在各类型基金中进行适当的调整,从而获得较高的收益,如图12-6所示。

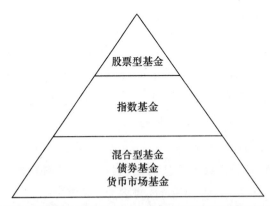

图12-6 金字塔式基金组合示意图

3. 构建基金组合的步骤

投资者在拥有了构建基金组合的基本思路后,便可以按照以下几个步骤来构建适合自己的基金组合。

♪ 第一步:明确自己的投资目标

投资者构建基金组合的过程,是建立在基金投资目标基础上的。因此,要构建适合投资者自己的基金组合,首先必须对自己的风险偏好、年龄结构、资产状况、收入水平、投入资金、目标实现时间等有详细的了解与评估,进而制定出合理的投资目标,如养老目标、子女教育目标、置业目标等;再根据这些目标来制定一个基金组合,也可根据不同的目标制定单独的基金组合,实现独立管理,如图12-7所示。

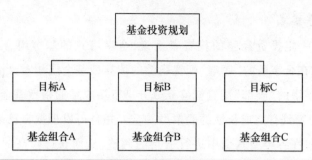

图12-7 投资者可根据不同的投资目标构建独立的基金组合

◊ 第二步：了解自己的风险偏好

如前文所述，构建基金组合的目的是为了分散风险，且保证良好的收益，进而在不同风险收益特征的基金品种间构建组合，不同基金组合的风险收益也会有所差别。因此，投资者必须正视自己的风险承受能力，再选择适合自己的方式来构建基金组合。根据风险偏好不同，投资者可以参照以下几种模式，来构建自己的基金组合。

保值型组合：适合风险承受能力低（很难忍受亏损）、期望资产保值且投资目标实现周期较短（不足10年）的投资者。

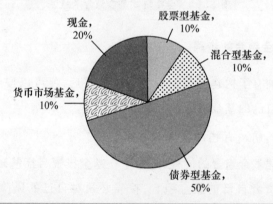

图12-8 保值型基金组合示例

* 本图仅供参考，不构成投资建议
* 投资者可根据自己的投资目标与风险承受能力对其进行调整

保守型组合：适合风险承受能力较低（很难忍受亏损）、期望资产稳步增值且投资目标实现周期较短（不足10年）的投资者。

什么是基金复制？

基金投资 Q&A

基金复制是在投资理念与投资策略等方面复制市场上某只已经存在的基金，期待取得和标本基金一样的投资业绩。例如，华夏基金旗下的华夏回报二号基金就是一只复制基金，它复制的标本基金是华夏回报基金。

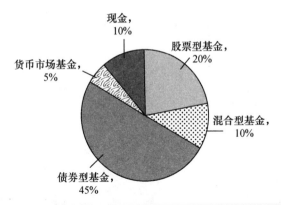

图 12-9 保守型基金组合示例

* 本图仅供参考,不构成投资建议
* 投资者可根据自己的投资目标与风险承受能力对其进行调整

平衡型组合: 适合具有一定风险承受能力(能够忍受半年内连续亏损)、期望资产稳健快速增长且投资目标实现周期较长(15年以上)的投资者。

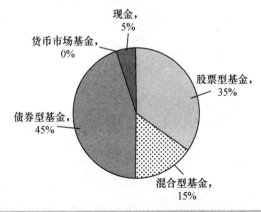

图 12-10 平衡型基金组合示例

* 本图仅供参考,不构成投资建议
* 投资者可根据自己的投资目标与风险承受能力对其进行调整

成长型组合: 适合风险承受能力较高(能够忍受1年内连续亏损)、期望资产快速增长(增长幅度高于平衡型组合)、投资目标实现周期较长(15年以上)的投资者。

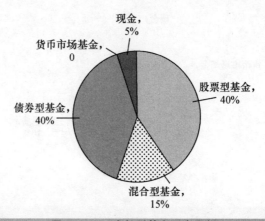

图 12-11 成长型基金组合示例

* 本图仅供参考,不构成投资建议
* 投资者可根据自己的投资目标与风险承受能力对其进行调整

进取型组合:适合风险承受能力高(能够忍受至少 2 年内连续亏损)、追求较高的价值增长且投资目标实现周期较长(20 年以上)的投资者。

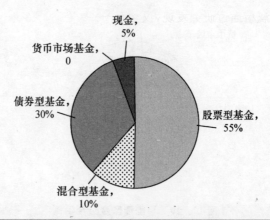

图 12-12 进取型基金组合示例

* 本图仅供参考,不构成投资建议
* 投资者可根据自己的投资目标与风险承受能力对其进行调整

◊ 第三步:制定投资绩效考核架构

在投资者构建基金组合的过程中,会涉及具体基金的选择,此时可以根据某只基金在同类型基金中的历史业绩,来制定绩效考核架构。基金组合的绩效考核既包括对组合整体收益的考核,又包括对组合中每一只基金的考核。投资者应尽量选择长期表现优秀①的基金,从长期的角度来衡量一只基金的增长能力,不宜用短期表现来判断一只基金的优劣。但是如果该基金在未来2~3年始终未能达到绩效考核的要求,则可以考虑进行调整。

◊ 第四步:构建基金组合完成,树立正确投资观

投资者依照以上几个步骤构建完成了基金组合后,便不宜轻易地改变,更不可频繁调整基金组合。应树立正确的投资观,坚持长期投资,在时间复利的驱动下接近自己的投资目标。

小 结

国际权威机构晨星(Morningstar)提出过一个假设,在所含基金数量1至30不等的基金组合中,同时调整基金组合中的基金品种,然后分别计算每个基金组合5年的标准差,其结果显示:所含基金数量较少的基金组合价值波动的幅度较低。

晨星通过研究发现,仅含有一只基金的"基金组合"价值波动率最大,从长期来看,组合中增加1只基金便能够明显改善基金组合的波动程度,虽然对组合的收益有影响,但却能够明显降低投资的风险。

但是,当基金组合中所包含的基金数量超过7只时,再增加基金的数量,该基金组合的波动程度并不会随着基金数量的增加出现明显的下降。所以,投资者构建基金组合,合理地配置各种类型的基金远比增加基金的数量更重要。

---

① 从长期(至少3年以上)的角度看,如果一只基金总能够在同类型基金的业绩排名中位于前1/3,那么可以说明该基金具有长期稳健增长的特点。

第 13 章

我长期投资基金组合，但觉得它离我的投资目标越来越远，我该怎么办？

【案例 13-1】

双胞胎兄妹的礼物

说起麦佳飞（化名）与麦佳佳（化名）的基金投资经历，确实和一般基民有些不同。2003 年的国庆节，这对龙凤胎兄妹的妈妈送给他俩每人一份礼物，两人的礼物完全相同：都是由 1 万元某股票型基金与 1 万元某债券型基金所构成的基金组合。妈妈希望这两份礼物能够为即将大学毕业的子女们讨个好彩头，也寄予了对未来的美好期望。

对妹妹麦佳佳而言，这份礼物实在勾不起她的任何兴趣——对学习英语专业且时尚爱美的她来说，一瓶 LA MER 面霜要实用得多。因此当麦佳佳收到这份礼物后，便将其放在一边不去管它……

而与妹妹完全不同的是，管理学专业的麦佳飞将这份礼物视若至宝——虽然不是自己的钱，但好歹也算是第一笔投资！这对在懵懂中摸索投资理财之路的麦佳飞来说，再适合不过了……

一转眼 6 年过去了,这对双胞胎兄妹有了各自的事业,也渐渐地感受到了理财的重要——周围的人不是在买股票就是在买基金,这兄妹俩想 OUT 都不行。这天,麦佳佳一时兴起想到了自己"珍藏"多年的基金,便上网查询了一下,基金竟然已经由当初的 2 万元变为了现在的 4.7 万元!兴奋之余的麦佳佳赶忙将这个好消息告诉了哥哥,并询问哥哥持有基金的情况。

可哥哥的回答却让她百思不得其解——麦佳飞的基金在没有任何追加投资的情况下,已经涨到了 5.3 万元!为什么哥哥会比妹妹多赚了 6 000 元呢?

为什么要调整基金组合?

要阐述调整基金组合的原因,还要从案例 13 - 1 谈起。在案例 13 - 1 中,看起来兄妹俩的投资历程是一样的:在 2003 年 10 月 1 日,申购了 1 万元的某只股票型基金与 1 万元的某只债券型基金(如图 13 - 1 与图 13 - 2 所示),并持有了 6 年。那么为什么最终的结果会有差别呢?

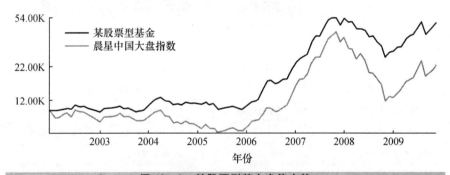

图 13 - 1 某股票型基金净值走势

* 数据来源:晨星

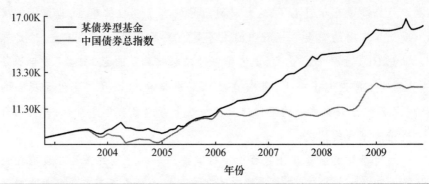

图 13－2 某债券型基金净值走势

* 数据来源：晨星

原来，妹妹麦佳佳自从申购了这两只基金后，便一直没有对其进行任何操作，长期持有了 6 年；而哥哥麦佳飞在申购了这两只基金后，每隔 1 年便会对股票型基金与债券型基金的比例进行调整。麦佳飞的调整思路是，当初股票型基金与债券型基金申购金额的比例是 1∶1，那么每隔 1 年，他就会将持有的基金全部赎回，然后再将金额按照 1∶1 的比例重新申购，如表 13－1 与表 13－2 所示。

什么是基金转托管？

基金投资 Q&A

基金转托管，指基金份额持有人申请将其在某一销售机构交易账户持有的基金份额全部或部分转出并转入另一销售机构交易账户的行为。

表 13－1 麦佳飞的投资，按固定比例调整基金组合的收益

调整投资组合（固定比例）		
某股票型基金	某债券型基金	小计
2003 年 10 月 1 日		
本金（元） 10 000	10 000	20 000
增长率 15.06%	－1.28%	
实现收益（元） 1 506.33	－128.33	
期间分红（元） 326.056 95	293.799 56	
基金资产总值（元） 11 832.39	10 165.47	21 997.86
等比例分配（元） 10 998.928 26	10 998.928 26	
2004 年 10 月 1 日		
增长率 －10.61%	1.18%	
实现收益（元） －1 166.80	129.92	
期间分红（元） 310.090 15	436.425 4	
基金资产总值（元） 10 142.22	11 565.27	21 707.49
等比例分配（元） 10 853.746 03	10 853.746 03	

(续表)

	调整投资组合(固定比例)		
	某股票型基金	某债券型基金	小计
2005 年 10 月 1 日			
增长率	37.06%	0.48%	
实现收益(元)	4 022.47	52.18	
期间分红(元)	2 611.026 9	851.194 2	
基金资产总值(元)	17 487.24	11 757.12	29 244.36
等比例分配(元)	14 622.181 58	14 622.181 58	
2006 年 10 月 1 日			
增长率	68.08%	8.19%	
实现收益(元)	9 955.47	1 197.20	
期间分红(元)	9 225.465	1 141.163 5	
基金资产总值(元)	33 803.12	16 960.55	50 763.66
等比例分配(元)	25 381.830 83	25 381.830 83	
2007 年 10 月 1 日			
增长率	−53.36%	0.36%	
实现收益(元)	−13 544.27	90.44	
期间分红(元)	5 703.282	2 288.613 3	
基金资产总值(元)	17 540.84	27 760.88	45 301.73
等比例分配(元)	22 650.863 48	22 650.863 48	
2008 年 10 月 1 日			
增长率	29.74%	−1.62%	
实现收益(元)	6 735.27	−367.42	
期间分红(元)	0	1 628.014 4	
基金资产总值(元)	29 386.13	23 911.46	**53 297.59**

表 13-2 麦佳佳的投资,不调整基金组合的收益

未调整投资组合			
	某股票型基金	某债券型基金	小计
2003 年 10 月 1 日			
本金(元)	10 000	10 000	20 000
未调整			
2004 年 10 月 1 日			
未调整			
2005 年 10 月 1 日			
未调整			
2006 年 10 月 1 日			
未调整			
2007 年 10 月 1 日			
未调整			
2008 年 10 月 1 日			
增长率	47.07%	7.24%	
实现收益(元)	4 707.34	723.68	
期间分红(元)	17 617.941	4 015.2612	
基金资产总值(元)	32 325.281	14 738.9412	47 064.2222

* 表 13-1 与表 13-2 中所采用的固定比例法为每年完全赎回所投资的基金,然后将总资产按照"股票型基金:债券型基金 = 1:1"的比例重新申购。申购(赎回)过程中发生的申购(赎回)费用已计算在内

* 表 13-1 与表 13-2"某股票型基金"与"某债券型基金"的净值、增长率取自历年真实数据(数据来源:中国光大银行开放式基金收益计算工具)

* 开放式基金收益率计算器所需计算公式:

净申购金额 = 申购金额/(1 + 申购费率)

申购费用 = 申购金额 - 净申购金额

买入份额 = (申购金额 - 申购费用)/基金份额净值

赎回费用 = 基金份额净值 × 赎回份额 × 赎回费率

实现收益 = 赎回份额 × 赎回净值 - 赎回费 + 分红 - 申购金额

收益率 = 实现收益/申购金额

* 表 13-1 与表 13-2 之计算结果仅供参考,不构成投资建议

1. 调整基金组合，使其方向不偏离

从表 13-1 与表 13-2 中不难看出，由于哥哥麦佳飞每年都会调整一次基金组合，因此在 6 年后，哥哥所投资基金的收益要明显高于妹妹。而由此也引出了调整基金组合的第一个原因：投资者在构建了基金组合后，必须通过定期的调整，才能保证基金组合不偏离原有的构建思路。

在案例 13-1 中，假设不讨论原基金组合的合理性，单纯从调整基金组合的必要性出发，通过表 13-1 的计算结果，可以得出在 2003 年 10 月 1 日至 2004 年 10 月 1 日间，该只股票型基金的资产总值为 11 832.39 元，债券型基金的资产总值为 10 165.47 元（其后逐年依此类推），如果不进行调整而选择继续投资，那么此时投入的股票型基金资产与债券型基金资产的比例，便会偏离 1∶1 的最初设定。

而投资者在依据投资目标、风险承受能力等因素构建了适合自己的基金组合后，组合中每只基金的收益率都会时刻变化，随着时间的增长，每只基金的资产值也会发生变化，进而也就导致了各只基金在基金组合中所占资产比例的变化。而此时如果投资者不对该组合进行调整，那么就会导致基金组合的风险收益特征发生改变，也就很可能不再适合投资者的投资目标或风险偏好。因此，调整基金组合的第一个目的，就是让基金组合始终不偏离正确的轨迹①，如图 13-3 所示。

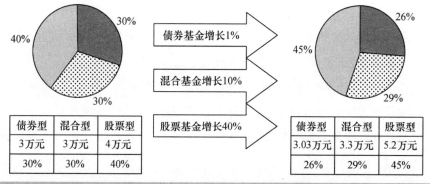

图 13-3　基金组合配比变化示意图

* 本图仅供参考，不构成投资建议

---

① 以固定比例调整基金组合中各只基金的比例，是调整基金组合的方式之一。其目的是为了保持基金组合的风险收益特征稳定不变，但并非意味着这种调整方式能够在各种市场周期中为投资者获取更多的收益。

基金转换与转托管有何区别？

基金投资 Q&A

基金转换是指投资者将其持有的基金份额直接转换为另一只基金的基金份额的一种业务运作模式，基金转换只能转换为同一基金公司所管理的、并在同一注册登记人存管的、同一基金账户下的基金份额，并且只能在同一销售机构内进行。基金转托管是指投资者欲将办理基金申购、赎回等业务的销售机构变更为另一销售机构时，由于各销售机构之间不能通存通兑，必须将由某一销售机构托管的基金份额转托管到另一销售机构的一种业务运作模式，是在不同销售机构之间进行的。

当然,在对基金组合中各基金的比例进行调整时,案例13-1中麦佳飞的做法也是不妥当的。在实际操作中,投资者不必将所持有的基金全部赎回,只将需要调整的部分进行赎回、申购操作即可。此外,如果投资者持有的基金同属于一家基金公司,也可以采用基金转换①的方式来操作,从而节省交易成本。

2. 调整基金组合,逐步贴近预期收益

投资者构建基金组合的目的,是为了实现某一投资目标。投资者在构建组合时必然涉及对每一只基金的选择,而这些选择也是基于基金的历史业绩、波动程度、基金公司投研实力等诸多因素而定的。但无论怎样,在选择一只基金时,投资者仅能通过其"历史"与"当时"的信息做出判断。而在基金组合构建完成并开始运作后,并不能保证每一只基金的走势都是按照既定的方向来运行。因此,投资者还需要定期检视基金组合以及组合中各只基金的业绩表现。

在检视基金组合及各只基金的业绩表现时,可选择不同的既定期限②来考察投资组合的收益情况,并将长期收益率与设定的业绩基准进行比较。此时通常会发生以下两种情况。

其一,业绩表现在既定期限内未达预期。如果基金组合或某只基金的业绩表现与预期收益相差不大,投资者不必为此而惊慌,可适当延长检视期限进一步观察;如果基金组合或某只基金的业绩表现大大低于预期收益,甚至超出了投资者风险承受能力的范围,则意味着该基金组合的风险已经超过了预期,此时有必要对该组合或某只基金重新评估。

其二,业绩表现在既定期限内达到预期。在此种情况下,尤其是基金组合的业绩表现大大超出预期时,投资者容易"过度自信",甚至轻易追加投资的金额。此时投资者应平静、淡定地对待业绩增长,不应盲目地对基金组合进行调整。

---

① 基金转换是指投资者在持有某基金公司发行的任一开放式基金后,可直接自由转换成该公司管理的其他开放式基金,而不需要先赎回已持有的基金份额,再申购目标基金。基金转换细则及费率标准,依基金公司不同也有所不同。因此,投资者在进行基金投资时,应向自己选择的基金公司进行详细了解。

② 既定期限,是指投资者根据投资目标、投资周期及各不同类型的基金特征而制定的检视周期。一般而言,该周期以1年至2年检视1次为宜。

3. 当基金组合基本面发生变化时,应对其进行调整

在基金组合运作的过程中,各只基金的"基本面"都有可能因市场因素、人为因素等客观环境的变化而发生变化。① 而这些变化都有可能对整个基金组合产生影响。

【案例 13-2】

"变脸"的基金

张帅(化名)在 2006 年申购了某只小盘成长型基金,作为基金组合的一部分。他当时选择该只基金的理由是:该基金的 3 年历史回报都位列同类型基金的前 1/3,并且是晨星评级中的 5 星基金;同时,按照张帅构建基金组合的要求,该基金的高科技股资产不足 30%,并且净资产在 2 亿元左右,这些都完全符合张帅的要求;更令他对其充满信心的是,他非常欣赏该基金的基金经理的投资理念与风格。

但是,当 2009 年张帅对这只基金进行检视时,却发现它完全变了一副样子:在晨星评级中,该基金已经由原来的 5 星变为 3 星,并且排名一度掉在了同类型基金的后 1/4;不仅如此,此时该基金的高科技股资产已经占到了 50% 以上,而且净资产也超过了 10 亿元,俨然变成了中盘成长型基金;更令张帅无法接受的是,原来的基金经理已经"跳槽"到另外一家基金公司任投资部总监。

在反复斟酌后,张帅决定了结与这只基金的"姻缘",对基金组合进行重新的评估与调整。

在案例 13-2 中,张帅持有的基金主要涉及两个方面的变化:其一是该基金的排名、投资风格、净资产等内在变化;其二是基金经理变更这样的外在变化。这些变化最终都会在业绩上反映出来。而对于投资者来说,如果

> **基金转换有什么好处?**
> **基金投资 Q&A**
> 通过基金转换,基金持有人可将持有的基金转换为同一家基金公司管理的其他基金,不需要先赎回再申购,具有省钱省时、无缝投资等特征。

---

① 一般情况下,投资者应从基金的投资风格、投研团队以及基金公司的风险控制能力等三个方面去衡量一只基金的"基本面"是否发生变化。

组合中某只基金的"基本面"发生了较大的变化,则很有可能影响整个基金组合的平衡性与收益能力,严重时甚至会影响投资目标的实现。简而言之,当一只基金当前的基本情况已不再与投资者构建基金组合时选择这只基金的理由相符合时,就应该考虑是否对其进行调整。

在投资者实际投资的过程中,基金"基本面"发生变化的情况并非不常见。例如,在2009年7月,中国基金业就有22只基金变更了基金经理,8月更是变更了26次,9月则达到了38只基金发生变更,涉及20家基金公司。仅9月10日这一天,就有7只基金的基金经理发生调整,涉及6家基金公司。虽然对于规模较大、管理架构完善、投研实力强的基金公司来说,基金经理的变更对基金业绩的影响会相对较小,但同样有很多整体投研实力不是很强的基金公司,它们的基金经理对基金业绩的影响就会相对较大。

4. 当投资目标发生变化时,需要同步调整基金组合

【案例13-3】

从瓷都到广州,岁岁年年人不同

在过去的七八年时间里,刘硕(化名)一直在瓷都扮演着拉胚、修胚的匠人角色,他无论如何也不会想到,能够有一天来到广州定居、生活。几星期前,广州一家陶瓷厂的领导在景德镇考察时,非常赏识刘硕熟练、出色的技术,并聘请他到广州工作,意向合同一签就是10年。

28岁的刘硕带着爱人和2岁的孩子来到广州之后,一方面感受着现代化都市的气息,一方面也在为自己的将来做打算。在广州生活与在瓷都完全不同,这里的物价水平高出瓷都几个档次,单就房价一项来说,就是瓷都的几倍! 不仅如此,将来子女的抚养和教育、自己和爱人的养老等花销都是要重新考虑的问题。

实际上,刘硕在几年前就为自己的将来制定了比较完善的理财规划,构建了适合自己的基金组合,并始终坚持着投资,目前基金资产为12万元。但是依目前的情况看,恐怕原来的基金组合已有些"力不从心"了。好在陶瓷厂支付的工资也比原来提升了几个档次。"看来,是该重新制定理财规划,进而调整自己的基金组合了。"刘硕已经默默地算起账来。

在案例 13-3 中,刘硕的生活环境发生了变化,也就导致了他的理财目标发生了改变,如表 13-3 所示。

如何选择基金转换时机?

基金投资 Q&A

投资者可根据宏观经济形势、证券市场走势、具体基金的赢利能力等因素选择转换时机。

表 13-3 刘硕理财目标的变化(元)

原目标			新目标		
目标	期限	金额	目标	期限	金额
养老 (按 65 岁退休,退休后每月开支 1 800 元,生活 30 年计算)	37 年	648 000	养老 (按退休后每月开支 3 500 元,生活 30 年计算)	37 年	1 260 000
子女教育 (本地高等教育花费)	16 年	60 000	子女教育 (本地高等教育花费)	16 年	100 000
住房首付 (80 ㎡;2 500/㎡;首付 20%)	5 年	40 000	住房首付 (80 ㎡;10 000/㎡;首付 20%)	8 年	160 000
总计		748 000	总计		1 520 000

* 本表格仅供参考

相对于广州,瓷都的生活压力要小很多。刘硕原来每月 3 000 元的收入加上爱人每月 1 800 元的收入,在瓷都能够生活得很安逸,因此他原来构建基金组合偏于平衡的思路,如图 13-4 所示。

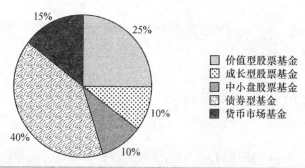

图 13-4 刘硕在景德镇时构建的基金组合

但同样的情况换做广州,就显得有些吃紧了。虽然广州陶瓷厂给刘硕开出的薪酬为每月 11 000 元,但妻子来到广州后也面临着重新找工作的问题。因此,现金流入的改变也必须纳入整体的理财规划中。如表 13-3 所示,新理财目标所需积累的资产总量几乎比原理财目标多了一倍,那么刘硕又该如何调整自己的基金组合呢?

首先,刘硕对新的理财目标进行了调整——将购房计划推迟了3年,以争取足够的时间去完成资产积累;其次,敢于拖家带口来到异地重新打拼的刘硕再次评估了自己和家庭的风险承受能力,由于每月固定收入增加等多种因素,他的评估结论是由原来的平衡型转为积极型;再次,刘硕依据修正后的投资目标与风险承受能力,对基金组合进行了调整,如图13-5所示,增加了组合中价值型基金、成长型基金、中小盘基金的比例,降低了债券型基金与货币市场基金的比例;最后,因为刘硕每个月都有固定的收入,因此他决定采取定期定额投资的方式,将每月收入的一部分逐步转换到价值型基金、成长型基金、中小盘基金等权益类资产中,逐渐增加权益类资产在基金组合中所占的比例。当转入的资金积累到一定程度后(计划为2年),再对新的基金组合进行检视与调整。

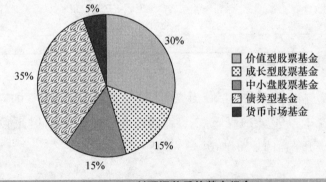

图13-5 刘硕调整后的基金组合

理清基金组合的调整思路

在案例13-2与案例13-3中,张帅与刘硕都对自己的基金组合进行了调整,不同之处在于张帅是针对组合中某只基金进行调整,而刘硕则是从整个组合的角度进行重新规划。张帅与刘硕调整基金组合的思路看上去完全不同,但却有异曲同工之妙——为实现投资目标保驾护航。

那么,投资者究竟应该从哪些方面入手来调整自己的基金组合呢?下面,就让我们对调整基金组合的基本思路进行梳理。

1. 时刻牢记自己的投资目标

投资目标,是本书一直强调的问题。对投资者来说,无论是在进行股票、债券、保险、黄金等大类资产配置时,还是在构建基金组合与调整基金组合的过程中,都需要以明确的投资目标作为规划的基础。

按照大类的划分,投资目标可分为"能够实现"与"无法实现"两类,投资者在制定投资目标前一定要明确这个问题,进而制定合理、可实现的投资目标,这样才能依此目标构建合理、可操作的基金组合。

2. 明确自己的风险承受能力

除了投资目标外,风险承受能力也是本书一直强调的问题之一。投资者在构建基金组合时,一定要基于当前的风险承受能力,这样才能保证基金组合的合理性,才能让投资者以相对轻松、愉快的心情进行投资。

值得注意的一点是,投资者的风险承受能力会随主观因素、客观因素的变化而变化。例如,当投资者获得了一份更稳定、收入水平更高的工作时,那么他的风险承受能力也会有所提升;反之,疾病、家庭变故等突发因素也会导致投资者风险承受能力的下降。此外,随着投资者年龄的不断增长,其风险承受能力也会发生变化。

因此,投资者应在基金投资的过程中,根据自己的实际情况来评估自己的风险承受能力,这样才能使构建的基金组合更加合理。

3. 深入认识自己的基金组合

基金投资虽是"专家理财",但这并不意味着投资者可以完全将自己投资的基金或基金组合放在一旁。不仅如此,投资者还应该深入地了解自己所持有的各只基金的基本情况与信息。尤其应该知道组合中各只基金的业绩表现、投资风格、基金管理公司以及基金经理等信息的动态变化情况,还要关注组合中各只基金的投资风格是否均衡。

正如案例13-2中的张帅一样,只有深入了解各只基金的情况,才能在它的基本面发生变化时采取相应的对策。

4. 检视现有组合与预期目标是否吻合

既然基金组合的目的是为了实现投资目标,那么依据目标来对基金组合进行定期的检视就十分必要。对投资者来说,可以将长期的投资目标进行分解。例如投资者所构建的基金组合,要求达到10%的平均年收益,投资20年才有可能实现投资目标。那么,投资者就可以针对这一情况将目标分解,每2~5年①检视投资组合的收益能力是否与预期收益相吻合。

此外,投资者还应该从基金组合风险性的角度,来分析该组合是否与制定之初的风险特征相一致。在案例13－1中,实际上麦佳佳的基金组合就是在长期的时间里渐渐发生了风险收益特征的偏移。因此,投资者应尽量避免类似情况的发生。

5. 调整自己的基金组合

此时,投资者可以根据以上4个方面的分析来调整自己的基金组合。一般情况下,根据组合所包含的问题不同,会采取不同的调整方式。

其一,当投资目标、风险承受能力等因素出现变化时,投资者有必要对基金组合进行重新审视,如果上述因素的变化足以影响投资者整体的理财规划,那么则需要根据当前的状况重新构建基金组合。

其二,投资者在对基金组合进行检视后,如果该组合依旧能够满足投资者需求,从而实现投资目标,那么只需要按照组合中各只基金的比例,定期(建议以1年为宜)进行调整。

其三,如果基金组合中的某只基金基本面发生了较大变化,或该基金的收益长期(建议2~5年)拖累组合的整体业绩,那么则需要考虑选择新的基金替换这只基金。

6. 关注基金组合的平衡性

投资者在对基金组合进行调整后,还应定期关注基金组合的平衡性。投资者关注的方式大体分为以下两种情况:其一是定期(建议以1年为宜)关注;其二是在市场出现较大幅度的上涨或下跌时关注。投资者可以根据

---

① 投资者在将投资目标分解时,应尽量避免以短期的业绩来考评基金组合的收益能力,而是应该从较为长期的角度来分析。一般情况下,至少应保证检视周期涵盖了一个完整的经济周期。

自己的实际情况将两种方式结合起来,在基金组合严重偏离投资目标时才进行再平衡。

调整基金组合时不可忽视的问题

1. 切勿频繁调整基金组合

投资者在进行基金投资时,首先应明确的观点是,基金投资属于"间接投资",而这种投资方式与股票等"直接投资"所不同的是,投资者购买基金时的申购费率要远远高于股票。

因此,类似于股票投资的"波段操作"或"短线操作"并不适用于基金投资。同样的,投资者在调整基金组合时也必须重视这个问题,如果调整基金组合的频率过高,会带来不必要的损失。

一个合理的建议是,投资者按照前文所述的调整基金组合的思路,每年对基金组合进行1次调整是比较适当的。这样可以在保证基金组合与投资目标契合的同时,尽量减少投资成本。

2. 巧用基金公司网上直销与基金转换

在调整基金组合时,了解一些"省钱"技巧也是十分必要的。

例如,通过基金公司网上直销的渠道申购基金,通常会有申购费率的优惠。此外,如果投资者选择持有同一家基金公司的几种不同类型的基金,那么可以在调整基金组合时采用基金转换的方式进行,这样也可以节省调整基金组合的成本①,如表13-4、表13-5所示。

> **基金之间转换的费用如何计算?**
> 基金投资 Q&A
> 一般情况下,A基金转换至B基金,基金转换费用应低于赎回A基金并申购B基金的手续费用。具体基金转换费的收取情况要以各基金公司的相关公告为准。

---

① 不同基金公司、不同基金、不同时期的网上交易,基金转换的优惠方式与幅度会有所不同,投资者在操作时应根据基金公司官方网站所提供的最新信息进行。

办理基金转换需要注意什么？

基金投资 Q&A

（1）只能在同一基金管理公司的同一基金账户下进行份额转换；

（2）在办理基金转换业务时，要问清所持有基金及目标基金之间能否办理转换；

（3）基金转换通常只允许在同为前端收费或者同为后端收费的基金之间进行；

（4）基金转换采用"未知价"原则，即以交易申请当日基金单位资产净值为基准进行计算。

表 13-4 华夏成长混合基金网上交易费率优惠

项目	费率
正常费率	1.50%
网上交易前端申购优惠费率（建行卡、招行卡、交行卡）	1.20%
网上交易前端申购优惠费率（农行卡）	1.05%
网上交易前端申购优惠费率（工行卡）	0.75%
网上交易前端申购优惠费率（除建行卡、工行卡、招行卡、交行卡、农行卡外）	0.60%

* 数据来源：华夏基金

* 投资者申购基金时的正常费率，以及可以享受的网上交易优惠前端申购费率，均以申购确认金额 100 万元以下的华夏成长混合基金为例，信息及数据截至 2010 年 3 月 31 日，仅供参考

* 详情请登录华夏基金官方网站：www.chinaamc.com

表 13-5 华夏基金基金转换费率优惠

调整方式	赎回或转出基金	申购或转入基金
	华夏债券 A	华夏成长混合
赎回再申购	赎回债券型基金费率	申购股票基金费率
	0	1.50%
基金转换	转换费率	
	0.50%	

* 资料来源：华夏基金

* 本表格以"由华夏债券基金 A（前端收费）调整至华夏成长混合基金（前端收费），金额 100 万元以下"为例。信息及数据截至 2010 年 4 月 21 日，仅供参考

* 详情请浏览华夏基金官方网站：www.chinaamc.com

3. "杀掉"最"瘦"的基金

[案例 13-4]

卖出基金，"挑肥"还是"拣瘦"？

最近几天，薛刚（化名）被一个棘手的问题困扰着。在他持有的基金组合中有两只大盘成长型基金 A 和 B。其中，A 基金在 3 年时间里增长了 40%，而 B 基金在同样长的时间下跌了 30%。

而此时薛刚的问题是，他必须对基金组合进行调整，那么是应该赎回上涨的 A 基金，还是赎回下跌的 B 基金呢？

相信很多投资者都遇到与薛刚类似的问题,并且通常会选择卖掉赚钱的 A 基金,而继续持有亏损的 B 基金。理由很简单,A 赚钱了,赎回落袋为安;B 还在亏损,又怎能忍受"割肉"之痛呢？实际上,这样的想法在调整基金组合时是不合适的。

因为长期涨势喜人的 A 基金能够为组合带来更多的"活力",并且能够保证组合的整体收益水平;而长期亏损的 B 基金,会拖累整个基金组合的增长能力。那么,薛刚单凭这一点就能够确定要卖掉 B 基金吗？

其实,判断是否卖出组合中的某只基金,要对其长期业绩进行考评,这一方面包括对其绝对收益率的考评,另一方面还包括对其收益率与基金基准比较的考评。如果一只基金的长期业绩表现不佳,但与整体基金基准相差不大,则可以考虑继续持有并观察;如果该基金的长期业绩表现大幅低于业绩基准,则需要考虑将其替换出局。因此,薛刚要卖出 B 基金,还必须将其长期业绩表现与基金基准进行比较,才能做出决定。

4. 精选"体质优秀"的基金

在调整基金组合时,投资者可能需要增加新的基金类别,或替换组合中的某只基金。而此时,投资者应综合考虑一只基金在资产配置、投资风格中的作用,并通过对基金基本面及长期历史业绩的分析,综合优选长期业绩稳定、出色的基金,纳入到自己的基金组合中。

什么是巨额赎回？

基金投资 Q&A

单个开放日中,基金的份额净赎回申请(赎回申请总份额扣除申购总份额后的余额)与净转出申请(转出申请总份额扣除转入总份额后的余额)之和超过上一日基金总份额的 10%,即为巨额赎回。

小 结

基金组合的调整是一个复杂的过程。对投资者来说,一方面需要养成长期关注投资、关注市场情况的习惯,一方面需要掌握调整基金组合的方法与技巧。在调整基金组合时,投资者应对自己当前的投资目标、风险承受能力及基金组合进行客观、深入的了解与分析。

有心理学研究发现,投资者对不确定事物进行判断和估计的时候,通常会设定一个初始值,然后依据反馈对这个初始值进行修正。心理实验表明,投资者的这种修正往往是不完全的,常常会出现"锚定"于初始值的现象。在锚定效应中,人们并没有错误地解释信息，而是对新信息熟视无睹。而这个问题也是在调整基金组合的过程中普遍会遇到的问题。

因此，投资者在调整基金组合的过程中，需要调整好自己的心态：当组合收益高于预期时，不要因过于兴奋而随意增加投资；当组合收益低于预期时，也不要因过于失落而盲目调整。而是应该按照前文所述的调整基金组合的步骤，仔细、深入地分析基金组合当前的情况，依此进行合理的调整。

第14章

**长期投资基金真的有用吗？ 长期到底有多长？
是市场变化还是情绪变化影响了投资者的决策？**

【案例14—1】

性格迥异，策略有别，结果不同

王阳（化名）、薛路（化名）和吕莽（化名）是大学同学。2001年末，正值大学二年级的他们共同萌发了投资基金的想法，一轮商议后，他们共同选定了一只成长型股票基金，并从父母那里申请了10 000元"赞助金"，从此开始了投资的旅程。

同学三人中，王阳对投资的兴趣最浓，经常会关注自己的基金表现。市场的上涨与下跌经常触动他敏感的神经，而他的心情也总是跟着市场的波动不断变化。"这是自己的钱，怎么可能不紧张？！"这是他的理由。因此，每当市场下跌时，王阳便会将基金赎回；而当市场上涨时，王阳又会重新申购这只基金。

薛路则与王阳完全不同。他很少关注市场的波动变化，只是每隔一段时间留意一下基金的表现。用他的话说："当初大家经过很细致的挑选，才选择了这只基金，它的表现一直令我满意，所以我很信任它。"

而在这样的前提下,薛路一直放心地持有这只基金。

而对平时就没什么主见的吕莽来说,该如何投资确实是比较难的问题。他既认同王阳的看法,又对薛路的观点提不出任何异议。不过,2008年的金融危机彻底"击穿"了吕莽的最后一道心理防线。"算了,我还是赎回吧,毕竟现在还有赚,再继续持有的话,不知会变成什么样子……"由此,吕莽赎回了这只基金,并且没有再进行任何投资。

转眼间,时光已流转至2009年底,而此时王阳、薛路、吕莽的投资又会变成什么样子呢?

长期投资能够为投资者带来什么?

在案例14-1中,王阳、薛路和吕莽三位同窗在2001年申购了同一只基金,金额都是1万元。不同的是,在接下来的投资过程中,他们采用了不尽相同的方式:王阳在市场呈现波动变化时选择申购或赎回;薛路选择了长期投资;而吕莽虽然选择了长期投资,但是在市场呈现较大下跌时,没有能够坚持下来,如图14-1和图14-2所示。

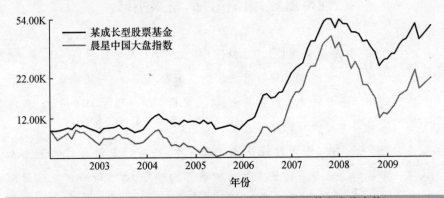

图14-1　王阳、薛路和吕莽申购的某成长型股票基金净值走势

* 数据来源:晨星

在三位同窗的投资过程中,王阳的经历代表着不少投资者的心路历程:在市场持续下跌的过程中选择"割肉"退出;在市场上涨的过程中,又会回到市场的"怀抱"中。而始终伴随其投资过程的,则是心理上的起伏变化:由初

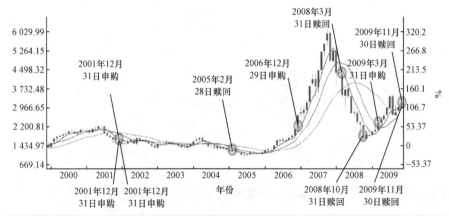

图 14-2　王阳、薛路和吕莽的投资过程与上证指数对比

* 数据来源：和讯财经

涉投资时的兴奋与激动，到享受资产增值的喜悦，再到资金被套时的紧张，进而在下跌市场中忍受着煎熬，最终无奈地终止投资……而当市场逐渐回暖时，又会重复这样的情绪轮回。

如图 14-2 所示，王阳和很多投资者一样，虽然没有办法准确地预测市场变化的"波峰"与"波谷"，但也能够在市场呈现出明显变化时，果断地进行申购、赎回操作。一份来自新浪网 2008 年 11 月的调查显示，在接受调查的 1 697 位投资者中，有 1.9% 的投资者会频繁地对基金进行申购、赎回或转换等短期操作；有 5.8% 的投资者会在基金亏损至一定程度时选择赎回；有 14.4% 的投资者会在基金有一定收益时赎回基金；有 16% 的投资者非常关心基金投资的盈亏，每天都要查看基金净值或收益率。而相对于倾向短期操作的投资者来说，选择偶尔了解基金盈亏情况与放心交给专家理财且注重长期收益的投资者，分别为 33.5% 和 24.3%，加起来也不足 60%，如图 14-3 所示。

其实在王阳心中，如果将自己的投资过程与其他两位同学做对比，还是很有自信的。王阳觉得自己的申购、赎回决策还算及时，虽然在市场上涨时错过了在最高点卖出的好时机，但是也没有吃到市场跌至谷底的"苦头"。从这一点看，薛路和吕莽都经历过市场的"底部"，尤其是吕莽，几乎是在行情最"坏"的时候赎回了基金。"应该没有比这更坏的结果了吧……"王阳这样想着。那么，真实的情况又如何呢？

通过表 14-1 的计算结果，能够清晰地看到王阳的投资并不如想象中乐观。在承受了心理的反复变化，并根据市场波动采取了相应的申购、赎回操

单利和复利有什么区别？

基金投资 Q&A

单利和复利都是计息的方式，二者的区别在于利息是否参与计息。单利计算方法下在到期时段内利息不参与计息；复利计算中利息按照约定的计息周期参与计息。

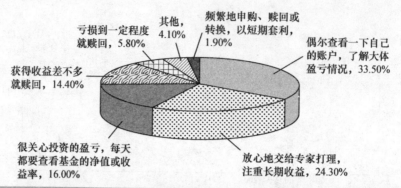

图 14-3 投资者对待基金的不同态度

* 数据来源：新浪网

作后，王阳的资产增长至 27 807.86 元；而一直持有该基金的薛路，没有进行任何操作，资产便增长到了 47 761.04 元，比王阳多了近 2 万元；而看上去最"不幸"的吕莽，即使在市场的最低点卖出了基金，其收益也有 25 638.22 元，只比王阳少了 2 000 余元。

表 14-1　王阳、薛路和吕莽的投资过程与收益情况（元）

人物	王阳的投资			薛路的投资			吕莽的投资		
	日期	操作	资产	日期	操作	资产	日期	操作	资产
投资过程	2001年12月31日	申购	10 000	2001年12月31日	申购	10 000	2001年12月31日	申购	10 000
	2005年2月28日	赎回	11 362.48	—			—		
	2006年12月29日	申购	—	—			持有		
	2008年3月31日	赎回	20 861.13	持有					
	—	—	—				2008年10月31日	赎回	25 638.22
	2009年3月31日	申购	—				不再投资		
	2009年11月30日	赎回	27 807.86	2009年11月30日	赎回	47 761.04	—		
基金资产总计	27 807.86			47 761.04			25 638.22		

* 本表格采用前端收费费率计算。分红方式为红利再投资

* 基金申购、赎回费用已计算在内。手续费缺省为外扣法

* 基金赎回时，赎回全部份额；再次申购时，申购全部资产

* 本计算中涉及的基金净值、收益率数据取自历年真实数据；数据来源：U8 开放式基金收益计算工具；本计算结果仅供参考，不构成投资建议

对王阳来说,这样的结果简直令他无法接受:自己提心吊胆、苦心经营了八九年的投资,竟然比什么都不做的薛路还差?更令他愤愤不平的是,他曾一度为自己能够在金融危机到来时"成功割肉"的操作而窃喜,可回过头来一看,收益竟然和在最低点卖出基金的吕莽相差无几……怎么会发生这样的事情?

究其原因,是因为王阳忽略了一个重要的问题——时间。来自中国统计局的数据显示,2001 年至 2008 年,中国 GDP 由 109 655 亿元增长至 300 670 亿元,累计增长幅度高达 174.20%,如表 14-2 所示。近十年的经济发展过程中,蕴涵着无数的投资机遇,也已经能够体现出复利的威力。而在这样的前提下,吕莽的基金资产取得 156.38% 的累计增长也就在情理之中了,这也正体现了长期投资的意义。

表 14-2　1997—2008 年中国 GDP 及人均 GDP(生产法)

年份	GDP(亿元)	人均 GDP(元)
1997 年	78 973	6 420
1998 年	84 402	6 796
1999 年	89 677	7 159
2000 年	99 215	7 858
2001 年	109 655	8 622
2002 年	120 333	9 398
2003 年	135 823	10 542
2004 年	159 878	12 336
2005 年	183 217	14 053
2006 年	211 923	16 165
2007 年	257 306	19 524
2008 年	300 670	22 640

* 数据来源:中国统计局

对投资者来说,如果投资的时间足够长,就会为投资者带来相对稳健的收益。那么,所谓的"长期"究竟有多长呢?

长期到底有多长?

如果从长期投资的定义上看,其主要是相对于短期投资而言的。一般情况下,短期投资是指投资期限在 1 年或 1 年以下的投资,而长期投资则是指投资时间在 1 年以上的投资。但是对金融投资来说,这样的定义显然有些不太适合。实际上,在金融投资行业中,对何为"长期"也有着公认的解读。

首先,从投资者制定投资目标的角度看,一般会将实现周期为 3 年以下的投资目标定义为短期目标;将实现周期为 3～10 年的投资目标定义为中期目标;而将实现周期为 10 年以上的投资目标定义为长期目标,如表 14－3 所示。

表 14－3 投资目标的划分

类别	短期目标	中期目标	长期目标
实现周期	3 年以下	3～10 年	10 年以上

* 本表格仅供参考,不构成投资建议

其次,从行业内通用的方式看,一些专业机构在评价基金的历史业绩时,会将 3 年以下定义为短期表现;将 3～10 年定义为中期表现;将 10 年以上定义为长期表现。

因此从这两个角度分析,一般情况下,将 10 年以上的投资定义为长期投资是较为适合的。

那么,长期投资会为投资者带来什么呢?从上证指数 1991 年至 2009 年的历史数据看,如果在历史上的任意一点向前推算 10 年,都会发现 10 年后的大盘点位要高于 10 年前,如图 14－4 所示。这可以从一个方面说明长期投资的意义:如果投资的时间足够长,那么投资几乎不会亏损。

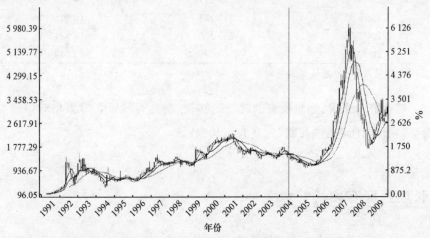

图 14－4 上证综指走势图

* 数据来源:和讯财经

此外,从美国股市历年的数据统计中可以发现,只要投资时间超过10年,那么无论投资者选择在哪个年份进场,也无论是经历了熊市还是牛市,其投资收益都会为正,如图14-5所示。

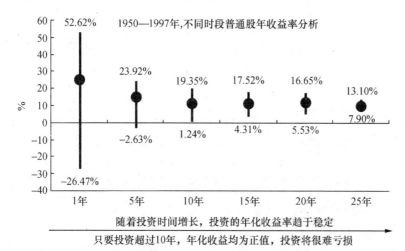

图14-5 投资时间超过10年,其收益会为正

* 数据来源:《钱经》

在图14-5中,一方面能够看到当投资时间超过10年后,其最低收益与最高收益均为正值。也就是说,只要投资者的投资时间超过10年,那么无论投资者在熊市或牛市入市,也无论投资期间经历了怎样的市场变化,他的投资都几乎不会亏损。在图14-5中,则表现为对应投资时间为10年[1.24%,19.35%]、15年[4.31%,17.52%]、20年[5.53%,16.65%]、25年[7.90%,13.10%]几个区间。

而另一方面,能够看到最高收益与最低收益之差的绝对值在逐渐缩小,如图14-6所示。

也就是说,随着投资时间的逐渐增长,投资的年化收益也会趋于稳定,而年化收益的稳定,则表示投资者对未来预期收益的确定性逐渐增加,即投资时间超过25年,那么从理论上讲至少能够获得7.9%的年化收益。而投资者便能够以此为基础制定长期的投资目标与相应的投资规划。同时,这也引出了关于长期投资的另一个问题——长期投资在追求什么?

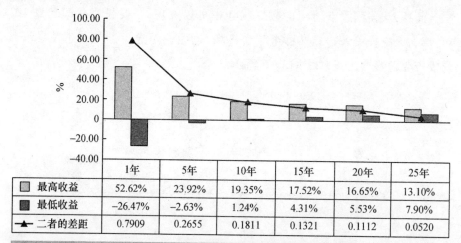

图 14-6　投资时间越长,投资收益越趋于稳定

* 数据来源:《钱经》

长期投资在追求什么?

【案例 14-2】

三间房子,三种人生

徐萍(化名)、徐芸(化名)、徐苇(化名)自幼便是巷子里远近闻名的姐儿仨,邻居们都叫她们"徐家三姐妹"。姐妹三人从小失去了父亲,全靠母亲一人将她们抚养成人,并成家立业。10 年前,她们的母亲也不幸辞世,唯一留给她们的,就是三间位于城区周边的老房子——三个女儿每人一间。而正是这三间老房子,让姐妹三人拥有了完全不同的未来生活。

小妹徐苇喜欢追求时尚的生活,驾照拿在手里好几年了,一直梦想拥有一辆属于自己的汽车。于是,她很快就将母亲留给自己的那间房子以 11 万元的价格卖给了一位浙江商人,又和老公凑了几万元,为他们幸福的小家添置了一辆捷达,甜甜美美地过上了"有车族"的生活。

与小妹不同,二姐徐芸一直都是个"强势"的角色。看到小妹的房子都能卖到11万元,立刻就联系了好几家房产经纪公司,一番对比和讨价还价过后,终于以13.8万元的价格出手了。并且,她很快就将这笔钱全部投进了股市的大潮中。"不出三年,车房全齐!"徐芸兴奋地想着。

　　而在姐妹三人中,大姐徐萍是最勤恳踏实、注重亲情的。母亲的离去曾经让徐萍很伤心,她根本不会像两个妹妹一样将母亲留给自己的房子卖出,原因只有一个——舍不得。不但如此,她还劝服了老公一起搬到了老房子里居住,并且把她和老公居住的1居室房子租了出去。

　　一晃10年过去了,姐妹三人的情况也发生了很大的变化:小妹徐苇依旧过着与10年前相似的生活,而那辆捷达也到了将要报废的年限;二姐徐芸多年炒股有赚有赔,一直忙于追涨杀跌,实际上挣的钱也不多;而大姐徐萍呢,去年正好赶上老房子拆迁,除了分得一套价值过百万的2居室外,还得到了28万元的补偿金……

在案例14-2中,"徐家三姐妹"的境遇颇为耐人寻味,读罢不禁感叹人生变幻,风云际会,短短十年,世界早已变了副模样。而如果用投资理财的视角去分析姐妹三人的故事,又透着几分似曾相识的真实。

首先,二姐徐芸与太多的投资者有着相似的经历。伴随着中国股市的发展,无数像徐芸一样的投资者参与到了一股又一股的浪潮之中。而更为真实的情况是,在最初,大多数投资者都和徐芸一样,是在对股市一无所知的前提下盲目进入的,随之而来的,便是一次又一次追涨、被套、杀跌、解套的经历。

而小妹徐苇,则是在面对多样的选择时,持有了一个持续贬值的资产。随着时间的流逝,资产价值一跌再跌,最终所剩无几,仿佛进入永久的"熊市",永远不会见到资产升值的那一天。

最后,与小妹和二姐完全不同的,是大姐徐萍并非刻意地长期持有了某一类资产,并且拥有足够的增值能力与空间。而最终的结果,则是徐萍得到了相对满意的资产增值,如表14-4所示。

表 14-4 "徐家三姐妹"的投资差异

人物	初始资产	投资资产	投资策略	时间	目前资产价值
大姐徐萍	老房子1间（价值10~15万元）	房产	长期持有	10年	约为128万元
二姐徐芸	老房子1间（价值10~15万元）	股票	短线操作	10年	约为15.4万元
小妹徐苇	老房子1间（价值10~15万元）	汽车	长期持有	10年	约为2.7万元

* 本表格仅供参考，不构成投资建议

虽然"徐家三姐妹"的经历与基金投资并没有直接的关系，但若从本质上看，存在相通的哲理。事实上，万物之间皆存通理，而作为投资者，有时不妨跳出固有的思维，换一个角度去审视投资的问题。比如，在"徐家三姐妹"的故事中，就包含着以下几个投资的道理。

1. 长期投资，以经济发展方向为基础

在案例14-2中，大姐徐萍投资房地产取得了可观的收益，实际上是因为房产市场在那10年中表现出了良好的增值能力。同样的，投资者在进行长期投资时，首先要做的就是判断未来10年乃至更长的时间内，中国经济是否具有持续上升的可能性。

从当前宏观经济发展状况的层面看，包括中国、巴西、印度等国家在内的新兴市场国家，正在逐步走到世界经济舞台的正前方。例如，在全世界应对2008年金融危机的过程中，新兴市场国家对全球经济的复苏发挥了重要的作用，也得到了更多国际社会的认可与关注，如图14-7、图14-8、图14-9所示。

而从中国经济过去几十年的发展历程上看，如表14-2中GDP的增长幅度等，能够确定中国经济一直保持着强劲的增长势头。那么，综合多种因素进行分析，可以认为中国经济未来的良好发展势头拥有足够的确定性，而这也正是投资者进行长期投资、分享经济增长成果的基础。

开放式基金的"封闭期"是什么意思？

基金投资 Q&A

所谓开放式基金的封闭期，是指基金成功募集足够资金宣告基金合同生效后，会有一段不接受投资人赎回基金份额申请的时间段，基金封闭期不得超过3个月。

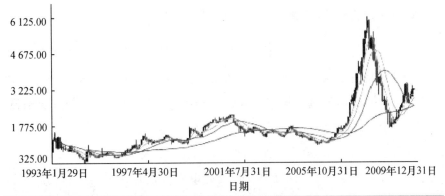

图 14-7 新兴市场(中国)历史数据

* 数据来源:Yahoo! 财经
* 截至 2009 年 11 月 30 日

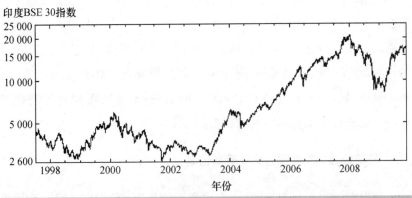

图 14-8 新兴市场(印度)历史数据

* 数据来源:Yahoo! 财经
* 截至 2009 年 11 月 30 日

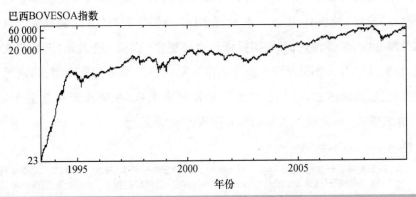

图 14-9 新兴市场(巴西)历史数据

* 数据来源:Yahoo! 财经
* 截至 2009 年 11 月 30 日

2. 长期投资,以精选持有对象为前提

如果将大姐徐萍与小妹徐苇的投资做比较,其收益不同的原因很明显——徐萍持有了长期具有增值潜力的资产;徐苇持有了长期一直在贬值的资产。而将这样的道理运用在基金投资中,则是说投资者在进行长期投资前,首先要精选出值得长期持有的基金。

实际上,价值投资理论倡导者之一的沃伦·巴菲特(Warren E. Buffett),在选择长期持有某个公司的股票时,就是以对其进行深入的了解与分析为前提的。巴菲特的价值投资理论,将格雷厄姆①的"定量分析"与菲利普·费舍②(Philip Fisher)的"定性分析"进行了良好的结合,而在他持有的主要资产中,则包括了可口可乐、吉列、迪士尼、麦当劳以及华盛顿邮报等优秀公司的股票。

那么,将巴菲特的价值投资理念应用到基金投资中,则是投资者应从基金的长期历史业绩、投资风格、基金公司及其投资研究团队等方面入手,来选择一只值得投资并长期持有的基金。只有这样,才有可能在长期持有的过程中为投资者带来更加丰厚的回报。

3. 长期投资,追求的是持有而非出售

长期投资的根本目的,就是在于对资产的持有,而不是出售。这是长期投资与短期投资的本质区别。其主要体现在以下两个方面。

其一,长期投资与短期投资的出发点不同。一般来讲,短期投资中包含着更多"投机"的成分,因此短期投资多以"低买高卖"的方式赚取资产价值的差额,由此取得收益;而长期投资包含着更多"投资"的成分,正如前文所述,长期投资力求分析经济增长与上市公司成长所带来的资产增值,由此取得长期、稳定的收益。因此,相对于短期投资来说,长期投资更注重于"持有"某种资产,进而通过长期的积累实现财富增长。

---

① 格雷厄姆是"安全边际"(margin of safety)投资理念的开创者,被世人尊称为"财务分析之父"。他认为,当股票价值低于实质价值(intrinsic value)时,该股票便拥有"安全边际",所以他建议投资者应该将精力集中在那些价格被低估的股票上。

② 菲利普·费舍认为投资者应关注那些成长率高于平均水准且拥有卓越管理层的企业。他认为仅依靠上市公司的财务报告并不足以做出投资决策,而是应该尽可能地从各种渠道获得该公司的第一手资料。费舍的这种方式,目前已成为基金经理人选股时的必要功课。

其二,现金并不是衡量资产总值的唯一指标。很多投资者都认为"落袋为安"才是投资的根本目的。也就是说,相对于股票、基金等资产来说,现金资产能够让投资者产生更多的"安全感"。但实际上,持有现金资产非但无法实现资产增值,还有可能因通货膨胀等因素,出现相对贬值的情况;与此对应的,如果投资者长期持有的是具有增值能力的资产,那么在长期持有的过程中,该资产始终能够为投资者总资产的增长发挥作用,从而实现保值、增值的目的。此外,现金的多少绝不是判断资产总值的唯一因素。正如"徐家三姐妹"中的大姐徐萍一样,在衡量她所拥有的资产状况时,现金资产、房产等都会成为其中的一部分。

因此,投资者在进行长期投资时,一定要明确长期投资的追求是什么,只有这样才能在面对市场的短期波动时,平抑心理因素的波动,从而客观、合理地对自己的投资进行分析。

4. 长期投资,获取稳健且持续的收益

客观来讲,长期投资与短期投资并不存在收益上的绝对差别。例如,在案例 14-1 中,薛路的长期投资为他取得了 377.61% 的累计收益;但实际上,假设投资者能够在 2005 年 8 月 31 日的市场低点申购同一只基金,在 2007 年 7 月 28 日的市场高点将其赎回,那么,投资者将会取得 388.55% 的累计收益,如图 14-10 所示。虽然从真实的情况看,这样准确地"踩准"市场增长区间的可能性很低,但不可否认的一点是,长期投资并非是能够为投资者带来最丰厚回报的基金投资方式。

因此,投资者在进行长期投资时必须明确的一点就是,长期投资仅仅是投资方式的一种,它仅仅是一种方法,一种通过长期、稳定的收益来帮助投资者实现资产增值目的,进而实现投资目标的方法。长期投资并非披着"神话"的铠甲,也并非不落"神坛"的圣物,而是在投资者无法准确地预测市场的情况下,能够采用且有可能获得较为确定的预期收益的投资方式。

封闭式基金既然不可卖出,又为什么能像买卖股票一样交易?

基金投资 Q&A

封闭式基金是指基金的发起人在设立基金时,限定了基金单位的发行总额,筹足总额后,基金即宣告成立,并进入封闭期。封闭式基金份额在封闭期限内不接受申购、赎回,但是可以在二级市场(证券交易市场)流通,转让给其他投资者。

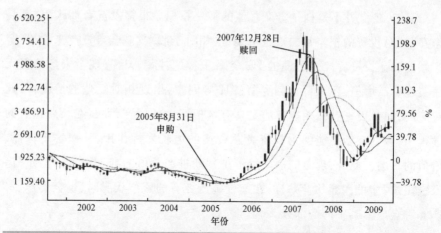

图 14-10 假设抓住市场的最低点与最高点

* 数据来源：和讯财经

发生变化的不是理念，而是投资者自己的情绪

【案例 14-3】

对理念的认同与信任，因情绪变化而不同

在 2007 年"五一"劳动节的时候，马明（化名）购买了自己投资生涯中的第一只基金，也是唯一的一只。这时的马明对投资还是懵懵懂懂的，不要说长期投资等理念，他甚至不知道基金还分为不同的类型。而就是在这样的状态下，马明的投资之路开始了。随着市场的周期变化，基金净值也画出了一条起伏的曲线，而马明的情绪也跟随着这条曲线而不断变化，如图 14-11 所示。

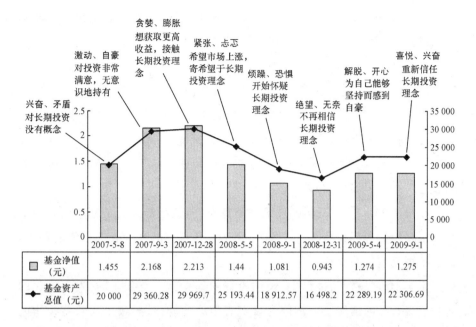

图 14-11　马明在投资过程中的情绪变化

* 以 20 000 元本金，投资某成长型股票基金
* 采用前端收费，费用已计算在内
* 分红方式选择红利再投资，已计算在内
* 本计算中涉及的基金净值、收益率数据取自历年真实数据；数据来源：U8 开放式基金收益计算工具；本计算结果仅供参考，不构成投资建议

　　如图 14-11 所示，在 2007 年 5 月至 2007 年 12 月的市场上升行情中，马明的情绪由最初对基金投资的兴奋，渐渐变化为激动与自豪，而当市场疯狂上涨到高点时，他的情绪也变得十分高涨。此外，在半年多的时间内，马明渐渐了解了一些关于基金的知识，也逐渐接触到了长期投资等理论，只不过这些信息均来自于星星点点的接触，既不系统，也不完整。因此，此时的马明认为，"长期投资就是资产的一路增值"，而将投资过程中可能会出现的波动忘在了九霄云外。

　　然而，就在马明沉醉于资产的快速上涨时，一轮较大的市场调整来临了。2008 年初至年末，市场行情一路下跌，马明的情绪也随着下行的曲线不断变化：在基金净值跌至与他申购时相同的价位时，他将长期投资视为自己的"救命稻草"；当市场进一步下跌，投资出现亏损时，他开始对长期投资心存怀疑;当市场下跌至底部,资产呈现大幅缩水时,马明彻底绝望了。而此时,市场上关于"长期投资是在骗人"的说法不胫而走,恰恰与马明此时的心态相吻合,因此,马明从此不再相信长期投资。

但是,马明又不甘心就此退出市场,因此仍然坚持持有这只基金。而此时,市场出现了复苏的转机。2009年初至9月,马明的资产一路增长,此时他的心情也从冰点逐渐融化,从绝望与无奈变得开心起来。而这时,马明也重拾了对长期投资理念的信心。"如果我没能够坚持下来,绝对不会有今天的收益……"马明这样想着。

在案例14-3中,马明的投资并不算长,但情绪却经历了复杂曲折的变化。很多投资者都和马明一样,在市场运行至低点时怀疑长期投资的理念,甚至不再相信长期投资。

事实上,在投资的过程中,长期投资的理念是没有变化的,发生变化的是投资者自己的情绪。正是因为投资者情绪的变化,导致了其看待事物的态度与方式发生变化。这也正是为什么一次短期的市场下跌足以让人们不再相信长期投资,而一次短期的市场上涨又能够让人们对长期投资重拾信心的原因。而对投资者来说,最可怕的事情莫过于因为心理因素的影响而做出非理性的投资决策。

实际上,很多投资者对长期投资理论都存在理解上的误区。而从客观的角度看,投资者要对长期投资的理念进行评价,首先要深入地了解什么是长期投资,投资时间多长能够称得上长期,以及长期投资是在追求什么。正如前文所述,当投资者了解这些问题后,也就自然能够找到问题的真正答案。

小 结

行文至此,或许有投资者会产生这样的疑问:"坚持长期投资,是不是就意味着无论市场如何变化,无论基金表现怎样,都应该义无反顾地持有这只基金呢?"对于这个问题,不妨从两个小故事入手,来领悟其中的深意。

【故事1】　　　　再坚持一分钟,你就是冠军!

第七届国际马拉松比赛的冠军爱·罗塞尼奥曾这样讲述他的成长故事：

中学时,罗塞尼奥曾参加过一次学校举办的10公里越野比赛。在比赛刚开始的时候,他很有自信,跑得也十分轻松。但是,随着越跑越远,他渐渐地感觉有些跑不动了。"如果这时能停下来喝一口水该多好!"他这样想着。这时,一辆校车从他身旁驶过——专门接送退出比赛的学生。罗塞尼奥很想上车,但最终他还是忍住了。

比赛继续进行,他开始感觉到两眼发黑,沉重的步伐像塞满了铅块一样难以移动。这时,又一辆校车开了过来,司机从车窗探出头来关切地问道："是不是需要休息?"听了司机的话,罗塞尼奥最终还是咬紧了牙关,继续坚持前行。

时间一分一秒地流逝,每一秒都像一年那么长。此时,罗塞尼奥已经觉得自己快要窒息了,他感觉自己仿佛提线木偶般僵硬地挪动着双腿。不仅如此,在他面前突然出现了一条陡长的斜坡,对他来说,此时没有比这更恐怖的事情了。就在这时,第三辆校车开了过来,罗塞尼奥决定不再坚持,毅然决然地上了车。

但令他万万没有想到的事情发生了：校车驶过了这个不足200米的小坡后,转个了弯便到达了终点!罗塞尼奥后悔极了,如果再坚持1分钟,就1分钟,他就能达到终点了,那时的自己将会是多么的自豪与骄傲!但现在,一切都已成定局了。从那以后,罗塞尼奥一直将"再坚持1分钟,终点就在前面"作为激励自己的座右铭。

【故事2】　　　　绕过无法逾越的障碍

从前,有一对师徒在一条宽阔的马路上漫无目的地走着。突然,徒弟发现前方有一块巨大的石头挡住了自己的去路,不禁皱起了眉头。

这时,师傅问徒弟："你为什么不继续前行了?"徒弟说："我被这块石头挡住了去路。"师傅疑惑地问："如此宽广的道路,绕过石头不就可以继续前行了吗?"但徒弟却说:"不!师傅,我要跨越这个障碍!"师傅继续问:"你有可能做到吗?"徒弟回答说:"一定会很难!但是,我必须强迫自己跨越它!如果今天被一块石头挡住去路,那今后又谈何实现自己的理想呢!"说罢,徒弟一次又一次地尝试跨越这块巨石,但每一次都失败了。

精疲力竭后,徒弟懊恼地说:"我真没用!为什么连一块石头都征服不了?"而这时,师傅却拍了拍徒弟的肩膀,微笑着说:"徒儿,你太执著了。"一边说着,一边领着徒弟绕过巨石,继续前行了。

这两则小故事虽然立意不同,但却是在讲述同一个主题——坚持。而对投资者来说,面对长期投资中可能会发生的各种情况,是应该像故事1中的罗塞尼奥一样坚持下去,还是应该像故事2中的师傅一样另辟蹊径呢?这恐怕是困扰着很多投资者的问题。

但实际上,在故事1中,罗塞尼奥有着明确的并能够实现的目标——完成比赛;而在故事2中,师徒二人漫无目的地前行,并且徒弟面临着跨越巨石这样"不可能完成"的任务。

如果将这个道理应用在基金投资中,则是在说,首先,投资者在投资前一定要有明确的目标,只有目标明确的投资,才有可能让投资者充满坚持不懈的勇气与动力。其次,故事2中的巨石好比投资中遇到的风险,那么当投资的风险远远超过了投资者的承受能力时,继续坚持只会为投资者带来更多的烦恼。再次,师傅领着徒弟选择了新的道路,就正如在投资中对基金的分析与判断一样。如果一只基金的长期业绩不佳、投资风格变化等因素已经成为阻挡投资者实现投资目标的障碍,那么此时放弃持有这只基金,重新选择值得长期投资的品种或许更加合理。

从这样的角度看,长期投资理念与调整基金组合等理念不存在任何冲突,恰恰相反的是,它们在整个投资过程中发挥着相辅相成的作用。从某种意义上看,长期投资更倾向于描述长期持有优质资产的一种投资状态,在这种状态中,投资者需要检视自己持有的资产是否一直是优质的,以及是否有更加优质的资产值得持有。在此之后,只要等时间来发挥它的威力便可以了。

第 15 章

基金定投有什么用？
为什么我无法将基金定投坚持下去？

【案例 15-1】

基金定投，莫名其妙"扭亏为盈"

在曲浩(化名)的印象里，整个 2008 年都像经历了一场噩梦。他和众多踏在 2007 年牛市浪尖儿上的投资者一样，在市场几近疯狂的时候开始了自己的第一笔投资——定投了一只成长型股票基金，每月 500 元。

但就在他做出这个投资的决策后，市场迎来了前所未有的大幅调整。上证综指从 2007 年 10 月 26 日的 5 589.63 点的高位(收盘价)一路下挫，至 2008 年 10 月 31 日的 1 728.79 点(收盘价)，跌幅高达 69.07%！

伴随着市场的逐渐萎靡，曲浩的心情非常郁闷。生平第一次投资，竟然就这样迎来了"失败"的结局！"不行！绝对不行！"曲浩这样想着，也就没有放弃定投这只基金。话虽如此，但在他心中却一直为高点入市的决策懊恼不已，他一度觉得自己是世界上最为不幸的投资者。

直到2009年底的一天,曲浩偶然间查询了自己的基金收益,却发现已经完全扭转了亏损的状态,不但如此,还赚了3 000多元!这样的结果让曲浩非常不解——当前(2009年12月7日)的上证综指在3 331.90点(收盘价),比自己开始定投时低了将近一半,为什么自己还能赚钱呢?

什么是基金定投?

基金投资 Q&A

基金定投是指投资者与指定销售机构签订协议,由销售机构按固定的时间和金额自动扣款并为投资者提交申购委托的基金交易方式。定期定额投资的基金名称、扣款金额以及扣款日期等信息,应在签订定期定额协议时选定。

基金定投,巧妙的投资方式

如图15-1所示,曲浩在2007年10月26日的市场高位采用定期定额投资的方式投资了一只成长型股票基金,每月投资金额为500元,至2009年12月7日,累计投入本金13 000元,其投资结果如表15-1所示。

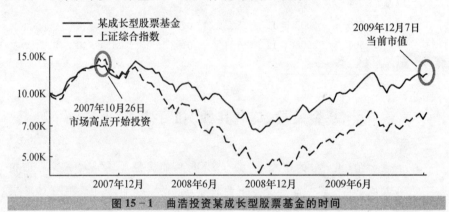

图15-1　曲浩投资某成长型股票基金的时间

＊数据来源:晨星

那么,假设曲浩在2007年10月26日申购该只基金时,并未采用基金定投的方式,而是采用一次性申购的方式,金额同样为13 000元,那么又会产生什么样的结果呢?如表15-2所示。

表 15-1　曲浩的基金定投收益明细

曲浩的投资（基金定投）				
投入本金（元）	定投日期	当日价格（元）	购得份额（份）	申购费用（元）
500	2007年10月26日	2.164	227.64	7.39
500	2007年11月26日	1.981	248.67	7.39
500	2007年12月26日	2.174	226.59	7.39
500	2008年1月28日	1.658	297.11	7.39
500	2008年2月26日	1.574	312.97	7.39
500	2008年3月26日	1.442	341.62	7.39
500	2008年4月28日	1.358	362.75	7.39
500	2008年5月26日	1.366	360.62	7.39
500	2008年6月26日	1.260	390.96	7.39
500	2008年7月28日	1.279	385.15	7.39
500	2008年8月26日	1.104	446.20	7.39
500	2008年9月26日	1.043	472.30	7.39
500	2008年10月27日	0.839	587.14	7.39
500	2008年11月26日	0.904	544.92	7.39
500	2008年12月26日	0.937	525.73	7.39
500	2009年2月2日	1.027	479.66	7.39
500	2009年2月26日	1.039	474.12	7.39
500	2009年3月26日	1.142	431.36	7.39
500	2009年4月27日	1.166	422.48	7.39
500	2009年5月26日	1.272	387.27	7.39
500	2009年6月26日	1.399	352.12	7.39
500	2009年7月27日	1.611	305.78	7.39
500	2009年8月26日	1.408	349.87	7.39
500	2009年9月28日	1.343	366.80	7.39
500	2009年10月26日	1.505	327.32	7.39
500	2009年11月26日	1.556	316.59	7.39
合计 13 000			9 943.74	192.14

* 采用前端收费方式

* 净申购金额的计算方法为外扣法：投入金额/(1+申购费率)

* 分红方式均为红利转投。红利转投的净值按除息日净值计算

* 本计算中涉及的基金净值、收益率数据取自历年真实数据；数据来源：U8 开放式基金收益计算工具；本计算结果仅供参考，不构成投资建议

表 15-2　假设曲浩采取一次性投资的收益明细

	收益明细			
	投入本金(元)	投资日期	购得份额(份)	申购费用(元)
	13 000	2007年10月26日	5 918.61	192.12
合计	13 000		5 918.61	192.12

* 采用前端收费方式

* 净申购金额的计算方法为外扣法：投入金额/(1+申购费率)

* 分红方式均为红利转投。红利转投的净值按除息日净值计算

* 本计算中涉及的基金净值、收益率数据取自历年真实数据；数据来源：U8 开放式基金收益计算工具；本计算结果仅供参考，不构成投资建议

基金定投的约定申购日如何选择？

基金投资 Q&A

因为平均成本效应的存在，投资者具体选择哪天扣款不会从本质上影响总收益和总体投资风险的整体水平。投资者可以根据操作便利性和资金情况来决定扣款日。

通过表 15-1 与表 15-2 的对比，能够清晰地看到，在总投资额度同为 13 000 元的前提下，曲浩采用定期定额投资的方式，在经历了 26 次购买行为后，累计获得 9 943.74 份基金份额，申购费总计为 192.14 元；而假设他采用一次性申购的方式，则会在 2007 年 10 月 26 日获得 5 918.61 份基金份额，申购费为 192.12 元。由此可见，在 2007 年 10 月 26 日至 2009 年 12 月 7 日这一市场周期内，采用定期定额投资的方式能够获得比一次性申购更多的基金份额。

从表 15-3 的计算结果可以看出，采用定期定额投资方式，在 2007 年 10 月 26 日至 2009 年 12 月 7 日这一周期内实现了 3 232.96 元的正收益，总收益率达到了 24.87%，年化收益率达到了 10.79%；而在经历了完全相同的市场下跌再上涨的过程后，采用一次性申购方式的投资出现了 729.81 元的亏损，收益率仅为 -5.61%。

从案例 15-1 中，不难发现基金定投是一种独特的投资方式。那么对投资者来说，这种投资方式又存在哪些现实意义呢？这一切，还要从基金定投的本质说起。

确切地讲，基金定投是一种申购基金的方式。而从基金申购方式的角度看，一般来说大致可分为一次性申购、分批申购与基金定投三种，如图 15-2 所示。

表 15-3 基金定投与一次性申购收益对比(1)

曲浩采用基金定投的投资收益				
赎回汇总				
当前市值(元)	赎回日期	赎回价格(元)	赎回份额(份)	赎回费用(元)
16 314.53	2009年12月7日	1.607	10 152.17	81.57
收益汇总				
赎回所得(元)	累计红利(元)	累计转投(份)	定投总收益(元)	定投总收益率 24.87%
16 232.96	0	208.45	3 232.96	年化收益率 10.79%
分红明细				
日期	分红(或拆分比例)	参与份额(份)	现金分红(元)	转投(份)
2008年1月23日	5	702.9	0	208.45
假设曲浩采用一次性申购的投资收益总览				
赎回汇总				
当前市值(元)	赎回日期	赎回价格(元)	赎回份额(份)	赎回费用(元)
12 331.85	2009年12月7日	1.607	7 673.83	61.66
收益汇总				
赎回所得(元)	累计红利(元)	累计转投(份)	投资收益(元)	收益率
12 270.19	0	1 755.22	−729.81	−5.61%
分红明细				
日期	分红(或拆分比例)	参与份额(份)	现金分红(元)	转投(份)
2008年1月23日	5	5 918.61	0	1 755.22

* 采用前端收费方式
* 净申购金额的计算方法为外扣法:投入金额/(1+申购费率)
* 分红方式均为红利转投。红利转投的净值按除息日净值计算
* 本计算中涉及的基金净值、收益率数据取自历年真实数据;数据来源:U8 开放式基金收益计算工具;本计算结果仅供参考,不构成投资建议

图 15-2 投资者申购基金的方式

其中,一次性申购指投资者在某一日期将用于基金投资的资产一次性申购开放式基金的方式;分批申购是指投资者将用于基金投资的资产分为几份,并依据一定条件的变化(如时间周期、大盘点位、基金净值等),进行分批申购的方式;而基金定投是定期定额投资方式的简称,是指投资者在固定

时间以固定的资产投资开放式基金的一种投资方式。

在 2009 年 6 月网易通过网络媒体进行的题目为"如果您要再投资基金会以何种方式进行申购"的调查中,投资者对上述三种投资方式的青睐程度各有不同,如图 15-3 所示。而在现实的投资过程中,上述三种申购基金的方式各有其特点。

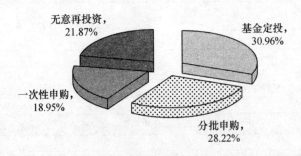

图 15-3 投资者青睐的基金申购方式

* 数据来源:网易
* 投票起止时间:2009 年 6 月 23 日—2009 年 6 月 30 日
* 样本数量:1 024

基金定投签约后,本月没有扣款,可能的原因是什么?

基金投资 Q&A

可能导致基金定投扣款失败的原因有:约定基金暂停申购业务;签约失败;定投签定的协议时段到期;扣款日投资者账户余额不足等。

1. 基金定投 vs. 一次性申购

相对于一次性申购而言,基金定投的最大特点在于能够根据市场的波动变化,自动调整申购基金的份额数量,从而实现摊低买入成本、平抑市场波动风险的效果。

如图 15-4 所示,假设一只基金的净值在 0.5~1.5 元之间波动变化,投资者以 4 500 元本金投资基金。那么,如果采用在 1 月 1 日一次性申购的方式,基金净值为 1 元,则投资者可获得 4 500 份基金份额;而如果采用基金定投的方式,在每月 1 日以 500 元申购该只基金,则投资者最终可获得 5 166.67 份基金份额。

实际上,基金定投正是利用了市场会呈现波动变化的规律,采用固定的金额定期申购基金。在这样的操作下,当时市场上涨时,随着投资风险的逐渐增加,定投所得的基金份额也逐渐减少;当市场下跌时,随着投资机会的来临,定投又能够以较低的价格获取更多的基金份额,以便能够在市场再次上涨时争取更高的收益。

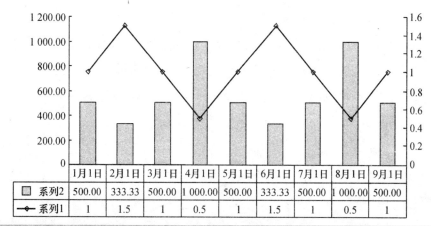

图15-4 相同申购成本下,基金定投可获取更多基金份额

* 计算结果仅为模拟数据,不代表基金实际运行情况,本计算结果供参考,不构成投资建议

◊ 当市场持续上涨时

如图15-5所示,当市场呈现持续上涨的走势时,若在1月1日采用一次性申购的方式,则能够获得4 500份基金份额;若在每月1日定投500元,则定投9个月后获得的基金份额仅为3 330.70份,远远低于一次性申购。

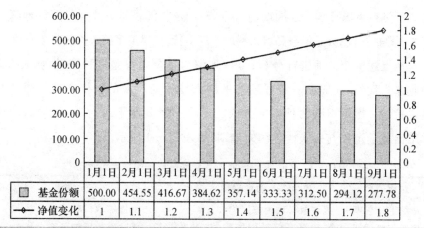

图15-5 市场上涨行情中基金定投获取的基金份额

* 计算结果仅为模拟数据,不代表基金实际运行情况,本计算结果供参考,不构成投资建议

由此不难看出,在市场持续上涨周期内,采用基金定投方式所获取的收益要低于一次性申购,其原因正是因为基金定投在上涨的市场行情中所获取的基金份额越来越少。

◊ 当市场持续下跌时

如图 15-6 所示,当市场呈现持续下跌的走势时,若在 1 月 1 日采用一次性申购的方式,则能够获得 4 500 份基金份额;若在每月 1 日定投 500 元,则定投 9 个月后获得的基金份额可达 9 644.84 份,远远高于一次性申购。

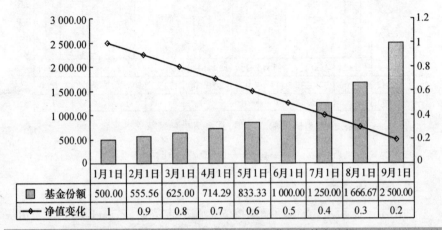

图 15-6 市场下跌行情中基金定投获取的基金份额

* 计算结果仅为模拟数据,不代表基金实际运行情况,本计算结果供参考,不构成投资建议

可见在市场持续下跌周期内,采用基金定投的投资方式能够更好地抵御市场下跌的风险,并且能够随着市场的逐渐下行,积累更多的低价的基金份额。

从上述两个方面进行分析,可以理解为基金定投是一种以较为"稳定"的收益为代价,能够在一定程度上平抑市场波动风险的投资方式。通过基金定投与一次性申购两种申购方式在不同市场状况下的对比,能够清晰地总结出基金定投与一次性申购的差别,如表 15-4 所示。

表 15-4 不同市场周期内基金定投与一次性申购对比

对比项目	基金定投	一次性申购
持续上涨周期	能够取得较为稳定的收益	√能够取得较高的收益
持续下跌周期	√能够有效抵御风险,并积累更多的基金份额	无法有效抵御风险
震荡上涨周期	能够取得较为稳定的收益,获利能力依市场震荡强度、频率而不同	√能够取得较高的收益,但无法保证投资的稳定性
震荡下跌周期	√能够有效抵御风险,积累基金份额的多寡取决于市场震荡的强度、频率	无法有效抵御风险
市场波动	√喜好波动。市场波动能够为基金定投带来更多机会	厌恶波动。市场波动会为一次性申购带来更高的风险

* "√"表示同类对比项目中拥有相对优势的投资方式

* 该表格内容仅供参考,不构成投资建议

2. 基金定投 vs. 分批申购

在对一次性申购与基金定投有了较为深入的了解后,分批申购的特点也就呼之欲出了。实际上,分批申购更倾向介于一次性申购与基金定投之间的一种投资方式。

【案例 15-2】

分批申购的烦恼

每年的年中与年末,都是郑鹏(化名)一年中最开心的日子——发放奖金的时刻来临了。在几个月前,市场出现了较大幅度的下跌调整,郑鹏立刻意识到——开始投资的时机来临了。然而,苦于当时手中没有闲置的资金,不得不将投资计划搁置到现在。

"终于等到发奖金了!"郑鹏想着兜里"热乎乎"的5万元钱,自然而然地产生了将投资计划重新摆上台面的想法。但是,经过了几个月的时间,现在市场已经发生了变化。"看上去,并不像几个月前那样明朗了……"郑鹏犹豫着,"如果现在就是'拐点',那么此时出手无疑是最好的时机;但就目前的形势及宏观经济政策的变化来看,并没有足够的信息显示市场已经触底,未来或许还有下跌的可能……"

在对未来市场走势的大方向捉摸不透的情况下,郑鹏也不敢将全部的奖金一次性都投向市场。"这样做,风险有些大……"郑鹏冷静地思考着。最终,他决定将5万元的奖金分为10份,每份5000元,并决定每当沪深300指数下跌100点就申购5000元的沪深300指数基金,而此时,正是2008年8月8日——北京奥运会开幕的当天。

在案例15-2中,郑鹏的投资思路具有典型的分批申购特征。他首先将一笔计划用于基金投资的资产分为10等份,同时也就规定了分批申购的次数为10次。然后,郑鹏又根据自己的判断,规定了分批申购的条件——"沪深300指数下跌100点"申购1次。郑鹏的投资过程,如图15-7所示。

> 在基金定投约定的扣款日,如果账户金额不足怎么办?
>
> 基金投资 Q&A
>
> 一般情况下,如果在约定扣款日投资者的账户余额不足,则本月不扣款(不申购基金),且不会在下次扣款时将本次款项累计扣除。如果扣款日为非交易日,则顺延至下一个交易日扣款。连续若干次扣款不成功,将自动终止该定投计划。由于各家销售机构在基金定投扣款方面的规定有所不同,具体应以相关销售机构的有关规定为准。

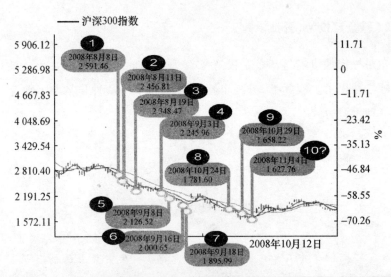

图 15-7　郑鹏分批申购基金的过程

* 指数点位均为收盘价
* 数据来源：和讯财经

从图 15-7 中可以看出，郑鹏于 2008 年 8 月 8 日至 10 月 29 日的前 9 次分批申购，均成功按照制定的方案进行——随着市场的下跌，同样 5 000 元获取了更多的基金份额；但是当市场运行至 2008 年 11 月 4 日的 1 627.76 点后，已经到达了本轮萧条周期的底部，此后便进入复苏的周期。而此时，郑鹏的分批申购计划还未完成，因为当前的市场点位无法满足"指数每下跌 100 点便申购 5 000 元基金"的条件。

从案例 15-2 中不难看出，虽然分批申购同样能够实现平抑市场波动风险的效果，但其整体规划的制定对未来市场的走势判断仍有较大的依赖性。因此对普通投资者来说，这样的投资方式仍然存在操作上的难度。

综上所述，便能够对一次性申购、基金定投和分批申购三种申购基金的方式进行对比，由此也能够清晰地看到三种申购方式的特点，如表 15-5 所示。

表 15－5　基金定投、分批申购与一次性申购对比

对比项目	基金定投	分批申购	一次性申购
投入资金	√需要长期、稳定、单笔金额较小的投入资金，进入门槛较低	需要金额较大的分批投入资金，进入门槛略高	需要单笔金额较大的一次性投入资金，进入门槛较高
择时操作	√无须择时操作。基金定投能够有效平抑市场波动风险	较为依赖择时操作。投资者需要根据自己对未来市场走势的判断，来制定分批投入的金额与约束条件	依赖择时操作。对中期、短期投资而言，买入时机的选择直接决定一次性申购的收益
中期、短期投资规划实现难易度	√简单	较难	较难
长期投资规划实现难易度	能够获得更加稳定但收益相对较低的长期投资收益	能够获得较为稳定的长期投资收益。从长期（10年以上）的角度看，其收益水平与一次性申购差异不大	√能够获得较为稳定且相对较高的长期投资收益
投资纪律约束	√简单。可依靠银行自动转账扣款完成定投计划，维持投资的纪律性	较难。由于未来市场走势及波动程度皆存在未知性，因此投资者较难依靠自身的约束力完成分批申购	较难。一次性申购的收益受市场波动影响较大，投资者需要在坚持长期投资的过程中经历更多的情绪波动变化

* "√"表示同类对比项目中拥有相对优势的投资方式

* 该表格内容仅供参考，不构成投资建议

如何更好地体现基金定投的价值？

正如前文所述，无论是一次性申购、分批申购还是基金定投，都只不过是申购基金的一种方式。在投资者进行投资的过程中，选择哪一种申购方式取决于投资经验与能力、投资时间与精力、投资目标与风险承受能力以及经济实力等多方面的因素。

相应的，每一种申购方式都具有一定的适用性，投资者只有让自己的操

作与其相适应,才能更好地体现出不同申购方式的价值。而对于基金定投来说,投资者必须了解以下几个关键的信息。

1. 基金定投更适合哪些投资者?

如前文所述,基金定投与一次性申购都有各自的特点,不同的投资者也可能会青睐不同的申购方式。那么,基金定投更适合哪些投资者呢?

◊ 投资精力与时间不足或缺乏投资经验的投资者

由于工作、家务繁忙等原因,很多投资者没有更多的精力与时间来打理自己的投资。在这种情况下,基金定投便是非常适合的投资方式之一。

首先,从基金投资"专家理财"的角度看,凭借基金公司专业的投资研究实力与完善的风险控制体系,就能够让投资者享受到相对轻松的投资过程。

其次,基金定投凭借其自动扣款、平抑市场风险等特点,能够让投资者的投资过程变得更加稳健、轻松。

而对于缺乏投资经验的投资者来说,基金定投更是非常适合的投资方式之一。由于投资经验的缺乏,这部分投资者往往没有办法对经济运行的趋势进行相对良好的把控,在投资时机的掌握上,也相对较弱一些。因此,无须进行择时操作的基金定投刚好能够满足这部分投资者的需求。

◊ 具有稳定收入来源的投资者

基金定投每月投资固定金额的方式,最适合每月拥有稳定收入的投资者进行投资。一般情况下,这样的投资者主要包含以下两类。

第一类,是拥有一些财富积累的投资者。这部分投资者往往年龄不大,拥有几年的工作经验,积累了一些财富,但也并非十分富有。例如,某位投资者今年 32 岁,有 9 万元资金可用于投资基金,并且每月有 1.2 万元的稳定收入。那么对他来说,首先可以将 9 万元以一次性申购的方式,用于投资一个适合自己目标与风险承受能力的基金组合;然后再从每月收入的 1.2 万元中规划出一部分用于基金定投,以此作为理财规划的有效补充。当基金定投坚持一段时间(如 3~5 年)后,这项资产已经积累到了一定的程度,则可以将其融入整体的投资组合规划中。

第二类,是没有任何财富积累的投资者。在现实生活中,都市"月光族"是一个庞大的群体,这部分人通常是刚刚步入社会的"新鲜人",工作经验与收入均相对较少。例如,某位投资者今年 25 岁,刚刚硕士毕业,拥有一份月

变更基金定投业务的基金品种、扣款日期、扣款金额等,应该怎样办理?

基 金 投 资 Q&A

变更扣款日期和扣款金额,需要到销售机构办理变更手续;变更基金品种,需要到销售机构解除原来的定期定额约定,重新选择基金品种办理定期定额。

薪 7 000 元的稳定工作,且无任何存款。那么对这位投资者来说,基金定投就是非常适合的理财方式。对一部分正处于人生财富积累期的投资者来说,通过较长时间的(10 年以上)基金定投,能够实现"强制积累财富"的目的,并且随着投资时间的增长,投资复利的效果会逐渐显现出来,从而达到资产保值、增值的目的。

此外,基金定投能够帮助资产并不充裕但收入稳定的家庭实现一些长期的投资规划,如养老费用规划、子女教育费用规划、住房首付款积累规划等。其实从基金定投的性质上看,这种投资方式正是借鉴了美国的 401K[①]模式。因此,将基金定投作为一种在长期的时间下,逐渐积累财富的投资方式是可取的。

2. 无论哪种基金都适合基金定投吗?

通过前文的讲述能够了解到,基金定投的意义在于通过较长时间的投资来逐渐积累财富,并且能够在一定程度上平抑市场波动的风险。而正是因为基金定投有上述特性,所以在众多类型的基金中,股票型基金和指数基金等收益能力较强,波动较为剧烈的基金能够更好地发挥基金定投的作用。

同时,从投资成本的角度看,指数基金低廉的申购费率,尤其适合长期的基金定投投资计划。此外,后端收费的股票型基金更适合定投。这也是因为基金定投与长期投资有着天生的不解之缘,而随着投资时间的增长,选择后端收费的方式一般都能获得费率优惠。谈到这里也引出了本章所要讲述的另一个重要问题:基金定投究竟与长期投资存在什么样的关系呢?

3. 基金定投与长期投资是"天生一对"吗?

同样以案例 15-1 中曲浩投资的某成长型股票基金为例,假设曲浩从 2002 年 12 月 9 日开始投资,那么其采用基金定投与一次性申购的方式会出现什么样的差别呢?

经计算得知,至 2009 年 12 月 9 日,如果采用基金定投的方式,那么曲浩

---

① 401K 计划也称为 401K 条款,是指美国 1978 年《国内税收法》第 401 条 K 项的规定。该条款适用于私人公司,为雇主和雇员的养老金存款提供税收方面的优惠。按该计划,企业为员工设立专门的 401K 账户,员工每月从其工资中拿出一定比例的资金存入养老金账户,而企业一般也为员工缴纳一定比例的费用。员工自主选择证券组合进行投资,收益计入个人账户。员工退休时,可以选择一次性领取、分期领取和转为存款等方式使用。

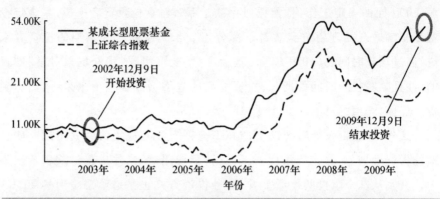

图15-8 2002年12月9日—2009年12月9日投资某成长型股票基金

* 数据来源：晨星

在整个投资过程中累计扣款85次，以每次500元计算，则投资金额为42 500元，至统计期末，曲浩的基金资产为128 585.45元，定投总收益率为201.04%，年化收益率为401.69%；如果采用一次性申购的方式，那么曲浩的整个投资能够获得高达408.34%的收益，基金资产也飙升至214 289.23元。

从表15-6中可以看出，在经历了7年（2002年12月9日至2009年12月9日）的投资时间后，在投入资金相同的情况下，一次性申购能够获得比基金定投更高的收益。这样也就得出了一个结论，那就是：市场在未来呈现波动上涨趋势的前提下，从长期投资的角度看，一次性申购取得的总回报要高于基金定投。

那么，这样的结论是表示基金定投不适合长期投资吗？答案当然是否定的。在表15-6中，采用基金定投的方式也能够获得201.04%的总收益。由此便能够总结出一个更加合理的解释：将基金定投的投资方式与长期投资的理念相结合，才能够实现资产保值、增值的效果。

表 15-6 基金定投与一次性申购收益对比(2)

曲浩采用基金定投的投资收益				
赎回汇总				
当前市值(元)	赎回日期	赎回价格(元)	赎回份额(份)	赎回费用(元)
128 585.45	2009年12月9日	1.583	81 228.96	642.93
收益汇总				
赎回所得(元)	累计红利(元)	累计转投(份)	定投总收益(元)	定投总收益率
127 942.52	0	45 187.69	85 442.52	201.04% 年化率 16.83%
曲浩采用一次性申购的投资收益				
赎回汇总				
当前市值(元)	赎回日期	赎回价格(元)	赎回份额(份)	赎回费用(元)
214 289.23	2009年12月9日	1.583	135 369.07	1 071.45
收益汇总				
赎回所得(元)	累计红利(元)	累计转投(份)	投资收益(元)	收益率
213 217.78	0	92 112.95	170 717.78	401.69%

* 采用前端收费方式

* 净申购金额的计算方法为外扣法:投入金额/(1 + 申购费率)

* 分红方式均为红利转投。红利转投的净值按除息日净值计算

* 本计算中涉及的基金净值、收益率数据取自历年真实数据;数据来源:U8 开放式基金收益计算工具;本计算结果仅供参考,不构成投资建议

暂停申购的基金可以办理定基金定投吗?

基金投资 Q&A

暂停申购的基金,一般情况下无法办理基金定投,但在公告中特别注明可以继续办理基金定投业务的除外。此外,如果投资者是在基金暂停申购前办理的基金定投业务,基金暂停申购后,基金定投是否继续扣款视不同基金公司的规定而定。若暂停申购的基金恢复申购,投资者办理的基金定投业务是否继续扣款也视不同基金公司的规定而不同。因此,投资者需要与基金公司或销售机构进行详细的咨询。

这主要是因为:首先,采用基金定投方式进行投资的投资者往往每月投入的金额相对较小。每月定投 500~1 000 元是很多投资者倾向的额度,而在这样的前提下,短期内无法通过定投积累足够规模的财富;其次,基金定投的方式意在通过长期的积累,在投资复利的作用下,来实现财富的有效增值,而投资期限越长,复利的效果越明显,如图 15-9 所示。

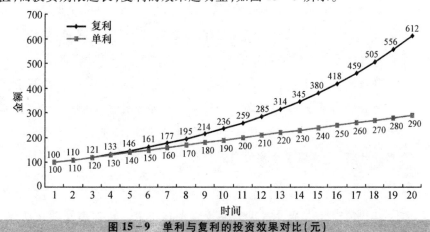

图 15-9 单利与复利的投资效果对比(元)

* 以投资 100 元,年利率 10% 计算

* 本计算为理想状态下的模拟数据,本计算结果仅供参考,不构成投资建议

投资的复利效果随投资时间的增长而逐渐显现。一般情况下,当投资时间超过10年时,复利效果才能得到较为明显的显现;超过20年时,才能体现出十分明显的差别。这同时也说明了基金定投业务越早开始进行,便能够获得更长的投资时间,也就有可能获得更高的收益,对投资者更有利。

此外,从曲浩的实际情况来分析,正是因为他没有一次性申购所需要的大量资金,才会选择基金定投的方式。如果7年的投资让投资者获得16.83%的年化收益,基金资产增长为投入资金的3倍,其实对于长期投资来说还是非常可观的。

投资者为何无法坚持基金定投?

不少投资者都清楚,基金定投需要通过长期投资的方式才能体现出较为明显的效果。但真实的情况却是,为数众多的投资者都无法按照最初的约定年限完成基金定投计划而提前终止定投。

【案例15-3】

因亏损而终止的基金定投

晓玲(化名)在一家小公司任职,月薪2 000元。由于和父母住在一起的关系,所以她在生活上不需要很大花销。2007年5月时,晓玲开通了某只股票型基金的定期定额投资业务,每月投资金额为500元。

晓玲原本计划通过这样的方式来攒一笔钱,但是当她在2008年9月查看自己的基金情况时,却沮丧地发现已经亏损了2 700多元。看着自己的资产一天天在缩水,晓玲的心情非常郁闷,因此便申请终止了基金定投计划,并赎回了全部的基金份额。

在下跌行情中终止基金定投的投资者不在少数。正如本章前文所述,基金定投能够随市场的波动变化而平抑投资风险,而当市场下跌时,投资者能够以更低的成本申购更多的基金份额。那么从这个角度来分析,在市场下跌时,基金定投的投资者无须太过慌张。

同样的,案例15-3中的投资者晓玲也不必因为自己短期账面亏损了2 700元而忐忑不安。从某种程度上看,晓玲的2 700元账面亏损,主要是由市场高位时申购的基金份额所产生的。而在市场下跌时,她能够以更低的基金净值来申购更多的基金份额,从而有效摊低整体的申购成本。

【案例15-4】

止盈与止损适合基金定投吗?

2009年1月的时候,唐蔓(化名)定投了一只指数基金。出于自己风险承受能力的关系,唐蔓为自己的基金定投计划设定了止盈与止损——当基金净值增长超过30%时或下跌超过10%时,便会终止定投并赎回基金。

2009年7月的时候,唐蔓定投的基金涨势喜人,基金净值较年初开始定投时增长了30%以上,但此时的唐蔓并没有按照最初制定的止盈机制终止定投。可谁知仅仅1个月后,由于市场的短期波动,唐蔓的基金资产整体处于亏损状态,而此时她依然没有终止定投计划。

2009年9月中旬时,随着指数的波动上涨,唐蔓定投的基金净值再次较开始定投时增长了30%。此时的唐蔓犹豫了:究竟是该将定投计划继续下去,还是应该终止定投计划并赎回全部基金份额呢?

在案例15-4中,唐蔓对基金定投设置止盈与止损的机制,是因为她并不真正了解基金定投的作用。与股票投资不同的是,基金定投更加注重通过长期投资,依靠复利的作用来实现财富的稳健增值。

基金定投自身会随市场的波动变化而调整申购基金份额的数量,已经起到了平抑风险的作用。而如果按照唐蔓的操作思路,对基金定投设定止盈与止损,那么等于在一定程度上抵消了基金定投依赖市场波动的变化而积累更多基金份额的效果。因此对投资者来说,采用基金定投的方式投资基金,无须太过在意市场的短期波动,更无须设定止盈与止损机制。

【案例 15-5】

什么样的基金值得长期定投?

齐宇(化名)持有某只股票型基金已经 14 个月了,但是他在 2009 年 4 月时想终止定投这只基金。齐宇给出的原因是:这只股票型基金 14 个月以来的业绩表现始终"不突出",在二百余只同类型基金中,该基金的业绩排名总是在 100 名左右。因此,他想换一只更具增值潜力的基金来定投。

不可否认的一点是,基金的增值潜力对基金定投的效果起着重要的作用。投资者在进行基金定投时,选择值得持有的基金是非常重要的。如果选择的基金业绩太差,那么最终的投资效果会大打折扣。

在案例 15-5 中,齐宇想换一只更具增值潜力的基金来定投的想法是正确的,但投资者应注意的是如何评判一只基金是否值得持有。这一点在本书第 10 章中进行了详细的解答,此处不再赘述。

在本案例中,齐宇对定投的基金不满意的原因,是因为该基金"业绩表现不突出,同类排名 100 左右",但实际上,这只基金在同类型基金中依然处于前 1/2 左右,应该说处于中等水平。

那么对齐宇来说,可以再用一段时间来观察这只基金的表现,毕竟 14 个月的时间并不很长。此外,如果齐宇能够找到更值得持有的基金,也可以终止当前基金的定投,但不宜立即赎回全部基金份额,还是应从更长期的角度来观察这只基金的表现,并且尽量在适当的时机再赎回这只基金。

【案例 15-6】

每月定投多少才适合自己?

6 个月前,周恒(化名)定投了某只股票型基金,每月 1 500 元。周恒最初的想法是希望通过基金定投的方式来积攒一笔钱,用于支付购房首付款。

华夏基金的基金定投申购最低金额和最高金额分别为多少? ★

基金投资 Q&A

华夏基金定投设定的买入金额最低为 200 元,最高金额为 20 万元(华夏沪深 300 指数基金无 20 万元申购金额上限)。

今年已经 27 岁的周恒,每个月的税后收入大概是 5 500 元,按照他的计划,其中的 1 500 元用来进行基金定投;1 800 元用来交付房租;吃饭、交通、通讯、水电费等必需的花销为 1 500 元;此外还能剩余 700 元自由支配。

但过了一段时间后,周恒就发现自己制订的基金定投计划给他的生活带来了不小的压力:除了日常的吃喝要尽量节省外,他也基本上不可能像以前那样每月都去商场买衣服了;甚至为了省钱,几乎很少参加朋友的聚会,跟朋友的关系也疏远得多;最关键的是,有时想和女朋友去看一场电影,也要为电影票的价格而犹豫半天……周恒对此非常苦恼——他甚至想终止自己的基金定投计划,好让自己从这种拮据的生活中解脱出来。

对华夏基金持有人来说,如果网上交易的基金定投扣款日和协议终止日是同一天,那么当天是否仍然扣款申购?★

基金投资 Q&A

如果投资者通过华夏基金网上交易系统办理基金定投业务时,约定的扣款日和协议终止日期为同一自然日,则该日的定期定额申购申请依然有效,扣款后再终止基金定投。如果当日为非基金开放日,则会顺延至下一开放日扣款,并在扣款后终止基金定投。①

以案例 15-6 中周恒的实际情况来看,日常生活较高的消费水平让他可用于投资的资产变得相对较少,而此时他每月定投 1 500 元,也确实会在很大程度上影响他的生活质量,因此就很容易出现无法将基金定投坚持下去的情况。投资者进行投资理财的一个基本的出发点,是用于投资理财的资金必须是"闲钱"。也就是说,投资者将这些资金投入到资本市场中后,不会因此而过多地影响自己的正常生活。

而在案例 15-6 中,周恒每个月基金定投的额度偏高,甚至影响了正常的社交生活。对投资者来说,必须清楚理财的意义是,更加科学、合理地管理自己的财富,在长期的范围内实现资产的稳健增长,而不是让自己"一夜暴富"的手段。

因此,基金定投也需量力而为。就当前基金公司关于基金定投的相关规定来看,甚至每月仅需 100 元就可进行基金定投,因此投资者完全能够依照自己的收支情况,来更加合理地安排自己的基金定投计划。

案例 15-3 至案例 15-6 的故事,是很多投资者无法将基金定投坚持下去的真实写照。而只有在投资者清楚地了解了自己无法坚持基金定投的原因时,才有可能制订更加合理的基金定投计划,让它真正成为行之有效的基金投资方式。

总体来看,基金定投与长期投资是密不可分的。长期投资理念实际上

---

① 以上信息为截至 2010 年 3 月 31 日华夏基金确认的信息,如有相关变动,请咨询华夏基金客服电话 400-818-6666。

是在描述一种基金投资的战略思想,而基金定投可理解为基金投资的战术思路。在投资者进行投资的过程中,战略与战术是相辅相成的。如果投资者在投资伊始便树立了长期投资的观念,那么对于拥有初始投资资金的投资者来说,采用一次性申购的方式能够获取更高的收益;而对于没有初始投资资金的投资者来说,采用基金定投的方式也能够实现很好的投资效果。

小 结

在中国,基金定投业务萌芽于2002年。经过多年的发展,基金定投业务也出现了更多的创新模式,如"智能定投"[①]、"动态定投"[②]等。但是究其本源,仍是为了能够更好地平抑市场波动的风险。投资者在进行基金定投时,除了要了解自己是否适合采用基金定投的方式,以及基金定投适合投资哪些基金之外,还应注意一些基金定投的技巧。

例如,很多投资者因为对自己没有良好的约束能力,会经常出现当月没有足够的资金来进行基金定投的情况。针对这样的情况,投资者可选择基金公司网上直销定投的方式,将工资卡作为基金定投的扣款账户,同时将扣款日期设定为发薪日之后的3天之内。这样,每到发薪水的时候就能够自动完成当月的定投业务,让基金定投更有纪律性,从而有效帮助投资者进行财富的积累。

总而言之,拥有进入门槛低、能够有效分散市场波动风险、长期收益较为稳定的基金定投方式,已经得到了越来越多的投资者的认可与信赖,更是不少"月光族"投资者开始投资理财的第一步。在对一次性申购、分批申购和基金定投进行了深入的分析后,能够发现基金定投不失为一种简单、便捷的投资方式,在这个投资者需求日趋多元化的时代,为更为广泛的投资者提供了更多的选择。

---

① 所谓智能定投,实际上是定期不定额的基金申购方式。金融机构推出智能定投,其大致思路是在市场上涨周期中逐步减少投入额度,有效分散风险;在市场下跌周期中逐步增加投入额度,从而获取更多的基金份额。

② 所谓动态定投,其大致思路是在投资者对市场周期变化进行分析、判断的基础上,根据周期变化的规律,将自己的基金资产在权益类资产与固定收益类资产之间,以定投的方式进行基金转换,以求有效地分散风险,获取更多的基金份额。

总 结

理清基金投资的整体思路

在之前15章的内容里,本书以投资者关心的问题为出发点,试图用简单的方式、平实的语言、详尽的数据和生动的案例,来解答投资者在投资过程中所遇到的问题。

很多时候,投资者遇到的问题是多种因素的交集。从一定程度上讲,投资者脑海中还没有形成系统化的知识结构体系,是造成这种现象的重要原因之一。因此,在这一章将会为投资者提供一幅完整的基金投资蓝图,按照一次完整投资过程的逻辑,为投资者梳理出较为清晰的投资决策思路。

投资理财伴随着投资者的一生,本书更希望将其称为完善的人生财富管理规划。但与此同时,投资理财的过程中又会包含诸多细节问题,而这也是导致其理念和方法出现交叉并行的原因之一。

因此,为了能够让投资者更加清晰地理解投资中的来龙去脉,在这一章,本书将以针对某一投资目标所制定的一项投资理财规划为基础,来阐释贯穿其中的理念与知识。在此之后,投资者便能够根据这一思路,将投资理财的方法复制到自己的整个人生财务规划中。

图1描述的便是上述的投资理财过程。可以看到,根据投资者在投资基金时经历的不同时期,可以将此过程大致分为5个基本步骤:投资前、决策时、持有中、赎回时以及赎回后。在每个步骤中,都包含着一些值得关注

的问题。

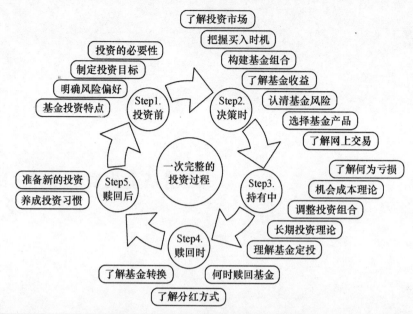

图1 投资过程中应重点关注的问题

◊ Step1. 投资前,应做好哪些准备?

在投资前进行充分的准备工作是必要的。俗话说"磨刀不误砍柴工",在投资前准备充分,才能够在之后的投资过程中更加顺利。

投资者在投资前首先应重视的问题是投资的必要性。在经济发展的浪潮中,通货膨胀是不以人的意志而转移的。因此,生活在这个经济社会中的人们,必须意识到今天所拥有的资产很有可能会在未来逐渐贬值。

在认识了投资的必要性后,投资者应首先根据自身的实际情况来制定投资目标。无论是为了养老、子女教育、住房、购车、结婚,还是仅仅为了抵御通货膨胀,每一个投资者都应该在投资前清晰地了解这些目标,并且应该意识到:对同一目标而言,量化的方式比概念化的方式更容易实现。

当投资者将自己期望实现的目标盘点完毕后,需要对自己的风险承受能力进行全面的评估。并且应该在此基础上,将此前期望实现的目标与自身的风险承受能力相比较,看看凭借自己的投资能力与风险偏好,是否具备实现该目标的可能,以此确定合理的、可实现的投资目标。

此外,在投资者对自己的投资能力进行评估时,还应了解自己是否适合基金投资的方式。对于基金投资"专家理财"的特征来说,其更加适合投经验不足、生活节奏快、理财时间不充裕的投资者。

在综合考虑以上几方面的问题后,投资前的准备工作即可告一段落,由此便能够进入投资决策的阶段。

◊ Step2. 决策时,应重视哪些方面?

此处决策的概念,特指投资者在买入基金时所进行的决策。

在投资者决定投资基金后,首先要做的便是加深自己对投资市场的了解程度。虽然基金投资属于"间接投资",但这并不代表投资者可以对自己的投资不闻不问,因为投资者至少能够决定一些因素:投资方式、买入与卖出时机以及投资额度与时间。基本上,对投资收益起到决定性作用的因素都掌握在投资者自己的手中,那么投资者又怎能对它不管不顾,对市场行情一无所知呢?

投资者只有在保持了对市场的关注后,才有可能根据经济周期的变化规律,对市场未来的走势进行预判。虽然无法保证判断的准确程度,但通常情况下,投资者对市场的了解程度越高,对自己的判断越有信心。而只有在对市场未来的走势进行分析与判断后,才有可能寻找出自己认为合理的买入时机。

实际上,关注经济与市场变化的趋势是一种宏观的思路。在投资中,投资者应始终保持站在宏观的角度分析问题。这样,投资者才能够从整体资产配置的角度来管理自己的财富,才能够制定出更加适合自己需求的基金投资组合。

值得注意的是,投资者在构建基金组合时,首先要确定自己需要购买哪些类型、哪些投资风格的基金,并分析清楚各种类型、各种风格基金在基金组合中所占的比重。在此基础上,才是针对某一类型或某一风格基金的选择。在选择某只基金时,投资者必须了解基金的业绩、风险、风格、规模、历史、费用、管理人等诸多方面的信息。上述信息均能够对基金未来的收益产生影响,因此应多加重视,在综合考虑这些方面后,才可做出购买决策。

当然,在投资者购买基金时,还不能忽视一些能够帮助投资者有效节省交易成本的方式。例如,投资者可通过基金公司网上直销的方式申购基金。针对同一家基金公司的不同类型的基金产品,投资者可以运用基金转换的技巧来调整基金组合中各类型基金的比例,从而节约交易成本。

◊ Step3. 持有中,如何成为出色的投资者?

持有基金的时期是对投资者心理素质考验最大的时期。很多投资者在投资前都抱着理性投资的信念,但是也都会在持有基金时逐渐露出非理性的苗头。一个典型的例子是,当投资者的投资发生亏损时,无论是账面亏损还是实际亏损,都将很难抑制住情绪的波动。

在心理因素的影响下,不少投资者虽然深知长期投资的理念,但却往往无法坚持下来。当市场震荡下跌时,投资者最容易赎回自己持有的基金。但事实上,此时可能既没有实现自己的投资目标,也没有出现更适合长期投资以保证其基金组合不偏离正确轨迹的产品出现,并且大部分产生赎回念头的投资者其实并不需要现金。从以上几个方面来看,当前赎回基金并不是明智的选择,但事实往往就是如此。

这时便产生了一个令投资者困扰的问题:在什么情况下应该赎回基金?显然,仅仅是因为市场的下跌就赎回基金的理由并不充分。那么对投资者来说,何时赎回基金才是理性的呢?其实投资者不妨再次回想最初决定投资并选定该只基金时的情景——事实上,当时的投资者有着明确的目标,也有充分的理由选择并持有这只基金。

对于何时赎回基金,投资者不妨从以下两个方面来思考:其一是自己的投资目标与风险承受能力是否发生变化;其二是想要赎回的这只基金的投资风格是否发生变化。上述两点中任意一点发生变化,都能够成为投资者赎回这只基金的合理理由。当然,在有些时候投资者期望的并非是全部赎回某只基金,而是在不同风险收益特征的资产中进行适应市场波动变化的调整。但无论怎样,以上的思路还是值得借鉴的。

谈到调整,也就顺理成章地引出了调整基金组合的问题。在投资者追求某一投资目标的过程中,需要定期(1年以上)对自己的基金组合进行检视,分析其风险收益特征是否与自己的投资目标相吻合。一般情况下,随着市场的波动变化,组合中各类型资产的比例会自然而然地发生改变,因此也就存在调整基金组合的必要性。

此外,投资者还应掌握基金投资中的一些理念与方法。例如,如果投资者相信长期投资能够最终带来稳定持久的收益,那么就应该坚信自己的判断,尽量减少市场波动及"市场噪音"对自己心理的影响。又如,投资者应该了解基金定投这种具有特色的投资方式,尤其是对于收入稳定但没有财富积累的投资者来说,尤其应该了解基金定投作为强制储蓄利器的作用。

◊ Step4. 赎回时,怎样让钱落袋为安?

无论是因为投资者自身发生变化还是因为基金发生变化,总之现在已经到了该要赎回基金的时候。此时投资者又应该关注哪些问题呢?

首先,和当初申购基金时一样。随着投资者在实践过程中的成长,相信现在投资者已经对市场保持了一定程度的敏感性。虽然投资者依然无法准确地判断出市场的高点将会出现在什么时候,但不可否认的是,选择一个适当的赎回时机能够为投资者带来更可观的收益。

例如,投资者已经持有某只后端收费的混合型基金很长时间了,再过3个月就将满8年,即可享受到免除申购费的优惠(视具体基金而定)。如果此时并未有明显的信息表示市场会在未来3个月出现较大幅度的下跌,那么投资者是否应该再持有3个月,以获得申购费率的优惠呢?

另一方面,投资者在调整基金组合时往往是在不同类型与风格的基金之间进行调整,那么此时选择基金转换无疑能够有效节省成本。基本上国内的基金公司都已开通了基金转换业务,但每一家公司可转换的基金产品、费率优惠幅度会有所不同,因此投资者需要在操作前进行详细的了解。

此外,投资者还必须关注基金的分红方式问题。实际上,在投资者最初签订基金合同时,就已经约定了持有的基金将采取什么样的分红方式。国内基金的分红方式分为现金分红与红利再投两类。对于追求长期收益的投资者来说,红利再投的方式能够为投资者积累更多的收益,因此如果投资者并非看重现金分红对家庭现金流的改善作用,还是应该选择红利再投。

◊ Step5. 赎回后,养成投资理财的习惯

从准备购买到赎回,投资者已经经历了一次完整的基金投资过程。但此时并非意味着投资旅程的终结,与之相反的,是投资者将面临一个崭新的开端。

正如本章前面所说的,投资理财伴随投资者一生。经济发展的潮流永远在向前,资产增值的需求便永远不会停歇。对理性的投资者来说,应给予投资理财足够的重视。

与经济的周期变化规律一样,人的一生也会遵循周期变化的规律。投资者的一生无论追求什么,只要其生存在这个经济社会中,就能够将其量化为现金流入与流出的财富曲线。顺应着年龄增长的时间轴,人生的财富曲

线始终在变化,并且总会因为一些事件而让这条曲线无法保持平滑。

就像图2中的某位投资者一样,他的生活遵循着大众化的规律:从出生到学业有成,然后开始工作,几年后结婚买房,从此专心于自己的事业与家庭生活。之后的十几二十年每天都在为子女成长而辛劳,也注定会面临18年后一笔大额开支。随着年龄的不断增长,事业慢慢驶过了巅峰期的峰值,直到有一天开始了退休生活。

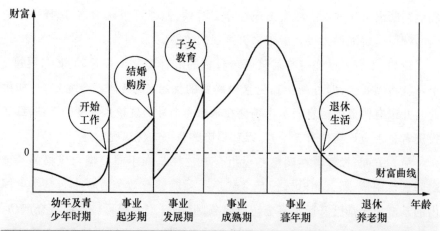

图2 某位投资者一生的财富曲线

这位投资者的财富曲线很有代表性。在他的一生中,财富曲线总是曲折变化的,如果将其中的某一处放大,甚至还能看到不少意料之外的大额花销,包括患病就医、旅游消费、购车支出等。人的一生面临着如此之多的消费需求,难道仅仅依靠工作收入的增长吗?

答案显然是否定的,对于生活在21世纪的人们来说,一种日渐成熟的观念已经走进了千家万户的生活——投资理财。是的,投资理财虽然不能让人一夜暴富,但却能够为人们带来财富的稳健增值。当今的人们生活在一个幸福的年代,一个能够为实现梦想与目标而付出努力并获取回报的年代,一个能够理性看待家庭财富并不断向财务自由奔走的年代。那么,还有什么理由能够不让投资理财成为永远伴随自己的良好习惯呢?

美国著名思想家本杰明·富兰克林(Benjamin Franklin)说过这样一句话:"有能力的时候,便应为将来未雨绸缪……因为晨光并不会整天照耀……"是啊,面对自己的人生,唯有从今天开始努力,才有可能迎接那幸福照耀下的未来!

投资者问题索引

序 篇

- 为什么需要投资?
- 什么是通货膨胀?
- 什么是复利? 复利在投资中的作用是什么?

第1章

- 什么是基金?
- 我们为什么要投资基金?
- 与储蓄、保险、房产、股票、债券等投资品相比,基金理财的特点是什么?
- 基金投资适合哪些投资者?

第2章

- 投资基金能一夜暴富吗?
- 我投资的基金已经亏损了,为什么还要继续投资?
- 在银行,听了客户经理的介绍投资了基金,这样做合理吗?
- 我是在朋友的推荐下开始投资基金的,为什么投资后的实际情况与理想相差甚远?
- 如何才能合理地规划自己的投资目标呢?

第 3 章

- 我明明觉得自己拥有很高的风险承受能力，但为什么开始投资后却发现并非如此？
- 投资有风险，有风险就意味着亏损，亏损就是赔钱，是这样吗？
- 为什么我总是在市场向好时比别人赚得少，而在市场下跌时总会被套牢？
- 风险承受能力的高低是"天生注定"的吗？
- 为什么我明明承受了高风险，却并没有换来高收益？
- 怎样正确地评价自己的风险承受能力，并选择适合自己的投资产品？

第 4 章

- 我一直想找到高收益、低风险的投资产品，这有错吗？
- 市场中到底有多少种类型的基金？哪种类型的基金收益最高？
- 指数基金是低风险产品，货币市场基金和债券型基金都不会亏损，这样理解对吗？
- 买基金"保本、保收益"最重要，这样才不用承担风险，对吧？
- 市场上的基金类型有这么多种，我该如何选择？还是说选择哪种都一样？

第 5 章

- 现在到底是不是出手投资基金的好时机呢？
- 如果现在不出手的话，我真的怕自己会后悔，我该怎么办？
- 当前我们正处在经济周期的哪个阶段？
- 我已经持币好长时间了，现在是不是该出手呢？出手的话，又该投资什么呢？
- 了解宏观经济对基金投资来说有意义吗？

第 6 章

- 海外市场的长期走势如何？投资的价值有多高？如何投资海外市场？

投资者问题索引

- QDII 基金到底是什么？
- 国内投资市场与海外投资市场有什么不同？哪个市场更有投资价值？
- 国内金融机构对海外市场的投资研究实力如何？
- 投资海外市场，是否意味着要面对汇率风险？
- 何时才是投资海外市场的好时机？

第 7 章

- 什么是指数基金？它和其他类型的基金有哪些不同之处？
- 如何在主动管理型基金与被动管理型基金之间做出选择？
- 我听说指数基金能够节省投资成本，到底是如何节省的？
- 怎样才能选到一只出色的指数基金？
- 什么是 ETF 基金？
- 指数基金、ETF 基金、LOF 基金、ETF 联接基金等指数基金的类型，它们之间有什么不同之处？

第 8 章

- 同事推荐我买某基金，我应该出手吗？
- 昨天在某网站的论坛上看到某基金大涨的消息，我是不是也应该买一些？
- 买基金，当然是选择业绩牛的，其他都不重要，对吧？
- 基金是规模越大越好吗？
- 便宜（净值低）的基金肯定比贵（净值高）的基金好，"逢低买入"嘛，对不对？
- 我经常看各种排行榜来选择基金，但为什么总是买完了它的业绩就不好了？
- 现在信息这么发达，说什么的都有，我该听谁的？

第 9 章

- 能不能推荐一只涨得快还不赔钱的基金？这很难吗？

- 我买的基金去年业绩还是同类冠军呢,怎么今年的排名就这么差了?
- 为什么别人买的基金就"噌噌"地涨,我买的基金就"唰唰"地跌?
- 别看我现在亏损这么多,等我选到一只"黑马"就能立刻翻本,信不信?

第10章

- 养"基"的方法就是抓只好"基",养肥它,然后就卖掉,对不对?
- 在当前的市场中,我是不是该卖掉基金呢?
- 我的基金表现不太好,是不是该卖掉呢?
- 经过一轮触底反弹,我的基金也回本了,现在卖掉合适吗?
- 为什么总是在我卖掉基金后,它就开始上涨了?

第11章

- 投资两年多,我的基金亏损了60%,很心痛,现在应该卖掉吗?
- 我的基金目前亏损了一半儿,现在是应该再买一些摊低成本,还是应该买其他基金呢?
- 市场跌了50%多,我的基金跌了60%多,我是不是还应该再忍一忍?
- 我好不容易挨过了市场下跌周期,但为什么现在市场上涨了40%多,而我的基金才涨了不到20%?里外里一算,我不还是亏了吗?

第12章

- 我现在一共持有10只基金,算多算少?
- 我应该购买多少只基金才合理?
- 我应该用多少钱来投资基金?其中股票型基金、债券型基金、货币市场型基金又该各占多少比例?
- 如果要选择2~3只某基金公司旗下的基金,应该如何配置?
- 债券型基金和货币市场型基金有必要成为基金组合的配置吗?

第13章

- 两年前我购买了七八只基金,现在行情不错,我该赎回哪只呢?

- 最近市场不好,我准备调换一下基金,该卖出那只呢?
- 到现在为止,我已"坚守阵地"3年多,最近急于用钱,该卖出那只基金?
- 为什么我和别人一样构建了基金组合,但收益却始终比别人差?
- 调整基金组合的思路,是选择收益最好的基金赎回,并申购一只新基金吗?
- 我经常调整自己的基金组合,但为什么整体的收益状况不令我满意?

第14章

- 总听说基金要长期投资,但长期到底有多长?有没有一个明确的标准?
- 谁说长期投资一定会赚钱?我已经饱受煎熬两年了,为什么到现在还是亏损的?
- 如果再遇到类似2008年金融危机的行情,我还应该坚持持有吗?
- 有人说基金投资的秘诀是"少折腾",但到底多长时间"折腾"一次合适?

第15章

- 基金定投真有宣传的那样牛吗?
- 为什么我的基金定投到现在还是亏损的?
- 基金定投适合我吗?
- 长期坚持基金定投,真的能够帮助我实现某些投资目标吗?
- 制订一个基金定投计划,到底应该设定多长时间?
- 为什么我总是没办法将基金定投坚持下去?
- 应该选择什么样的基金来进行定投?
- 基金定投需要设定止盈和止损吗?

总结

- 基金投资的诸多门道总是让我一头雾水,它的整体思路到底是怎样的?

「附章」

About China AMC
华夏基金 为您理财

为信任奉献回报
The Healthy Return On Your Trust

华夏基金 为您理财

- **业务发展**

　　华夏基金成立于1998年，是经中国证监会批准成立的首批全国性基金管理公司之一。公司总部设在北京，在北京、上海、深圳和成都设有分公司，在香港设有子公司。作为最早扎根于本土市场的基金公司，华夏基金以专业、严谨的投资研究为基础，提供优质的投资理财产品和服务，为投资人持续奉献良好的回报是华夏基金始终如一的追求。

- **企业实力**

　　历经多年牛市熊市的洗礼，华夏基金规范经营、稳健运作，以雄厚的综合实力保持了基金行业的领先地位。截至2009年12月31日，公司管理资产规模超过3000亿元，基金份额持有人户数超过1300万，累计为投资人分红逾428亿元，是境内管理基金资产规模最大的基金管理公司。

- **业务领域**

　　华夏基金的业务持续快速发展，获得了基金行业全部业务牌照。华夏基金是首批全国社保基金投资管理人、首批企业年金基金投资管理人、QDII基金管理人、境内首只ETF基金管理人、境内唯一的亚债中国基金投资管理人以及特定客户资产管理人，是业务领域最广泛的基金管理公司之一。

- **旗下产品**

　　截至2009年12月31日，华夏基金建立了完善的基金产品线，旗下共有23只开放式基金，2只封闭式基金，从低风险、低收益的货币市场基金到高风险、高收益的股票基金，可以满足各类风险偏好投资者的需求。公司还管理着亚洲债券基金二期中国子基金及多只全国社保基金投资组合，已经被超过130家大中型企业确定为年金投资管理人，并被多家客户确定为特定客户资产管理人。公司是境内管理基金数目最多、品种最全的基金管理公司之一。

华夏基金 精于投研

华夏基金成立至今,始终将投资研究作为工作的核心,在建立了科学投资理念的基础上,凭借业内领先的投研团队、严谨的投资流程与完善的风险控制体系,力争为投资者获取稳定可靠的收益。

● **投资理念**　　华夏基金在业内最早提出"研究创造价值"的投资理念,制定了严格的投资管理流程和制度,目的是通过专业、严谨的投资,力争获取稳定、可靠的收益。

● **投研团队**　　华夏基金建立了业内领先的投研团队,吸收了大批海内外专业人士,具有高水准的职业操守、丰富的投资经验和突出的研究能力。基金经理平均从业年限超过10年。各基金经理在分享团队智慧的同时,能够充分发挥主观能动性,团队整体富有经验且充满锐气,在投资管理方面具有独立性和前瞻性。

● **投资流程**　　华夏基金建立了严格的投资管理流程。投资决策委员会是公司的最高投资决策机构,负责资产配置和重大投资决策等;投资总监全面负责公司的投资、研究工作,向投资决策委员会报告;基金经理负责所管理基金的日常投资运作。研究、决策、组合构建、交易、评估、组合调整的有机配合共同构成投资管理程序。

● **风险控制**　　华夏基金始终将风险管理视为公司可持续发展的保证。根据全面性原则、有效性原则、独立性原则、相互制约原则、防火墙原则和成本收益原则,华夏基金建立了一套比较完整的内部控制体系,对可能出现的风险进行严密监控,力争使投资人的利益不受侵害。

华夏基金 产品丰富

华夏基金旗下基金产品线丰富，包含高、中、低风险收益特征的25只基金产品，为投资者提供了丰富的选择。

货币市场基金	债券型基金	混合型基金	股票型基金
			华夏盛世股票
			华夏行业股票（LOF）
		华夏大盘精选混合	华夏收入股票
		华夏红利混合	华夏优势增长股票
		华夏蓝筹混合（LOF）	华夏复兴股票
		华夏回报混合	华夏全球股票（QDII）
		华夏成长混合	华夏上证50ETF
		华夏经典混合	华夏中小板ETF
	华夏债券	华夏回报二号混合	华夏沪深300指数
华夏现金增利货币	华夏希望债券	华夏稳增混合	华夏兴华封闭
中信现金优势货币	中信稳定双利债券	华夏策略混合	华夏兴和封闭

风险程度与预期收益 ⟶

资料来源：华夏基金　截至2010年3月

NO.1

银河证券《中国证券投资基金2009年行业统计报告》显示

截至2009年12月31日，华夏基金管理公司管理25只基金

2657.59

管理基金资产净值合计 2657.59 亿元

9.93%

名列60家基金管理公司第1名

市场份额 9.93%

华夏基金 业绩出众

依据银河证券基金研究中心的统计，2009年华夏基金管理公司旗下基金绝大多数继续取得了良好的业绩，十余只基金产品的业绩排名都能够保持在同类基金前10名的第一梯队中。

截至2009年12月31日，在晨星开放式基金业绩排行榜中，华夏基金旗下参与3年期评价的11只主动型开放式基金中，华夏优势增长股票、华夏收入股票、华夏大盘精选混合、华夏红利混合、华夏回报混合、华夏回报二号混合6只基金获得五星级评价，华夏成长混合、华夏经典混合、华夏债券、中信稳定双利债券4只基金获得四星级评价。

此外，据银河证券基金研究中心数据显示，截至2009年12月31日，华夏大盘精选混合、华夏红利混合、华夏收入股票、华夏兴华封闭等基金成立以来累计净值增长率均超过500%，其中华夏大盘精选混合基金和华夏兴华封闭式基金成立以来累计净值增长率分别达到了1070.11%和1199.44%。

风险提示：本书所引用的基金的过往业绩并不预示其未来表现，基金管理人管理的其他基金的业绩也不构成新基金业绩表现的保证。市场有风险，投资需谨慎。

华夏基金 公益先行

2009年

2009年1月,华夏基金开展中学生社会实践课,在青少年中开展财商教育。

2009年8月,华夏基金参与北京市顺义区社会福利慈善协会主办的助学项目,帮助城乡低保家庭和其他特殊困难家庭的学生就学。

2009年12月,由华夏基金员工发起的"华夏人慈善基金会"正式成立,基金会以"促进人的发展与环境和谐"为宗旨,是未来华夏基金开展公益事业、践行社会责任的平台。当年,基金会向宁夏回族自治区同心县"生态移民项目"捐赠40万元,用于移民新村特色种植、养殖技术、节水灌溉等劳动技能培训。

2008年

2008年2月,在"抗风雪,献爱心"活动中华夏基金及员工向灾区捐款130余万元。

2008年5月,四川汶川大地震发生后,华夏基金和员工共同筹集的善款及灾后心理辅导读物在第一时间送往灾区,捐款捐物总计超过350万元。

2008年北京奥运会期间,华夏基金作为基金行业的唯一代表,成为奥运志愿者服务单位,为奥运会提供呼出服务。

2008年北京奥运会期间,华夏基金联合搜狐举办了"用爱心温暖2008"的公益捐赠活动,为29个省的一部分贫困家庭捐赠电视,帮助他们共享奥运盛事。

2007年

2007年7月，华夏基金向湖南湘西敬老院捐助8万元。

2007年10月，在"爱心1+1，携手促绿化"活动中，华夏基金向中国绿化基金会捐助10万元，用于京津风沙地区植树造林。

2007年12月，华夏基金捐助20万元在安徽省庐江县建立希望小学。

2007年12月，华夏基金向"全国中小学爱国主义教育基地"——北京焦庄户地道战遗址纪念馆捐赠60万元。

2007年12月，华夏基金向中国青少年社会教育基金会捐助100万元，设立"华夏基金创业基金"。2008年，该基金用于支持四川震区青年创业。

2006年

2006年11月，华夏基金员工向北京延庆山区音乐希望小学捐赠50000份华夏优势增长股票基金份额，基金的收益和分红作为奖学金授予品学兼优的学生。

2005年

2005年11月，华夏基金捐助10万元资助农工子弟职业技术学校。

2005年12月，华夏基金向北京青少年宫协会捐款10万元。

2003年

2003年5月，在抗击"非典"过程中，华夏基金捐赠20万元及价值10万元的防非典物资。

做一个理性的投资者
中国基金投资指南

华夏足迹

1998 戊寅年

1999 己卯年

戊寅年 华章初启

- 1998年4月9日，华夏基金管理有限公司正式成立，成为境内首批全国性基金管理公司之一，公司总部设在北京。如今，华夏基金在北京、上海、深圳和成都设有分公司，在香港设有子公司。公司以专业、严谨的投资研究为基础，为投资人提供优质的投资理财产品和服务。

- 1998年4月28日，华夏兴华封闭式基金成立。5月8日，华夏兴华封闭式基金在上海证券交易所成功挂牌上市。

- 1998年8月21日，华夏基金承办的第一届中国基金业联席会议在北京召开，华夏、华安、南方、国泰、博时五家公司参加了会议。

己卯年 万象俱新

- 1999年7月14日，境内最早的优化指数型基金——华夏兴和封闭式基金成立。7月30日，华夏兴和封闭式基金在上海证券交易所挂牌上市。

- 1999年8月19日，华夏基金被批准进入银行间同业市场。

- 1999年12月，华夏基金出版第一本投资者教育手册《证券投资基金常识》。

2000 庚辰年

庚辰年 蓝图在胸

- 2000年1月，华夏基金正式提出"为信任奉献回报"的企业宗旨。

- 2000年1月19日，华夏基金召开第一届股东会第三次会议，审议通过股权结构调整方案，公司注册资本由7000万元增加至13800万元。

- 2000年4月7日，获人事部批准，华夏基金设立中国基金业第一家博士后科研工作站。

- 2000年7月18日，华夏兴科封闭式基金在深圳证券交易所上市。

- 2000年9月20日，华夏兴安封闭式基金在深圳证券交易所上市。

2001 辛巳年

辛巳年 千里之行

- 2001年7月27日，华夏兴业封闭式基金在上海证券交易所上市。

- 2001年8月28日，华夏基金当选为中国证券业协会基金公会首任理事长单位。

- 2001年12月18日，境内首批开放式基金之一的华夏成长混合基金成立。

壬午年 创新之路

- 2002年6月26日,华夏基金在境内基金业率先推出基金后端收费模式。

- 2002年6月,华夏基金印制投资者教育手册《开放式基金90问》。

- 2002年10月23日,境内首只纯债券型基金——华夏债券基金成立。

- 2002年12月13日,华夏基金取得全国社保理事会确定的首批投资管理人资格。

2002 壬午年

2003 2004

癸未年　甲申年

癸未年　任重道远

- 2003年4月3日，中共中央政治局委员、时任北京市委书记刘淇同志视察华夏基金。

- 2003年4月，华夏基金联合社会科学文献出版社，编著出版图书《为信任奉献回报——华夏基金管理探索与实践》。

- 2003年5月，在抗击"非典"过程中，华夏基金捐赠20万元及价值10万元的防非典物资。

- 2003年6月，全国社保基金正式开始将资金委托华夏基金进行投资管理。

- 2003年9月5日，华夏回报混合基金成立。

甲申年　展露锋芒

- 2004年3月22日，华夏基金成为2004年度国家开发银行金融债承销团唯一一个基金公司成员。

- 2004年4月7日，华夏现金增利货币基金成立。

- 2004年4月24日，华夏基金荣获《上海证券报》颁发的"中国最佳基金公司奖"。

- 2004年8月11日，华夏大盘精选混合基金成立。

- 2004年8月，华夏基金联合中国经济出版社，编著出版图书《中国上证50ETF投资指引》。

- 2004年12月31日，境内首只交易型开放式指数基金——上证50ETF成立。

- 2004年12月31日，华夏基金独家获得亚洲债券基金中国子基金管理人资格。

乙酉年 雄心壮志

- 2005年4月11日，华夏基金荣获《中国证券报》颁发的"2004年度十大金牛基金公司奖"。

- 2005年4月26日，华夏基金荣获《上海证券报》颁发的"最佳创新基金公司奖"。

- 2005年6月30日，华夏红利混合基金成立。

- 2005年7月，华夏基金联合企业管理出版社，编著出版投资者教育丛书《基金投资与理财》与《基金投资实务问答》。

- 2005年8月，华夏基金获得首批企业年金基金投资管理人资格。

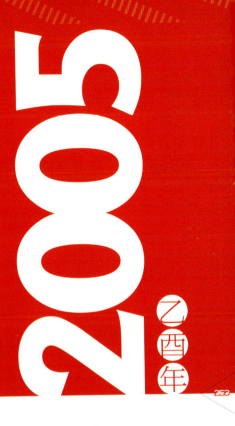

丙戌年 大展宏图

- 2006年4月，华夏基金荣获《上海证券报》颁发的"最佳创新基金公司奖"。

- 2006年6月8日，华夏中小企业板ETF成立。

- 2006年8月9日，华夏兴业封闭式基金终止上市，华夏平稳增长混合基金成立。

- 2006年8月14日，华夏回报二号混合基金成立。

- 2006年9月26日，华夏平稳增长混合基金集中申购顺利结束，境内封闭式基金改革第一单获得成功。

- 2006年11月，华夏基金为鼓励投资人树立长期投资的理念，在全国范围内开展了"寻找基金兴华原始投资人"活动，该活动得到投资人的广泛参与。

- 2006年11月24日，华夏优势增长股票基金成立。

2007 丁亥年

丁亥年 强者之态

- 2007年1月，华夏基金荣获北京市国家税务局、北京市地方税务局授予的"2007年—2008年纳税信用A级企业"称号。

- 2007年1月10日，华夏基金荣获《中国证券报》颁发的"2006年度十大金牛基金公司奖"。

- 2007年4月6日，华夏基金荣获《上海证券报》颁发的"2006年度中国最佳基金公司TOP大奖"。

- 2007年4月24日，华夏蓝筹混合基金（LOF）成立。

- 2007年4月，华夏基金联合中国商业出版社，编著出版图书《信任与回报》，以及投资者教育图书《基金投资百问百答》。

- 2007年5月，华夏基金荣获《证券时报》颁发的"2006年度十大明星基金公司奖"。

- 2007年7月，华夏基金获得中国证监会正式批复，获准开展境外证券投资管理业务（QDII）。

- 2007年9月10日，华夏复兴股票基金成立。

- 2007年10月9日，华夏全球精选股票基金（QDII）成立。

- 2007年11月22日，华夏行业精选股票基金（LOF）成立。

- 2007年12月，华夏基金向中国青少年社会教育基金会捐助100万元，设立"华夏基金创业基金"。2008年，该基金用于支持四川震区青年创业。

戊子年 逆势飞扬

- 2008年1月，华夏基金荣获《中国证券报》颁发的"2007年度十大金牛基金公司奖"。

- 2008年1月，华夏基金荣获《证券时报》颁发的"中国基金业十年持续回报明星基金公司奖"和"2007年度十大明星基金公司奖"。

- 2008年2月，在"抗风雪，献爱心"活动中，华夏基金及员工向灾区捐款130余万元。

- 2008年2月18日，华夏基金获得北京市顺义区委区政府授予的"2007年度区域经济百强企业"、"2007年度财政贡献突出企业"称号。

- 2008年2月22日，华夏基金正式获得特定资产管理业务资格。

- 2008年2月28日，华夏基金客户服务中心获得"客户联络中心标准体系五星级认证（CCCS五星级认证）"，是基金行业首家通过此权威认证的企业。

- 2008年3月，华夏基金荣获《上海证券报》颁发的"2007年度中国最佳基金公司TOP大奖"。

- 2008年3月10日，华夏希望债券基金成立。

- 2008年5月，四川汶川大地震发生后，华夏基金和员工共同筹集的善款及灾后心理辅导读物在第一时间送往灾区，捐款捐物总计超过350万元。

- 2008年北京奥运会期间，华夏基金作为基金行业的唯一代表，成为奥运志愿者服务单位，为奥运会提供呼出服务。

- 2008年北京奥运会期间，华夏基金获得由第29届奥林匹克运动会组织委员会、团中央和北京奥运志愿者工作协调小组授予的"北京奥运会、残奥会志愿者工作优秀组织单位"荣誉称号。

- 2008年10月23日，华夏策略精选混合基金成立。

- 2008年11月26日，华夏基金荣获2008首届华夏公益慈善论坛组委会颁发的"2008年度中国公益五十强"。

- 2008年，华夏基金荣获中国信息协会、中国服务贸易协会颁发的"中国最佳客户服务奖"、"中国最佳客户服务中心奖"。

2009 己丑年

己丑年 续写辉煌

- 2009年1月，华夏基金荣获《中国证券报》颁发的"2008年度十大金牛基金公司奖"。

- 2009年1月，华夏基金荣获《证券时报》颁发的"中国最具影响力基金公司奖"和"2008年度十大明星基金公司奖"。

- 2009年1月，华夏基金荣获北京市国家税务局、北京市地方税务局授予的"2009年—2010年纳税信用A级企业"称号。

- 2009年1月，华夏基金荣获首都精神文明建设委员会颁发的首都"迎奥运、讲文明、树新风"活动先进集体奖。

- 2009年3月，华夏基金荣获《上海证券报》颁发的"2008年度金基金公司TOP大奖"。

- 2009年4月，华夏基金荣获中国信息化推进联盟客户关系管理专业委员会（CCCS）评选的"2009年最佳呼叫中心奖"。

- 2009年6月，华夏基金荣获中国信息协会、中国服务贸易协会颁发的"中国最佳客户服务奖"、"中国最佳客户服务管理团队奖"。

- 2009年7月7日，华夏基金发布公告，宣布吸收合并中信基金工作和公司章程修改已经获得中国证监会批准。至此，境内首例基金公司并购案例正式完成。

- 2009年7月10日，华夏沪深300指数基金成立。

- 2009年12月11日，华夏盛世精选股票基金成立。

- 2009年12月，由华夏基金员工发起的"华夏人慈善基金会"正式成立，基金会以"促进人的发展与环境和谐"为宗旨，是未来华夏基金开展公益事业、践行社会责任的平台。